市场化改革再出发

——地方改革创新实践案例研究 2020

潘治宏　贾存斗　编著

中国财经出版传媒集团
中国财政经济出版社

图书在版编目（CIP）数据

市场化改革再出发：地方改革创新实践案例研究．2020／潘治宏，贾存斗编著．--北京：中国财政经济出版社，2021.12
ISBN 978-7-5223-0986-6

Ⅰ.①市… Ⅱ.①潘… ②贾… Ⅲ.①市场改革－研究－中国 Ⅳ.①F123.9

中国版本图书馆 CIP 数据核字（2021）第 241768 号

组稿编辑：贺 真　　责任编辑：翁晓红 张 莹
责任校对：胡永立　　封面设计：中通世奥

市场化改革再出发：地方改革创新实践案例研究
SHICHANGHUA GAIGE ZAI CHUFA：DIFANG GAIGE CHUANGXIN SHIJIAN ANLI YANJIU

中国财政经济出版社 出版
URL：http：//www.cfeph.cn
E-mail：cfeph@cfemg.cn

社址：北京市海淀区阜成路甲 28 号 邮政编码：100142
营销中心电话：010-88191522
天猫网店：中国财政经济出版社旗舰店
网址：https：//zgczjjcbs.tmall.com
北京时捷印刷有限公司印刷 各地新华书店经销
成品尺寸：170mm×240 mm 16 开 20.5 印张 340 000 字
2021 年 12 月第 1 版 2021 年 12 月北京第 1 次印刷
定价：89.00 元
ISBN 978-7-5223-0986-6
（图书出现印装问题，本社负责调换，电话：010-88190548）
本社图书质量投诉电话：010-88190744
打击盗版举报热线：010-88191661 QQ：2242791300

2020“地方改革创新实践案例研究”课题组

组　　长：彭　森（中国经济体制改革研究会会长、十二届全国人大财经委副主任、国家发改委原副主任）

副 组 长：赵　艾（中国经济体制改革研究会常务副会长兼秘书长、国家发改委区域开放司原司长）

顾　　问：孔泾源（中国经济改革研究基金会理事长、国家发改委原经济体制综合改革司司长）

执行组长：史克毅（中国经济体制改革杂志社总编辑）

潘治宏（中国经济体制改革杂志社社长、地方改革创新研究院院长、中国经济体制改革研究会副秘书长）

专　　家：刘现伟（国家发改委体改所企业室主任、研究员）

张　剑（中央财经大学政府管理学院副院长、副教授）

学术秘书：贾存斗（中国经济体制改革杂志社调研部主任、地方改革创新研究院副院长）

成　　员：（按姓氏笔画排序）

方　艳（中国经济体制改革杂志社《改革内参》执行主编）

孙　铮（中国经济体制改革杂志社《改革内参》责任编辑、博士）

李红娟（国家发改委体改所企业室副主任、副研究员、博士后）

张鸿颖（中央财经大学政府管理学院研究生）

赵　琳（中国经济体制改革杂志社《改革内参》责任编辑）

侯新宇（中国经济体制改革杂志社通联部副主任）

贺　真（中国经济体制改革杂志社调研部副主任）

耿　云（中央财经大学政府管理学院副教授、博士）

徐照林（中国经济体制改革杂志社地方改革创新研究院学术秘书、博士后）

蔡文武（中国经济体制改革杂志社社长助理、通联部主任、地方改革创新研究院副院长）

序言——

构建更高水平的社会主义市场经济体制

彭　森

（中国经济体制改革研究会会长、十二届全国人大财经委员会副主任委员、国家发展改革委原副主任、地方改革创新研究院名誉院长）

2020年是风云变幻、极不平凡、充满了危机风险和挑战的一年，是我们奋力拼搏、化危为机、重塑信心和希望的一年。这一年，我们国家取得了三项涉及国运盛衰的重大战略性成果，中央先后做出了三方面涉及国家命运的重大决策。

三大成果之一：成功应对了突如其来的新冠肺炎疫情。在党中央领导下，全国人民众志成城，付出巨大成本和牺牲，通过了这场公共卫生危机所带来的压力测试，抗击新冠肺炎疫情取得了重大战略成果。

成果之二：成功应对了疫情和外部环境变化带来的经济下行。通过一系列宏观政策和“六稳”措施出台，把握好宏观政策逆周期调节力度，及时复工复产复市，中国经济实现了深“V”形反转，成为世界主要经济体中唯一实现正增长的国家。

成果之三：成功打赢了人类历史上规模最大的脱贫攻坚战，如期完成了新时代脱贫攻坚任务。“十三五”期间，我国有5000多万现行标准下农村贫困人口全部脱贫，832个贫困县全部“摘帽”，消除了绝对贫困和区域整体贫困，取得了令世人刮目相看的重大成果，为全面实现小康社会，实现第一个百年目标打下了决定性的坚实基础。

三方面重大决策之一：中共中央、国务院全年连续出台了一系列市场化改革的重大文件。4月出台9号文件《中共中央 国务院关于构建更加完善的要素市场化配置体制机制的意见》；5月出台10号文件《中共中央 国务院关于新时代加快完善社会主义市场经济体制的意见》；6月，出台加快建设海南自贸港的实施意见——《海南自由贸易港建设总体方案》；9月，自贸区扩围，北京、湖南、安徽自贸试验区相继挂牌，我国自贸试验区数量增至21个；10月，中央在深圳召开纪念特区成立40周年大会，批复了《深圳建设中国特色社会主义先行示范区综合改革试点实施方案（2020—2025年）》；11月，中央召开浦东新区建立30周年大会，宣布支持浦东新区高水平改革开放，打造社会主义现代化建设引领区。一连串的改革措施密集出台，力度前所未有，向世人宣告了中国坚持市场化改革的决心，也是新时代加快改革的动员令。

重大决策之二：5月中央正式提出构建以国内大循环为主体，国内国际双循环相互促进的新发展格局重大战略。

重大决策之三：10月中央召开十九届五中全会，通过了《中共中央关于制定国民经济和社会发展第十四个五年规划和二〇三五年远景目标的建议》。这是一份加快改革开放构建高水平社会主义市场经济体制的纲领性的文件，开启了全面建设社会主义现代化国家的新征程，作了向第二个百年目标进军的战略部署。

中央经济工作会议在总结2020年工作的同时也强调指出，当前世界经济形势仍然复杂严峻，我们面对一个动荡变革的世界。面对更多逆风逆水的外部环境，其中最大的风险和不确定因素还是中美关系。2020年，我们经历了中美贸易战，包括后来美国拉动一些同盟国家准备对中国开展政治上的新冷战，在贸易、科技、金融各方面与我国全面脱钩。“十四五”乃至今后相当长一段时期，我们面临的最大挑战和不确定因素还是中美关系的走向。目前，国内经济恢复基础尚不牢固，发展不平衡不充分的问题、大的结构性问题，都需要我们增强忧患意识、坚持底线思维、凝神聚力办好自己的事。自己的事主要是发展和改革。坚持发展是执政兴国第一要务，坚持改革是发展的根本动力，这是我们在“十四五”期间必须要坚持的一个重要方针。

2021年是“十四五”开局之年，也是建党100周年。习近平总书记在庆祝中国共产党成立100周年大会上庄严宣告：“经过全党全国各族人民持续奋斗，我们实现了第一个百年奋斗目标，在中华大地上全面建成了小康社会，历史性地解决了绝对贫困问题。”我们下一个目标是，将开启全面建设社会主义现代化国家的新征程。2021年召开的“两会”通过了“十四五”规划，回答了全面建设社会主义现代化国家要完成的主要任务和基本特征。

一是要实现经济的现代化。到2035年，我国“基本实现新型工业化、信息化、城镇化、农业现代化，建成现代化工业体系”。发展是解决我国一切问题的基础和关键，同时发展一定是更高质量、更高效率、更加公平、更可持续、更加安全的发展。经济总量再迈上新台阶，实现经济发展从数量规模扩张向质量和效率提升的根本转变。“新四化”的同步发展将是全面建设社会主义现代化国家的基本路径和主要任务。

二是要实现人的现代化。共同富裕是社会主义的本质要求，全面建设社会主义现代化国家的根本目的和价值取向就是人的现代化。人民是推动历史发展的力量源泉，是生产力中最积极最活跃的因素，如果没有人的现代化、没有人的全面发展，就不能说全面建成了社会主义现代化国家。我们要坚持以人民为中心，坚持人的主体地位，坚持共同富裕的方向。要始终做到发展为了人民，改革发展依靠人民，发展成果由人民共享，促进社会公平正义，让改革发展成果更多、更公平惠及全体人民，实现人的全面发展，实现人的全面现代化。这是现代化国家的根本标志，也是“十四五”和今后一个时期发展改革工作的新目标。

三是治理体系和治理能力现代化。这个现代化实际上也是体制机制改革的现代化，因此要加快全面深化改革的进程，构建更高水平的社会主义市场经济体制。改革是决定当代中国命运的关键一招，改革永远在路上。但是市场化的改革一定要加快步伐，要取得根本性的突破，不能再拖了。为什么？中国的计划经济从 1953 年到 1978 年制定了 5 个“五年计划”用了 25 年，中国的改革已经制定了 8 个“五年规划”一共 40 多年。到目前为止，改革取得了巨大成绩，但是市场化改革还没有完成。以前我们说改革是解放生产力、发展生产力，发展无止境，改革无止境，改革永远在路上，话是对的，但是市场化改革的根本任务是改计划经济，重点是要解决政府和市场的关系。最核心的问题，到底是政府在资源配置中发挥决定性作用，还是市场在资源配置中发挥决定性作用。理论和实践都证明，市场是配置资源最有效的形式。2021 年“两会”上，习近平总书记在政协分组会上再一次强调，我们要坚持让市场在资源配置中发挥决定性作用，绝不走计划经济的回头路。“十四五”时期，我们要解决发展中存在的市场激励不足、要素流动不畅、资源配置效率不高、微观经济活力不足等问题，就必须坚持让市场在资源配置中发挥决定性作用，要加快构建高标准的市场体系，夯实产权制度、市场准入负面清单制度、公平竞争审查制度等市场体系的基础性制度。

“十四五”期间，改革很重要一项任务是，必须要在要素市场化配置改革方面取得突破。要素市场化配置是改革成败的关键，其实质是真正突破阻碍要素自由流动的体制机制障碍，实现资源配置方式的优化和创新。2020 年《中共中央 国务院关于构建更加完善的要素市场化配置体制机制的意见》非常重要，讲了五大要素改革的重要任务。

土地作为最基本的生产要素，改革 40 多年来其市场化程度是严重滞后的，基本上还是通过国家计划自上而下垂直统一用行政办法进行配置。2018 年，国有建设用地一共 880 万亩，其中有 60% 通过政府行政划拨。因此，推动土地制度改革已成为完善社会主义市场经济的重要任务和构建发展新格局重要的新的动力源。“十四五”期间，要全面推开农村土地征收制度改革，建立城乡统一的建设用地市场，实现农村集体建设用地与国有土地同等入市、同价同权，充分应用市场机制盘活存量土地和宅基地，改革土地管理的制度，探索全国性建设用地指标跨地区交易的机制。这其中很重要的任务，也是与地方改革实践有关的，就是要真正建立宅基地自愿退出的机制，允许对存量闲置的宅基地盘活利用。农民对闲置的宅基地既可以自主经营、租赁经营、委托经营，同时也要研究宅基地的自愿退出特别是宅基地跨集体流转的问题，这方面亟待取得突破。我认为，到 2035 年，逐步减少政府对土地指令性计划管理，直至完全取消高度集中的用地管理制度；全面建立统一的建设用地市场，实现城乡之间自由流动和市场化配置；各地政府从土地的征用出让领域退出，还权于市场；土地价格经过竞价方式实现市场定价。

在劳动力要素市场化配置方面，我们要重点突破户籍、所有制等身份差异对劳动力要素自由流动、市场化配置的制度障碍，着力引导劳动力要素合理畅通有效流动。现行户籍制度是适应计划经济需要、适应中国二元经济格局的制度。人生下来实际上就被划分为不同的身份、不同的户籍与不同的公共服务标准，与市场准入挂钩，从制度上限制了劳动力要素的自由流动和市场化配置。这些年劳动力市场有长足进展，但目前城市常住人口达到 60%，城市户籍人口只有 45%。我们改革这么多年，还有 2.9 亿农民工。“农民工”概念如果不取消，很难说我们实现了人的现代化，实现了国家的现代化，完成了市场化改革。所以，“十四五”期间要进一步放开除个别超大城市以外的城市落户限制，实行以经常居住地登记户口的制度，在城市群内探索户口通签、居住证互认的制度，建立城镇教育、就业创业、医疗养老等基本公共服务与常住人口挂钩的机制；依法纠正身份、性别等就业歧视的现象，保障城乡劳动力享有平等就业的权利。希望一些地方在这方面步子更大一些，率先改革，通过试验尽快用居住证制度来取代实行几十年的户籍制度。目前的户籍制度将来可作为一个影子制度，主要记录人的出生地和迁徙情况。一个人取得新的地方居住证，就应该享受完全的基本公共服务。最近，有的城市出台抢人才政策，办法是实行差别化户籍制度。这是小进步，但远远不够，差别化的户籍制度还不能实现劳动力要素市场化的配置，需要在这一方面取得突破性的进展。

另外，改革推进方式要有新的探索，要更加注重处理好改革的顶层设计和基层创新的关系。中央一再强调，基层是改革创新的源头活水，注重激发基层的改革创新活力，鼓励支持地方开展差别化的改革创新试点。地方是推动改革的重要力量，地方改革的积极性和鲜活经验一直是中国改革的发展动力源泉，鼓励地方大胆试大胆闯是中国改革的重要基本经验。2020 年 10 月，习近平总书记在深圳特区建立 40 周年庆祝大会上对深圳敢闯敢试敢为人先、在思想破冰引领改革突围方面充分肯定，为新时代地方改革探索提供了最好的政策支持。中央公布的支持深圳建设中国特色社会主义先行示范区综合改革试点的实施意见，通过综合授权、先行示范，以清单式批量授权的方式赋予深圳市在重要领域和关键环节改革上更多的自主权，要求深圳市解放思想、守正创新、大胆试大胆闯，为全国提供可复制可推广的改革经验。这一方面向世界宣誓了中国进一步加快市场化改革扩大高水平对外开放的决心，同时为各地区各部门增强改革的政治自觉和行动自觉提出了更高要求。未来相当长一个时期，全国各地需要进一步解放思想，从本地实践出发，抓住改革核心问题、关键环节和重点领域，在建立高标准的市场体系方面，在深化产权制度改革方面，在要素市场化配置方面，在收入分配和社会保障改革方面等，能够真正取得实质性突破。这样，我们便可以发现更多新的改革样本、改革经验和改革道路。

目录

CONTENTS

第一部分：

山东滨州推进新旧动能转换引领高质量发展研究

当前，中国经济已由高速增长阶段转向高质量发展阶段，正处于转变发展方式、优化经济结构、转换增长动力的关键历史交汇期。国内外形势正发生深刻变化，世界格局正面临百年未有之大变局。尤其是2020年以来，新冠肺炎疫情全球蔓延，加速了世界格局的剧烈变化，引发世界政治经济格局的大变革、大调整、大动荡、大洗牌、大重组。国际层面，以数字技术为引领的科技产业加速变革，绿色转型加速发展，贸易结构加速调整，服务贸易快速增长，发达国家以“深度技术”抢占全球价值链的高端，领跑第四次科技革命。国内层面，经济全面迈入高质量发展阶段，不仅因为旧有的经济发展存在巨大惯性，更在于当前阶段还面临结构性、体制性、周期性问题相互交织所带来的一系列亟待解决的重点、难点和痛点问题。面对如此艰难的国内外市场环境形势，如何打通生产要素流通各个环节，培育更多新的经济增长点和激发高质量发展新动能，加快形成新发展格局，已成为滨州市、山东省及全国广大地区经济工作的重中之重。

“不期修古，不法常可”。转换旧动能，培育新动能，根本上说是通过改革建立一套真正能够激励、引导、保护创新的体制机制。从改革导向与改革深度来观察，滨州高度重视内抓改革、外创条件，以点突破、以面推进。近年来，滨州市全面落实主体责任，以新发展理念为引领，大胆解放思想，勇于实践探索，从广度和深度上重点推进市场化改革，发挥市场在资源配置中的决定性作用，更好地发挥政府作用。滨州市加快体制机制、制度政策集成创新进程，高标准构建新旧动能转换综合试验区政策体系，构建政府更有为、市场更有效的现代化经济体系，充分激发市场活力，全面提高资源配置效率。总体而言，滨州的全面深化改革顺势而为、乘势而上，形成与新旧动能转换的内在契合，促进和保障了综合试验区的试点成功，为全国推进新旧动能转换提供了现实经验。

“变通革弊，与时宜之”。面对百年未有之大变局，滨州改革决策者深信“危”与“机”同生，机遇与挑战并重。从改革重点与改革方法论层面观察，滨州牢牢抓住经济发展的重要层面、关键环节，提出激励约束措施，打造政策洼地，催生发展新旧动能转换动力，化危为机，转危为安，变压力为加快推动经济高质量发展的动力。以体制机制改革创新推动新旧动能转换是滨州的重要改革任务，更是其最重要、最核心的改革灵魂所在。概括而言，滨州新旧动能转换推动高质量发展体现了重要的改革方法论，可概括为五方面：一是坚决破除制约创新的思想障碍和制度藩篱，以转变思想观念为突破口，推进改革思维创新，秉持改革永远在路上、观念更新无止境的理念，精准谋划系统改革路线，在更大范围内汇聚起新旧动能转换的强大合力；二是立足自身现状，正视现实困难，正确面对严峻挑战，客观分析自身发展中存在的问题和潜在机遇，精准“对标对表”找差距、靶向发力促实效，进行改革系统化评估和顶层设计；三是紧扣市场化改革的主线，厘清政府和市场的关系，聚焦产业集群和领军企业、重点项目、产学研创新平台、产业生态等领域，把社会、金融、企业的主体力量发挥出来，把人才、资本、项目等创新要素集聚起来，做强传统产业、做优特色产业、做大新兴产业，形成强势做产业集群；四是强化规划引领，制度护航，从体制机制改革入手，以制度保障和激发干事改革热情，使其改革想使劲、能使劲、有劲使；五是坚持需求牵引，强化市场导向、目标导向和结果导向并重，聚焦重点、难点和痛点，持续发力，集中用力，打造高质量发展新旧动能转换集成系统。

危中寻机求突破，迎难而上开新局。滨州在危机中育新机、于变局中谋发展，逐步形成以国内大循环为主体、国内国际双循环相互促进的新发展格局。从新发展阶段的要求透视滨州改革成效角度观察，截至2019年底，滨州市委改革确定的121项任务完成119项，完成率达98.3%，其中31项重点改革事项已全部完成，完成率100%；一批创新实事政治站位高、百姓获得感强；一批改革经验得到有关领导批示肯定，在山东省甚至全国走在前列；一批制度创新流程再造成果落地见效、全省推广；一批改革试点加快实施、复制推介。其中，政府体制改革流程再造、激励创新创业干事热情、产业转型升级和集群发展、粮食经济、基层社会治理和服务创新等方面的改革经验走在全国前列，尤其是滨州坚持市场化改革理念，在通过深化“放管服”改革解决桎梏传统行政管理体制创新的束缚、通过深入推进科技体制改革解决创新驱动战略长期难以落实方面，为推动山东省及全国新旧动能转换实现高质量发展提供了可借鉴、可复制、可推广、可持续和可落地的实践样本，具有重大现实与长远意义。

一、滨州推进新旧动能转换引领高质量发展创新实践研究背景

新旧动能转换是实践问题，是经验问题，也是从实践中凝练而成的理论问

题，更是改革方式方法问题。新旧动能转换的目标已经明确，但实现路径还在探索中。“新旧动能转换”的概念在我国于2015年首次提出，到2018年山东省挑大梁、集大成、拓内涵的新旧动能转换综合实验区获得批复，再到包括滨州在内很多地方一系列的探索和发展，目前新旧动能转换已成为中央和地方推动经济转型发展的重要抓手。新旧动能转换是适应我国经济发展阶段转变而产生的，是经济社会发展的必然结果。从阶段性成效观察，以体制机制改革为引领，以制度为保障，推动新旧动能转换是实现滨州创新驱动、推动经济跨入高质量发展阶段的重大战略举措与方式方法。从国内发展看，新旧动能转换是包括滨州在内的国内区域经济迈向全球价值链中高端、进入经济发展新时代的根本出路。从世界范围看，新旧动能转换不仅是世界产业经济发展的客观规律，也是新技术革命持续发展的必然要求。

（一）理论背景

新旧动能转换是适应我国经济发展阶段转变而产生的，是我国经济社会发展的必然结果。党的十八大以来，党中央作出我国经济发展进入新常态的基本判断。我国经济新常态的基本特征包括增长速度换挡、发展方式转变、经济结构优化和增长动力转换。党的十九大报告明确指出，我国经济已由高速增长阶段转向高质量发展阶段。因此，优化经济结构，寻找新的动能支撑，实现新旧动能转换是推动经济平稳发展的关键路径，也是建设现代化经济体系的必然要求。习近平总书记、李克强总理多次对新旧动能转换的战略意义、目标和方向等进行深刻阐述。

1. 在实践改革发展中丰富和动态完善的理论范式

新旧动能转换是不断丰富、动态完善地适应我国经济转型发展的理论范式。从我国宏观经济政策发展演变的历史逻辑主线看，从转变经济增长方式到转变经济发展方式再到新旧动能转换，是对中国经济重大判断认识不断深化、内涵不断丰富的过程。新旧动能转换的提出并不是突然出现的概念，而是伴随着国际国内经济发展形势的不断变化，对我国经济发展，尤其是对新时期、新情况、新挑战和新机遇下推进经济发展之路的高度凝练总结。2014年，习近平总书记在亚太经合组织工商领导人峰会开幕式上指出，“新旧增

▲ 滨州市委书记、市人大常委会主任佘春明调研市行政审批“帮办代办”工作

▲ 2020 年 8 月 20 日，滨州市国资委在北京成功举办“央地携手合作 共享滨州未来”恳谈会

长点转换任务艰巨”，需要“不断发掘经济增长新动力”。2015年李克强总理在召开的政府会议中提出，“我国经济正处在新旧动能转换的艰难进程中”，这是首次提出“新旧动能转换”的概念。2015年后，“动能”“新动能”“新旧动能转换”开始出现在中央和地方政府主要领导讲话和文件中。2016年以来，“新旧动能转换”更是频繁出现在政府相关文件中。随后，2017年，李克强总理对山东省在“新旧动能转换中继续打头阵”进行工作部署，掀起了国内有关新旧动能转换内涵解读研究的热潮，相关研究成果和论述不断丰富。①

从经济理论或者发展概念形成的历史轨迹观察，一个时期里，为一国或地区经济起带动作用的因素是经济增长的动能来源。所谓的“新动能”是与以往的经济增长动能来源比较而言的，凡是能为经济带来增量增长的动能就是新动能，这种动能是经济社会发展所需要的，对原有动能可产生替代作用。无论新动能还是旧动能，并不是静态、一成不变的概念，是随着社会发展而变化的。

2. 对经济增长和转变方式理论研究的继承和拓展

新旧动能转换相关理论研究是在既往转变经济增长方式和转变经济发展方式的研究基础上进行的理论继承和拓展。对比国内当前新旧动能转换理论研究发现，转变经济增长方式、转变经济发展方式与新旧动能转换在理论逻辑上具有演进性，但新旧动能转换路径更加侧重路径涵盖外延、顶层设计集成、实然应然趋近方面的理论、实践的提升。从顶层设计的体制机制创新看，新旧动能转换是向理念创新、制度改革、结构优化、要素升级的目标集成、政策集成、效果集成的转换。从机制健全和完善层面看，新旧动能转换是理念机制与实践机制的转换，是以“驱动机制”“倒逼机制”来代替“拉动机制”，即以“创新驱动”和“生态保护、供给侧结构改革的刚性约束倒逼经济发展”来代替“传统‘三驾马车’的拉动”；从具体实践路径的转换看，新旧动能转换建立在对主体状况真实状态（风险、结构、效益）及内在运行逻辑的判断上，具有极高的预见性和方向性，是以鲜明政策导向指明“新动能”与“旧动能”

---

① 杨蕙馨，焦勇．新旧动能转换的理论探索与实践研判［J］．经济与管理研究，2018（07）：16—28.

的区别，并以供给侧结构性改革、生态保护、“四新”促“四化”培育、提升对外开放度、产业与区域协调发展、风险防范与化解为主要抓手进行路径转换。新旧动能转换具体体现为生产力提升、科技含量提升、生产组织方式转型、维护环境能力提高等诸多方面。

3. 从实践到理论再应用于指导实践的系统化变革

新旧动能转换是一场从实践到理论再到实践的卓有成效的系统化变革。新旧动能转换本质是思想变革，是利益变革，更是体制机制的根本性变革。增长动能受经济发展阶段、发展方式、体制安排等方面影响，会不断发生变化。因此，经济增长动能来源是可转换的，具有规律性、动态性和渐进性。[①] 从新旧动能概念提出以来，各级政府力量强势登场，似乎新旧动能转换的主体力量理应是政府，但是，从社会经济发展的历史长河来看，行政力量的强制干预很容易产生错配，影响市场发挥自身资源配置的功能，造成重复投资、产能过剩。随着经济结构转型升级的步伐，我国政府逐步从计划主导型政府向宏观服务型政府转变，期间遇到了复杂性、长期性的体制机制障碍，折射出我国政府与市场的“特别关系”（此处的“特别”特指尚未由“管控”向“服务”转型到位）。新旧动能转换是以供给侧结构性改革为主线，以新技术、新产业、新业态、新模式为支撑，以产业智慧化、智慧产业化、跨界融合化、品牌高端化为方向，培育壮大新动能，改造提升传统动能，推动新旧动能转换平稳接续、协同发力，实现经济发展质量变革、效率变革、动力变革，促进经济结构转型升级的活动。[②] 滨州新旧动能转换呈现出的特点是：通过体制机制改革，政府主导走向市场引导，改革重心从要素驱动转向创新驱动，改革效应影响从试点示范区走向全国典型标杆。

（二）时代背景

改革开放以来，我国经济快速发展。然而，随着“三驾马车”和人口红利等传统动能的逐渐减弱，中国经济增长速度逐步放缓。现阶段以传统产业为

① 高尚全，刘世锦，张维迎. 40 年改变中国：经济学大家谈改革开放（上）［M］. 北京联合出版公司，2018：315.

② 刘家义. 新旧动能转换综合试验区力争 3 年见成效［J］. 环境经济，2018（Z1）：7.

代表的传统动能仍然在经济发展中发挥作用，但当前传统产业的产业链低端、结构不合理等发展现状不容忽视，传统的技术后发优势带来的创新惯性亟待改变。[①] 新旧动能转换的本质是产业优化升级、增长方式转变和经济体制改革。作为一项国策，实现新旧动能转换已多次被写进中央政府报告。不景气的国际经济环境、逐渐削减的人口红利、不断加大的环保压力、改变显著的国内外消费结构使我国传统产业面临极大挑战。为此，加强国家体制保障，加快政府转型进程，加快企业的技术和制度创新，实现企业、产业的转型升级是新旧动能转换时代背景下传统产业的必然选择。

1. 世界经济增长方式和产业优化升级

在国际竞争与新一轮科技革命的背景下，世界经济发展方式开始逐渐转变，经济发展的动能逐渐转换。世界工业发展进程表明，历次工业革命的发展演进，本质上都是通过新旧动能转换带动经济发展的过程。历史学者伊曼纽尔研究指出，到目前为止，全球共出现了三个具有世界性影响力的大国：17 世纪崛起了荷兰，18—19 世纪崛起了英国，20 世纪则崛起了美国。[②] 荷兰、英国和美国分别代表了农业经济时代、工业经济时代和知识经济时代新旧动能转换最成功的先行者，且分别实现了从农业国向商业国、商业国向工业国、工业国向后工业国的转换。近年来，随着科技进步和产业创新需求不断升级，国外，特别是一些新兴的高速发展中国家，逐步在加快产业调整、优化产业结构和提升产品性能，积极抢占全球产业发展的高端位置。我国经济仍然处于新旧动能转换的结构调整期，旧动能增长潜力收窄，新动能尚不够稳固和广泛，“传统行业的产能更新”和“新兴行业的动能挖掘”仍然是实体经济发展的机遇和挑战。与此同时，当前的国际经贸环境仍然具有较大的不确定性，制度环境距离经济高质量发展的要求仍有差距，改革开放创新的任务依然艰巨，需要持续深化改革和扩大对外开放，拓展对外合作空间，提升产业链的整体水平，提高整合和利用全球优质资本、技术、资源的能力，助力产业链整合优化配置。推动新经济新动能向纵深拓展，需要破解制约新动能成长和传统动能改造

---

① 赵丽娜．产业转型升级与新旧动能有序转换研究——以山东省为例［J］．理论学刊，2017（2）：68—74.

② 温俊萍．经济史视野中的大国崛起——基于荷兰、英国和美国的经验［J］．史林，2008（4）：167—173.

提升的体制机制障碍，强化制度创新和培育壮大经济发展新动能，加快新旧动能接续转换。

2. 以创新驱动为核心发展新动能凸显

在传统驱动经济发展的动能逐渐失效的情况下，以创新驱动为核心的新动能凸显。新旧动能转换过程就是先进生产力替代落后生产力的过程，是通过加快培育壮大新动能、改造提升传统动能，推动新产业、新技术、新业态、新模式快速涌现，促进新旧动能接续转换，实现经济发展动力从要素驱动向创新驱动转换的过程。技术驱动、跨界融合、集约高效将成为新动能的主要特征。在过去多年的发展过程中，滨州经济增长主要依靠的动能是生产要素驱动与投资驱动，经济发展模式粗放，产业竞争力水平较低。例如，依靠廉价劳动力资源的劳动密集型制造业，多是来样加工式的代工生产或山寨式生产，不具备研发设计能力与产品品牌效应等，处于产业链与价值链的底端，利润微薄。依靠传统资源密集型制造业多为初级开采与低水平加工。例如，铝产业多以低价值、低水平的产品为主，缺乏精品铝材、航天铝材等高品质产品，效益不佳。对于滨州传统行业的新旧动能转换，必须加强创新，注重流程再造和更新迭代，以技术创新加快转型升级，夯实新旧动能转换动力基础，使传统行业焕发新的生机。

3. 新发展阶段高质量发展的形势所趋

高质量发展是中国经济转型的目标与外在表现，其实质是要追求效率更高、供给更便捷、更通畅可持续的增长，新旧动能迭代是实现高质量发展的内生动力源泉。滨州经济发展方式的转变已迫在眉睫，高质量发展是当前和未来很长一段时期滨州经济发展的重要路径。滨州新旧动能转换包括传统产业的转型升级、新兴产业的培育壮大、产业方式的转变和增长质量效益的提升。滨州传统产业规模大、能耗高，新旧动能转换重大工程的推进，是滨州快速进行产业结构转型、稳步实施经济结构升级、实现高质量发展的重大机遇，也是迫在眉睫的使命担当。面对国内外愈演愈烈的竞争环境和新时代人民群众对物质文化越来越高的要求，滨州产业结构调整的压力和紧迫感越来越强，转型升级刻不容缓。在推进新旧动能转换的进程中，滨州的困难和挑战集中体现为创新驱动能力不足、产业结构不合理、要素市场化配置程度不高、政务服务效率效能不高等。近年来，滨州主动适应新动能加速成长和传统动能改造升级的需要，加快转变政府职能，提高快速响应服务新兴经济领域市场主体的能力与水平，构建并形成适应新时期发展的新动能。在新旧动能共同构成新常态的背景下，滨州经济实现了持续增长和高质量发展的力量支撑。

（三）研究意义

党的十九大指出，我国经济由高速增长阶段转向高质量发展阶段，要加快建设现代化经济体系，培育新增长点，形成新动能。2018 年政府工作报告强调，发展壮大新动能，要“多领域推进”“加快发展现代服务业”“建设智慧社会”“运用新技术、新业态、新模式，大力改造提升传统产业”，为新旧动能转换指明了战略方向。“发展壮大新动能”是“深入推进供给侧结构性改革”的重要举措之一。① 本文对近年来滨州为推动新旧动能转换引领高质量发展的创新系列做法进行了分析研究，可为今后同类地区以及全国更广范围内推广与实践新旧动能转换提供有益的借鉴。

1. 全球竞争格局发生巨变背景下的实践所需

新旧动能转换引领高质量发展是全球竞争格局发生巨变背景下我国迈入创新型国家前列的改革实践所需。实践上，经过改革开放 40 多年的发展，目前我国正处于新旧动能转换、制造业转型升级的关键时期，迫切需要旧动能优化转型和新动能加速成长，催生新的增长点。制造业是实体经济的主体，是经济高质量发展的关键，是供给侧结构性改革的主战场。坚持用改革的办法推进结构调整，矫正要素配置扭曲，扩大有效供给，增强应对不确定性的能力，增强经济发展韧性，保持经济长期向好的基本面。实现新旧动能转换需要创新驱动已成共识，而实现创新思维转换则需要新的认知。在我国发展的外部环境和内部条件发生深刻复杂变化的背景下，经济高质量发展也面临着新形势、新使命和新要求。新旧动能转换引领高质量发展不仅仅是我国在新的世界竞争格局中经济发展模式的转变，更关键的是未来我国经济以什么为动力源促进经济更好

① 刘志迎．中国创新 50 人笔谈［M］．中国科学技术大学出版社，2019：39.

发展的问题，是在试点试验区改革实践经验教训的基础上总结出的新的发展模式。

2. 历史重大机遇和挑战路径发展的必然选择

新旧动能转换引领高质量发展是山东与滨州面临的重大历史机遇和挑战。多年来，山东国民生产总值在国内名列前茅，但山东的经济结构“偏重”。投资拉动受阻不是山东独有的问题，而是全国多地共同面临的顽疾。从这个意义上，选择山东作为新旧动能转换试点具有典型代表性。2018 年 1 月初，国务院正式批复了《山东省新旧动能转换综合试验区建设总体方案》，山东省委第十一届三次全会审议了《山东省新旧动能转换重大工程实施规划》《关于推进新旧动能转换重大工程的实施意见》。2018 年 2 月 22 日，山东省委书记刘家义在山东全面展开新旧动能转换重大工程动员大会上的讲话，深刻阐明了加快新旧动能转换综合试验区、推进新旧动能转换重大工程的总要求和重大意义，对把握重大机遇、发展产业集群、着力深化改革、创新领导方式作了系统部署，明确了当前和今后一个时期的重点任务和工作要求。建设新旧动能转换综合试验区，是党中央交给山东省的重大政治责任和必须完成好的重大政治任务，是山东发展的重大历史机遇，也是滨州市面临的重大机遇和挑战。

3. 新时代加快构建全新发展格局的有效策略

深入推进滨州新旧动能转换引领高质量发展创新是“十四五”时期的时代主题与任务。2020 年是决胜全面建成小康社会、决战脱贫攻坚及“十三五”规划收官之年，是谋划“十四五”规划、实现“两个一百年”奋斗目标历史交汇之年。新冠肺炎疫情肆虐世界给 2020 年全球经济社会带来了巨大冲击，给后疫情时期世界经济发展提出了全面挑战。现阶段，经济转型的关键领域在以制造业为主的实体部门。解决制造业在新旧动能转换过程中出现的一系列问题和风险，并突破其体制机制障碍，是实现经济下行软着陆的有效路径。滨州的工业发展体系以制造业为主，和国内许多以传统制造业支撑经济的地区一样，也面临制造业体系存在创新能力不足、结构不合理不协调、对生态环境外部负效应突出等问题。这些传统制造业发展中的问题和矛盾正在经历一个逐步累积和深化的过程，面临不可持续发展和缺乏国内、国际竞争力的多重压力。如何在新时代深化市场化改革，重启新一轮改革活力，建立新经济体系，推动新旧动能转换，实现高质量发展，建设创新型社会、创新型国家，加快形成国内国际双循环相互促进的新发展格局，直面世界百年未有之大变局的重大挑战与历史机遇，成为当前及整个“十四五”时期的时代主题与重要任务。

4. 实践创新、理论创新、制度创新的重要改革成果

实践证明，滨州的新旧动能转换引领高质量发展是行之有效且具有比较优势的改革模式。新旧动能转换不是回避已形成的产业基础和比较优势，而是立足现有基础和内生比较优势的优化升级，遵循循序渐进、不断升级、比较优势不断强化的新旧动能转换路径。新旧动能转换不是推倒重来，亦不是简单依靠颠覆性创新就能一劳永逸。即使是颠覆性创新，要发展形成产业体系仍需较长时间。因此，新旧动能转换一定是立足已有产业基础和比较优势，分阶段强化内生比较优势，引领制造业逐渐从内生比较优势推动向竞争优势驱动转变，迈向全球价值链中高端。作为全球最大原铝生产基地和纺织产业基地的山东省滨州市，针对产业层次低、能耗高、链条短、利润少等问题，以体制机制创新为引领，实施“全生态改革创新、全领域流程革命”，强力推动产业转型、科技创新支撑、人才保障、营商环境变革，激发高质量发展的活力源泉，成为新时代推动新旧动能转换、引领高质量发展且经过实践证明的有效的、突出的、成功的典型代表。把“滨州模式”共识性强的新思想、新观点、新论断、新举措总结凝练，进一步上升为理论创新和制度创新的重要依据，对于指导和不断完善未来地方全面深化改革方式方法具有重要的现实意义。

二、滨州推进新旧动能转换引领高质量发展创新实践主要做法

面对严峻复杂的国内外形势和经济发展转型升级压力，滨州市坚持以习近平新时代中国特色社会主义思想为指导，按照中央和山东省委制度创新、流程再造等各项改革工作部署，坚持以体制机制创新引领新旧动能转换，推动经济高质量发展，聚焦增加有效制度供给、补齐制度短板，全力推动全面深化改革，实施了一大批改革举措，破解了一大批多年积累的矛盾问题，干成了一大批事关长远的大事要事，为滨州经济社会发展实现“趋稳起势”提供了强有力的动力源。滨州的新旧动能转换借助机制创新进行系统性、整体性、协同性改革

▲ 2020 年 6 月 22 日，线下滨州市产融综合服务中心正式启用

▲ 2020 年 4 月 27 日，滨州市举行山东省首场专项债券配套融资合作意向签约仪式

推进，在机制创新中建立推动新旧动能转换的引导机制、创新机制、动力机制、保障机制和协同推进机制。其中，新发展理念和顶层设计是引擎，创新和约束激励机制是内生动力，法律法规等相应的制度建设创建是基本保障，协同推进机制是关键。

（一）坚持市场化改革方向和正确的改革方法

滨州始终坚持以市场化改革的思路和办法破解发展难题，坚持向市场要动力、向市场找出路，回应社会关切，不断在经济体制关键性、基础性重大改革上突破创新。

1. 始终坚持市场化的改革方向

新旧动能转换是否成功，标准有很多，关键是要用好市场这把“尺子”、这把“钥匙”。滨州在加快实施新旧动能转换、推进高质量发展的过程中，始终坚持市场化的改革方向，最大化地释放市场活力和社会创造力。滨州围绕市场有效地抓改革举措落实落地，创新创业创富的动力活力竞相迸发。坚持出路在市场，空间在市场，活力在市场，坚持公有制为主体、营造支持非公有制经济高质量发展的制度环境，增强微观主体活力。通过构建更加完善的要素市场化配置体制机制，进一步激发全社会创造力和市场活力。坚持遵循市场规律、集聚市场资源要素，以基础雄厚、技术领先的十强产业为切入点构建完整的产业集群，充分发挥放大产业比较优势、资源禀赋优势，以价值链为核心，重塑产业链、供应链，从应用研发、工业设计、智能制造、供应链金融、市场营销到园区配套、标准厂房、培训教育、商务服务，重塑产业转型发展生态圈。

2. 用市场化手段破解改革难题

改革进入攻坚期和深水区，遇到的阻力越来越大，发展中的问题和发展起来后的问题、一般矛盾和深层次矛盾交织叠加、错综复杂，这就必然会碰到更深层次的体制机制问题，碰到更多牵一发而动全身的问题。新旧动能转换是否成功，不仅要解决新动能的接续，还要处理好旧动能的转型，关键在于生产要素的重新配置，即如何依靠体制机制创新推动产业转型升级。当前，传统产业资源占用多但效益低下，而新兴产业缺乏有效统筹没有形成集群优势，许多地区都面临发展后劲不足的瓶颈，高质量发展的新路仍在不断探索中。滨州面对长期以来存在的产业层次低、链条短、发展压力大、高端产品难落地等问题，坚持市场化的理念更新改革方式和手段，瞄准改革实践创新中的重点、难点、痛点、堵点，主动深化改革，推进制度创新。以市场化、法治化、专业化手段解决新旧动能转换中出现的难题和体制制度障碍，成为滨州突破发展瓶颈的破题一招。围绕推动高质量发展全面发力，盘活现有存量资产，提高自身融资能力，用市场化手段化解债务和项目建设资金难题，创新增量，推进强化项目建设管理。着眼治理体系和治理能力现代化建设，牢固树立市场化、法治化、专业化的理念，在落实改革行动上以“快决策、快执行”推动“快突破、快见效”。

3. 以市场化思路推动改革发展

以市场化思路推动和实现资源激活与趋优配置。一是破除体制机制障碍，做活要素资源存量。激活要素的关键是凝聚改革共识，以改革挖潜力，靠改革增活力。滨州坚持大胆试、大胆闯、自主改，破除体制机制障碍弊端，通过有效的制度供给畅通瘀堵、破除壁垒、理顺关系、打通经络，改革优化现有的资源要素配置，让沉睡的资源醒过来，打造动力更强、结构更优、质量更高的绿色发展增长极。二是树立创新意识，破除政策障碍，做优市场要素资源变量。滨州打破路径依赖和思维定式，大胆创新工作思路，破除政策瓶颈障碍，开创发展新路径。破除传统要素升级的动能供给阻碍，不断整合要素资源，扩大各要素合理流动、配置的空间，调动潜力、形成活力，变资源优势为发展胜势，形成新发展经验。三是树立开放意识，破除区位障碍，做强要素资源增量。区位优势是滨州发展的一大短板，对创新、人力资源、资本等高端要素的吸引力和承载力不足，发展能级相对有限。滨州树立新的改革开放观，用国际视野和全球眼光分析比较优势，以大开放带动经济发展方式转变、产业结构调整，加大滨州对高端要素资源的吸附力，在更大范围、更宽领域、更高平台配置资源，做到借力发展，化挑战为机遇、转潜力为实力、变困境为佳境，克服和消除区位“短板”带来的影响。

（二）着力营造锐意改革勇于担当改革氛围

滨州市围绕建设“富强滨州”总体目标，按照体制机制创新必须“走在前列”工作定位，突出顶层设计，注重考核激励，聚焦重点领域，强化制度保障，以创新工作体制机制为抓手，强化典型带动，开展专项整治，强力推进改革举措落地落实，辐射带动全领域的流程再造和全生态创新，为激发活力、补齐短板、推动高质量发展夯实基础。

1. “六问八策”激励干部担当作为

“风云起乃期猛士，鼙鼓动而思良将”。用关爱抚慰担当者的心灵，拿政策坚定奋斗者的决心，才能助力干部保持锐气，争当开疆拓土的闯将、英勇善战的干将。滨州促进新旧动能转换，突出抓好激励干部担当作为干事创业系列文件的贯彻落实，健全完善正向激励、考核评价等制度机制，确保各项措施落到实处、见到实效。滨州坚持严管和厚爱、激励和约束相结合，主动担当作为、严格把关，对恶意举报、不实举报及时澄清，为认真干事创业、担当负责、积极作为的干部提供良好的发展环境。滨州全市上下答“六问”、践“八策”，用好改革关键一招，凝聚起改革发展的共识，激发了党员干部的奋斗激情。“梦想”“发展”“改革”“创新”“落实”“担当”六问，为“富强滨州”“走在前列”定盘谋篇。滨州干部群众寻求变革的精神状态位于山东前列，在体制机制创新方面的改革也名列山东前茅。

2. 多措并举激发改革主体创新活力

改革正当时，惟创新者进，惟创新者强，惟创新者胜。滨州注重改革内生动力培养和外力平台打造，不断增加创新研发投入，加强创新平台建设，培养创新人才队伍，促进创新链、产业链、市场需求有机衔接。滨州依托与中国经济体制改革杂志社、红旗杂志社、浙江大学的战略合作关系，面向政府机关、企业组织改革短期培训课程、战略高级研修班等培训，开阔视野、增长才干，不断提高滨州各层面改革主体创新能力。目前，已组织全市改革干部省委党校培训班三期、浙大培训班一期。同时，组织开展“对标先进学改革”活动，发动各个部门、各个县市区结合对标单位，学习改革经验，并结合实际找准各自改革结合点，特别是在“优化营商环境”“高质量发展”“双招双引”等领域，参照外地先进经验，制订符合滨州实际的改革方案，借力助推滨州改革发展。

3. 用好用活政府改革创新内生力量

选人用人是风向标，也是激励干部作为的指挥棒。以实干论英雄、以实绩论奖赏，树立想作为、敢作为、善作为的鲜明导向。针对改革人员力量不足、专业能力不强、改革内生动力支撑不够等问题，滨州加强人员统筹，坚持分类指导、精准施策，充分发挥政策的激励引导和保障支持作用。面向全国招聘高层次人才，从理论层面对改革事项进行研究，编制“滨州改革三年行动计划”，规划全市改革路线图、时间表和战略导向图，凝聚全社会改革力量，解决好改革碎片化问题，有效指导各部门和各县市区改革。推行全员聘任制，通过全员岗位竞聘，打破干部身份界限，推行“以事定岗、双向选择、竞争上岗”的原则，为能干事的人员找到适合发挥作用的岗位，用机制留好人用好人，用实绩标注担当，让有为者有位、实干者得实惠。同时，对政府、企业改革中遇到的困难和问题开展定向研究，为公共创新性实施典型案例政策提供智力支撑，为企业经营提供咨询服务。

（三）强化制度保障，统筹系统推进改革创新

在建设“富强滨州”的改革创新实践中，通过强化顶层设计，将顶层设计与基层探索结合起来，充分发挥基层首创精神。狠抓关键少数，建立改革结果倒逼机制，围绕改革举措落实落地，全面塑造了体制机制性发展优势，为后发赶超城市实现加速崛起探索了试点经验。

1. 统筹资源力量协同推进改革

市级领导班子带头推动，县区部门协同推动。将全面深化改革列入市级班子秘书长联席会议研究事项，积极发挥市级班子参谋服务作用，协调市级班子亲力亲为带头推动改革。2018 年以来，滨州先后提出实施“改革落实年”“改革落实提升年”活动，开始实行市级领导领衔重点改革任务制度，并将改革工作列入市委常委包保县区工作职责，帮助基层协调解决改革难题，关键少数示范带动作用效果明显。出台《关于进一步加强全面深化改革落实工作的意见》，审议通过《关于在新时代全面深化改革推动滨州高质量发展的决定》，市政府分解落实 286 个改革事项，市政协开展重点改革调研活动，形成了市级

班子高位推动的良好局面。

2. 抓住关键要素破解改革难题

针对久拖不决的历史遗留难题，牵涉面广的难题，事关全局工作、事关长远发展的难题，以及“有方案，不落实；有部署，不执行；有表态，不愿改”等严重影响改革进度问题，抓住关键环节，协调相关部门加快推进落实；针对有的部门多一事不如少一事，不敢担当、推诿扯皮等情况，主动协调，牵头协商，破除了一批改革障碍，着力解决“打转推磨”难题；针对群众反映强烈的突出问题，坚持“人民有所呼改革有所应”，加快改革步伐，着力解决“政务投诉”难题，不断提高群众获得感；针对政务投诉中效率低、程序繁、审批难等营商环境问题，着力协调推动健全体制机制，提升工作标准，优化工作程序。

3. 试点示范推动探索创新突破

试点是改革的重要任务，更是改革的重要方法。滨州坚持统筹试点实施与示范推广，积极承担试点任务，支持鼓励基层探索，注重改革经验复制，推动改革任务高效落实。研究制定《关于加强和规范改革试点工作的意见》，引导县区部门工作既要及时了解政策动向，根据实际改革需求和比较优势争取改革试点，又要在具体落实中创新改革举措，抓实试点改革任务。同时，调整试点考核权重，将“改革试点探索创新”设为最高分值项，引导县区部门力量集中、措施倾斜，鼓励基层探索创新，及时复制推广经验。对证明行之有效的一些改革经验做法，及时总结推广改革试点经验，扩大改革试点效应，推动面上工作开展。

（四）突出重点抓住关键环节，提升改革成效

聚焦重点领域和关键环节持续用力，建立健全清单管理、分级负责、问题解决、定期通报、帮包联动、工作例会等工作机制，制定明确的项目配档表和施工图，推动各级各部门形成工作合力，积极融入全国、全省重大发展战略，构建更高层次的发展格局。

1. 体制机制创新夯实高质量发展基础

经济领域体制机制创新的主要目标之一就是使市场在资源配置中起决定性作用，让市场机制的作用得以充分发挥。体制机制不活、流程不优是滨州与先进地区的最大差距。滨州立足本市近年来经济社会发展实践，充分借鉴外地先进经验，发挥专家学者“外脑”作用，以再造流程、破除体制机制性障碍为目标，按照“五位一体”布局，着重研究在经济、政治、文化、社会、生态领域阻碍发展的痛点、难点、堵点问题，为市委、市政府决策提出建议，规划改革方案、路线图和时间表，全力促使滨州成为山东全省乃至全国重要的改革驱动和开放示范区。目前，滨州市在产业扶贫、粮食经济、农村清洁取暖、社区治理和服务创新等方面的改革创新经验走在全国前列，为山东省乃至全国的改革难题提供了解决方案。

2. “放管服”改革打造一流营商环境

破除制度性障碍，充分发挥市场主体的自主性和创造性。这些体制机制上的创新，不仅在当下有利于滨州新旧动能引领高质量发展，而且从长远来看，也将为我国经济高质量发展注入不竭动力。以“放管服”改革为抓手，实现营商环境更好、创业积极性更足的目标，让企业和群众更有“获得感”。推动建立市级工程建设项目审批新机制，完成工程建设项目“立项用地规划许可、工程建设许可、施工许可和竣工验收”联审联批，办理时间不超过 40 个工作日。推动建立重大项目“会商制度”，对于重大投资项目，涉及部门提前介入，全程协助手续办理。推动建立“多（图）审合一”“多策合一”工作机制，有效解决部门之间标准不一、反复审查耗时费力等问题。探索建立审管衔接机制，实现主管部门信息互通共享，实现审批监管无缝对接。

3. 构建大督察考核机制确保任务落实

严格执行“一账三单四督五评”改革落实机制，真督实导，强化考核，确保改革任务落到实处。一是构建“大督察”机制。出台《关于构建大督查工作机制的实施意见》，建立市委改革办、市委督查室、市考评办联动机制；二是实行“全覆盖”考核。全面对接山东省委改革考核实施方案，建立覆盖全部市直部门和县区、涵盖改革全过程的考核指标体系和考核细则，列入全市经济社会发展综合考核体系；三是落实“严约束”问责。发挥从严治党利剑作用，将改革列入巡察内容，对改革中出现的官僚主义、形式主义进行严肃问责，对改革督察考核中排名连续两次垫底的县区和“拖后腿”部门进行约谈。

（五）紧抓市场创新要素集聚力，促高端发展

紧密结合滨州地方资源禀赋特色、产业发展实际，紧抓市场化创新要素集聚高端发展，将改革落到实处，尤其是针对人才流动、人才激励和创新创业环境中长期存在的一些难点问题，精准发力，重点突破，构建起由龙头企业、高校院所、高端人才、科技金融、高校服务、创新文化组成的创新创业生态系统，在扩大开放中富集要素、在加强合作中拓展空间，不断挖掘新潜力、激发新活力、增强新动力，全面提升对内对外开放的层次和水平，加速吸引高端要素集聚，做强要素资源增量。

1. 紧抓人才队伍体系建设

“功以才成，业由才广”。推动高质量发展，离不开资金、技术、信息等资源，但这些资源要更好地发挥作用，要成为推动高质量发展的现实生产力，都需要人才这个因素对其进行整合、组织和运用。人才资源是撬动其他资源的首要资源，是最重要的起决定性作用的资源。坚持以创新为第一动力、人才为第一资源，全面激发市场活力和社会创造力。深入实施“渤海英才·海纳工程”，坚持高端人才与实用型、技能型人才“两手抓”，开展大学生、硕博士“双进”工作，改善全市人才结构。强化专业人才培养，提高乡村旅游从业水平。按照乡村旅游千人培训计划，加大乡村旅游经营管理及服务人员的培训力度，提高乡村旅游从业人员思想认识和管理运作水平。完善人才公共服务和生活保障，高标准建设一批人才公寓，在子女教育、家属安置、医疗保障、科研配套、创业支持等方面，形成完备的激励机制。以企业需求为核心，深度构建服务体系，实现创新人才和科研双核驱动，为滨州长远发展提供动力和创新活力。

2. 紧抓高端平台体系建设

建设由各领域顶尖科学家构成的研究院学术委员会，以此为载体引进科技

研发领军人才、高端人才和创新团队，打造开放科研平台。一是打造高端教育平台。建设同时容纳6000名学员在校学习实训的先进技术职业培训学院，打造产业技术人才培养中心和优质高端教育平台。二是打造大型实验项目平台。在中国科学院大学和滨州分别设立研究院，国科大研究院主要负责基础研究和大型实验项目，滨州研究院主要负责产业转化和中试项目，并承担集群内企业人员技术培训，推动双支点协同战略。在全球范围内筛选优质高新技术种子项目，促进国际先进技术落地，打造国际一流的高新技术孵化。三是打造一流技术研发和成果转化平台。魏桥国科研究院旨在技术研发和成果转化。魏桥集团联合中信信托等金融机构与政府引导基金、集群内重点企业共同设立100亿元的投资基金，推动滨州项目研发和转化。魏桥集团与瑞士AM基金达成战略合作，并购瑞士R&D碳素电极材料公司，降低铝电解能耗水平；创新集团与瑞典格朗吉斯合资建设航空铝板与高端汽车板项目，产品填补了国内市场空白，助力产品品牌向高端市场迈进。

3. 紧抓要素创新体系建设

以新型研发机构为代表的新型管理体制和运行机制，开启产学研精准对接的探索，加速创新要素的流动，带来生产效率的快速提升。大力推进科技创新、体制机制创新，突破性发展“四不像”等新型研发机构，在人才聘用、绩效分配等方面实行扁平化、市场化管理，以制度创新为核心打造一流创新环境。转变传统的经济增长发展方式，通过创新提高产品和服务的质量、档次，通过创新增加产品和服务的附加价值，通过提高经济质量和效益来促进增长，也就是从过去依靠简单扩大规模和增加要素投入的增长，转向依靠创新驱动的增长。全力支持优势骨干企业与高校、科研院所共建企业研发中心、重点实验室、院士工作站、中试基地，多层次、多渠道、多元化创新投入机制，共建创新平台，实现产学研合作行稳致远。

（六）聚焦优势，做大做强做优特色产业集群

围绕五大千亿级产业集群，立足自身实际，重点聚焦高端装备、新材料新能源、新一代信息技术、现代服务业、高效生态纺织业五大主导产业，改旧育新，聚焦特色产业方向，着力做优做强实体经济，培育壮大新型产业，夯实动

能转换新支撑。

1. 聚焦特色产业研发方向

滨州市严格落实国家和山东有关文件精神，坚持企业主体、政府推动、市场倒逼、依法依规的原则，以高端装备、新材料新能源、新一代信息技术、现代服务业、高效生态纺织业五大主导产业为特色研发方向，聚焦铝业、纺织业领域的智能制造、节能环保、金属新材料、非金属新材料、新能源反向需求研发；聚焦各行业前沿新技术，开展通用型技术研发；聚焦其他基础研究，开展理论研究、跨代研发、公益项目研究等，积极构建多标准、多部门、多渠道协同推进的工作格局，加快推进淘汰落后产能，为经济高质量发展拓展新空间。

2. 做大做强做优产业集群

围绕五大千亿级产业集群，重点实施100个重大投资和技改项目建设。加快推进铝产业向航空航天、军工、轨道交通、海洋工程、高端电子产品等铝材高深加工方向发展，建设国家级轻质高强新材料产业基地。加快推进滨州临港高端石化产业园、鲁北高端化工循环经济产业园建设，全力打造国内领先、世界一流的全国高端石化基地。以终端化、高端化、绿色化和品牌国际化为主攻方向，积极开展数字化、智能化工厂试点示范，打造国家生态纺织技术创新中心和国家级高效生态发展基地。以小麦、玉米、大豆研发中心为支撑，发展粮食精深加工，大力开发功能性食品、医学食品和新材料，建设国家级粮食产业融合循环经济示范区。引进一批具有区域特色的标准化畜禽、水产养殖和深加工项目，建设国家级现代优质畜牧业和绿色水产品生产加工基地。

3. 培育壮大五大新兴产业

围绕五大新兴产业发展壮大，重点实施100个重大项目，加快推进产业结构优化升级。制定印发高端装备制造、新一代信息技术、新能源新材料、医养健康、现代服务业专项发展规划。高端装备制造产业，重点推进西王特钢有限公司高速重载高强度钢轨项目、渤海活塞公司高效汽车活塞智能制造项目和山东裕航特种合金装备有限公司超高强、高耐蚀铝合金项目；新一代信息技术产业，重点建设京东云国际电商城项目、黄河三角洲大数据中心、滨州大数据产业园；新能源新材料产业，重点建设江森自控高性能汽车蓄电池项目、山东新洁能燃气公司年产500万立方米生物天然气项目；培育医养健康产业，重点建设西王100万吨果糖项目、香驰大豆蛋白项目；现代服务业，重点建设魏集古村落二期、黄河古村西纸坊村二期、滨州国际足球小镇等项目。

4. 打造铝业转型升级引擎

魏桥创业集团立足特色产业和优势产业基础，打造转型升级新引擎。魏桥国科先期聚焦集团铝业、纺织业两大核心业务，以及新能源、新材料、智能制造、节能环保等领域，提升集团产业链整体水平，获得再次创业的强大支撑。目前，魏桥创业集团已注册成立轻量化公司，其内含的轻量化中试基地、航空铝件、汽车轻量化结构件高端制造基地项目、全铝车身总成项目等八个铝深加工项目年内将开工建设，建成后将大大提升魏桥铝产业链价值链。台湾新格集团再生铝、铝灰综合利用项目综合能耗仅相当于原来的5%，将有效盘活闲置资源、降低能耗排放，推动铝业绿色转型发展。

三、滨州推进新旧动能转换引领高质量发展创新普遍推广意义

实践证明得出，以新旧动能转换引领高质量发展相关理论研究，应加强对改革实践中总结而来的相关理论的中国特色实证、经验的适用性检验。改革实践创新过程中形成了大量的宝贵经验做法，这些有效经验根植于基层实践，升华于理论层面，最后形成指导和规范普适性的制度和规则，与我国的制度环境、政策解读、执行落实高度互融，比如，新旧动能转换综合试验区所采用的“政策试点”方法、“规划—执行”的互动等。将滨州新旧动能转换战略实施过程中的政策制定、实施的方法论进行归纳总结，对于新旧动能转换过程中具体操作层面的政策制定、政策执行具有重要的实践、理论和现实价值意义。

（一）为新时代市场化改革引领高质量发展做出重大实践探索

1. 诠释了以市场化改革推进地方高质量发展

改革永远在路上，改革之路无坦途。在我国高速增长阶段，经济发展更多表现为“规模扩张”和“要素驱动”，而高质量发展阶段的主要目标是“高

效”“公平”和“可持续”。在新发展阶段，原有适应高速增长阶段的体制机制很难继续支撑高质量发展，在一些方面甚至制约高质量发展。当前，推动新旧动能转换和促进发展到了新的历史关头，很多都是前所未有、前所未见的新问题，推进改革的复杂程度、敏感程度、艰巨程度超乎寻常，必须以更大的政治勇气和智慧，坚持摸着石头过河和加强顶层设计相结合，不失时机、蹄疾步稳深化重要领域和关键环节改革，更加注重改革的系统性、整体性、协同性，提高改革的综合效能。滨州通过实施市场化改革综合配套政策，不断探索市场化体制机制创新，释放市场化改革红利，激发创新创业创造的活力。

2. 创造了高质量发展的制度条件和微观基础

制度创新是复杂的系统工程，确保各子系统之间的协调互动越来越重要。当前，我国经济已由高速增长阶段转向高质量发展阶段，国际合作与格局发生了深刻变化，需要更好地把握全球价值链分工、新技术革命和制度型开放等重大挑战与机遇。近年来，滨州通过持续推动创新发展，逐渐探索并闯出了一条以企业为主体、市场为导向，以传统产业升级为基础、产学研深度融合的“科技创新之路”。滨州产学研深度融合呈现较为突出的地方特点：一是政府的角色由主导向引导过渡，立足企业需求导向，变“产学研管理”为“产学研服务”；二是企业的参与由被动向主动转变，企业通过产学研合作发展壮大，对其重视程度和参与积极性越来越高；三是合作的对象由国内向国际拓展，瞄准国际一流、科技前沿，逐步向国外院校、科研机构需求技术难题的解决方案方向发展。

3. 丰富了高质量发展改革创新实践实施路径

滨州以体制机制改革创新推动新旧动能转换引领高质量发展，与我国整体上新旧动能转换改革同步。滨州的改革经验为发展和完善我国新旧动能转换、加快推动和实现高质量发展理论做出了重大实践探索。比如，新发展阶段，中央赋予深圳在重要领域和关键环节改革上更多自主权，支持深圳在更高起点、更高层次、更高目标上推进改革开放，创造更多可复制、可推广的成功经验，有利于释放高质量发展的改革红利，更好地服务全国发展大局。滨州在新时代高质量发展进程中也主动作为，率先实现体制机制的创新突破，加快形成全面深化改革、全面扩大开放新格局，为全面推进高质量发展创造经验、提供借鉴。

▶ 2020 年 5 月 13 日，山东省委改革办专职副主任杨占辉出席《改革会客厅》启动仪式

◀ 2020 年 2 月 28 日，滨州市政府召开市属国有企业国有资本改革动员会议

▶ 2019 年 9 月 12 日，2019 滨州市企业家大会在滨州国际会展中心召开，会上授予 20 位优秀企业家“金狮奖”、29 位优秀企业家“银狮奖”、30 位优秀企业家“铜狮奖”、19 家单位“富强滨州”建设“金星奖”

（二）为丰富我国新旧动能转换理论体系提供了有效方式方法

1. 党政主要领导职能部门全面参与协同推进改革落实

党政领导挂帅，尤其是“一把手”亲力亲为，敢担当善作为，全面推动新旧动能转换和重点任务改革纵深发展。从滨州新旧动能转换引领高质量发展的改革经验看，党政主要领导作为改革的决策者、参与者、推动者、执行者，是抓改革的关键。审定改革方案、协调重点环节、部署重点工作、督办重大问题，形成党委政府抓总、各部门协同推进的良好工作格局。党政主要领导和各级部门主要负责人对新旧动能转换的各专项任务、子任务、重点项目、产业政策配套等进行协同推进，分工明确，落地有效。例如，打造“三专”干部组织保障体系。在实战实干中提升广大干部专业思维、专业知识、专业能力，通过分层次分领域的精准培训、搭建提素质强本领的实践平台、健全精细化集约化的工作机制，营造真学真懂、真会真干的良好氛围，让“高标准、快节奏、抓具体、在状态、有韧劲”成为滨州干部作风的鲜明标识，把“改革闯将、攻坚干将”选出来、推上去。

2. 攻坚克难领导专班聚焦主题任务精准施策，压实责任

改革不是“为改而改”，不是“改一步说一步”，而是要将改革任务持续性地分解到位，落实到人，解决经济社会发展中的难点、痛点和堵点。滨州成立“指挥部+专班”指挥体系，强力推进改革落实，有效破除传导的“时差”、标准的“落差”和情怀的“温差”。指挥部代表市委、市政府负责牵头抓总工作专班，由牵头部门负主责，主推主抓、统筹协调，配合部门明确工作责任，避免出现各部门推诿扯皮现象。成立由市委主要领导任组长的体制机制改革领导小组，建立由组织部、编办、商务局、财政局等部门负责同志为成员的工作专班，统筹推进体制机制改革创新工作。同时，实施基层“安心”工程，激发广大基层干部职工更大的干事创业热情。征集各责任单位推进改革工作进程中遇到的问题以及对各项改革工作的意见建议，组织专班成员逐条研究，并建立定期调度和销号制度。明确细化改革方案、编制产业规划、合并统计报表等重点工作任务，逐项制定工作台账，明确工作时限，任务分解到人，强化督导检查，确保各项工作顺利推进。

3. 高起点谋划高标准要求，破题高质量发展新动能供给

进行重大任务和重要抓手高位嫁接，在推动新旧动能转换、引领高质量发展关键环节破题。以实施重大专项规划、重大战略对接、重大设施建设、重大发展项目、重大创新工程、重大事项改革、重大民生实事七大攻坚为抓手，滨州市按照“以体制机制创新引领高质量发展”的总体改革思路，推动“富强滨州”建设，相继实施“打造世界高端铝业基地”“开发区体制机制改革”“建设渤海先进技术研究院”等一系列事关滨州长远发展的改革举措，用一系列根本性、颠覆式的自我革命及时回应群众所盼、企业所需、干部所虑，为高质量发展寻找出路，在全市经济社会发展“成势”中起到引领、激发、推动作用。

（三）为深刻把握新时代深化改革认识论、方法论呈现地方经验

1. 滨州改革创新实践突出特色整体成势

滨州的创新实践既上下目标一致、协同发力，又各自差异探索、突出特色、整体成势，厚植了内容、积累了经验，形成了具有典型地域特征的新时代高质量发展创新模式。滨州新旧动能转换模式的核心是：准确把握和运用习近平总书记关于全面深化改革的认识论、方法论，紧密结合地方改革实际，创造性探索实践。在具体改革创新实践中，用改革结果检验改革方法，又从改革方法上升为改革理论指导改革实践，具体回答了新时代新旧动能转换中几个重要的问题，即如何在创新中落实、在落实中创新，以改革激活全盘、丰富优势的重要时代课题。

2. 滨州改革创新实践问题导向攻克难点

创新是引领发展的第一动力，抓创新就是抓发展，谋创新就是谋未来。破解滨州新旧动能转换的难点问题也一样，必须有创新思维。没有工作机制和方式方法的创新，就难以破解体制机制和高质量发展过程中原有的痼疾和难题。滨州坚持底线思维、问题导向的重要方法，新旧动能转换引领高质量发展改革始终奔着问题去、冲着问题来，依靠深化改革来破难题、解新题，增强经济发展内生动力。针对经济结构偏重、转型压力大的实际情况，统筹各领域改革，

把大量的改革资源配置到经济领域，发挥市场在资源配置中的决定性作用。努力探索创新试验，创造可复制可推广的经验，打造制度创新、高质量发展新高地。

3. 滨州改革创新实践机制保障求实见效

滨州全面领会、贯彻落实习近平总书记关于积极创新方法、推动改革落实、确保改革成效的重要指示精神，着力探索领导领衔、督促指导、考核评价、第三方评估、履职述职、舆论监督“六位一体”的改革落实推进体系。每年都选取各领域重点改革任务，明确领导领衔，确保承责落实，推出实施改革考核制度，形成强力激励和倒逼效应。这些方法成为新旧动能转换改革创新落实见效的有力加速器。比如，开发区体制机制改革、推行“管委会+”体制、取消行政级别、实行全员聘任等举措，促使开发区管委会回归经济属性本源。

（四）为同类地区推动新旧动能转换高质量发展提供改革样本

滨州以前的工业基础、产业水平、营商环境、创新能力以及滨州经济社会发展总体水平，在全国具有广泛的代表性。因此，滨州新旧动能转换高质量发展的创新实践经验和做法，经过实践检验证明能够在全国很多地区有效复制和推广应用，对其他地区通过改革促发展具有典型示范、突破和带动作用。

1. 滨州改革坚持强化规划引领全局

改革越深入，越需要系统集成，只有统筹推进，才能环环相扣、耦合联动，产生放大效应。滨州坚持体制机制创新“走在前列”目标定位，统筹谋划改革工作。滨州的系统改革思维是一个“典型引路、分类突破、梯次推进、协调创新”的改革攻坚设计，其中包括中长期改革计划、年度重点改革任务，也包括相关改革配套事项，整体系统与子系统需要统筹推进，产生联动效应、放大效应。滨州把启动的部分综合改革事项和试点改革事项继续列入年度工作要点，持续推进、全面提升，保持工作的连续性。同时，系统谋划今后三年改革工作的目标任务和方法路径，避免改革碎片化问题，突出改革工作的系统性。

滨州主要从三个方面落实顶层设计：一是结合实际贯彻落实中央和省委改革部署；二是立足全市经济社会发展全局谋划有突破性的改革事项；三是协调指导市直各部门、各县市区谋划专项改革事项。同时从三个方面鼓励基层首创：一是鼓励县市区结合各自实际开展探索创新，将县市区探索创新事项列入市委深改委工作要点；二是鼓励各级各部门争取上级改革试点，赢得发展先机；三是鼓励对标学习，及时将学习成果转化为改革实施方案。

2. 滨州改革注重建立协调联动机制

从改革配套上下功夫，在协调各方上做文章，使各领域改革相互配合、相得益彰。成立由市政府主要负责同志任组长的新旧动能转换重大工程建设领导小组，设立市新旧动能转换重大工程推进办公室，各县区、市直有关部门分别成立领导机构，建立跨部门联络机制，形成各负其责、齐抓共管的工作格局。成立了新旧动能转换专家咨询委员会，加强对规划、项目的研究论证。坚持以人民为中心的理念，将“富强滨州建设，百姓得到什么”作为改革的重要出发点和落脚点，着力解决事关群众切身利益的热点、难点、堵点问题，加大机构调整和优化力度，组建了一批新机构，健全和优化党委领导体制机制，优化市级机构职能。比如，组建行政审批服务、大数据、文化和旅游、卫生健康、医疗保障、自然资源和规划、应急管理、退役军人事务等机构，进一步提升为人民服务的效率，让人民群众有更多的获得感。

3. 滨州改革强化督导激励约束作用

目标任务化、任务项目化、项目具体化、具体责任化、责任督考化，部署事项不落空、强化落实不松劲、考核收官不走样。采取细化分解建立台账、分级挂图上墙、任务责任到人、高密度跟踪调度、督考成绩结合运用、完成情况逐项核实标旗等措施。印发了《山东省新旧动能转换重大工程实施规划体现滨州事项分工推进方案》《全市新旧动能转换“10＋3”重点工作及责任分工方案》《滨州市新旧动能转换重大工程2018年工作要点》《滨州市新旧动能转换重大工程督导落实方案》等文件，明确工作重点，细化工作职责。建立全市新旧动能转换重大工程推进情况月通报制度，每月通报重点工作进展情况。印发《县区党政同责攻坚项目和重点任务担当作为情况专项考核办法（试行）》，对新旧动能转换新上新动能项目、攻坚项目和重点任务进行专项考核。

建立“督考用”一体化考评体系。探索建立“全程跟踪问效、精准考核评价、结果刚性运用”的“督考用”一体化“三重”效能考评机制，坚持主责靠数字说话，主业靠事实说话，“能量化就量化，不能量化就细化，不能细化就流程化”，通过运用即时奖惩、绩效奖励、干部即时使用等手段，引导激励广大干部担当作为、攻坚克难。

4. 滨州改革注重宣传，加强经验总结

改革既要“向前走”，更要“回头看”，在不断推出改革方案的同时，也做好总结回顾。“回头看”是为了更好地“向前走”，改革的过程是发现问题、解决问题的过程，通过经常开展“回头看”，找准问题，在此基础上创新方式方法，将问题一个一个解决，推动改革“蹄疾而步稳”，才能达到预期目的。滨州加强问题分析研判，加大跟踪问效力度，真正做好改革的“后半篇文章”，持续推动各项改革任务务实、高效推进，确保各项改革措施落地生效。印发《中共滨州市委宣传部关于印发〈新旧动能转换重大工程宣传报道工作方案〉的通知》，组织滨州日报、滨州电视台等媒体推出系列深度解读栏目，邀请市直、县区有关单位及各行业协会、相关企业等探讨推进新旧动能转换的思路办法。举办“改革开放立潮头 滨州奋进新征程”第五届全国网络媒体滨州行采访活动，来自人民网、新华网、央广网、央视网等近40家中央及省市媒体采访团走进滨州，推介滨州新旧动能转换有关情况。

（五）为助力传统产业困境突围、聚力新发展摸索成功路径

1. 坚持越是困难越要以改革推动发展

坚持以改革促调控、克难关，于困难中推改革、抓创新，练好内功、强筋健骨，牢牢把握发展主动权。作为全球最大原铝生产基地、全国纺织产业基地，滨州市针对产业层次低、链条短、发展压力大、高端产品难落地等问题，强化问题导向、需求导向、落实导向，以体制机制创新为引领，实施“全生态改革创新、全领域流程革命”，聚焦高端铝、精细化工、家纺纺织、食品加工、畜牧水产“五大千亿级产业集群”转型升级，以价值链为核心，重塑产业链、供应链，推动产业向价值链中高端迈进，打造世界高端铝业基地、世界级高端化工基地、世界级高端纺织基地、国家级食品产业基地、国家级优质畜牧和水

产品基地，推动产业转型、科创支撑、人才保障、营商环境变革，激发高质量发展的内生动力，成为新时代推动新旧动能转换、引领高质量发展的突出代表。

2. 站在更高更远更前瞻的位置布局产业

越是形势复杂，越是坚定信心，以更有力措施把带动经济发展的重点改革推向深入。越是困难时，越能考验领导干部的定力与能力。滨州坚持以供给侧结构性改革为主线，把改善供给结构作为主攻方向，向实体经济发力，创造适应新需求的有效供给，着力提升整个供给体系质量，实现供需动态平衡。系统谋划政策、制度创新，借鉴先进地区产业转型发展的成功经验，结合滨州实际，实施“企业园区化、产业集群化、品牌高端化”重大工程，通过对产业定位、发展重点、发展布局、发展路径等重新思考、梳理和定位，探索实施发展新模式，实现产业统一布局，资源统一整合，要素统一集中。做优做大做强特色产业和优势产业，清退和关闭低效无效企业，推进科技创新和工业企业资源集约利用信息系统的成果运用，构建支撑有力的要素保障体系，不断提升资源配置效率，前瞻性布局、优化设计、培育发展滨州可持续产业。

3. 以打造一流软硬环境促产业集聚发展

产业变革是问题倒逼的结果，体现为市场倒逼、资源倒逼、环境倒逼。滨州坚持内外并举，在补足短板、时序分明、主次突出的创新主体、体制机制、要素资源、平台载体、营商环境等诸多方面，一体化全面推进产业集聚发展。积极适应新时代发展要求，持续深化“放管服”改革，市场活力和社会创造力明显增强，改革成果不断扩大，为新旧动能转换提供改革“加速度”。坚持资源集聚，实现集约发展。针对全市开发区布局分散、集群效应发挥不足问题，按照“要素集聚、产业集群”原则，对全市开发区跨区域进行整合。坚持优化布局，实现统筹发展。坚持把培育完善优势产业链作为大力发展地区产业的重要路径，对产业进行统筹布局，构建相互关联、相互支撑的发展格局。

（六）为治理体系、治理能力现代化示范样板建设贡献硬核力量

1. 坚持体制机制创新引领高质量发展是赶超追越的立足之本

把体制机制改革创新贯穿高质量发展的全过程，把制度优势更好地转化为

治理效能，全面推动高质量发展，打造治理体系和治理能力现代化的滨州样板。社会创新环境的改善，进一步拓展了新技术、新产业发展的市场空间。人工智能等新一代信息技术应用和产业化的加快推进，激发了创新创业活力，为新动能成长打开了空间。很多地方抓住新技术革命的机遇，加快推动区域经济向创新驱动的发展转型，为新动能发展创造良好的市场环境和发展空间，成为补短板、强弱项、稳增长的必然选择。制造业是实体经济主体，其高质量发展关系到经济整体的健康发展。滨州以体制机制改革推动新旧动能转换引领高质量发展，着力推进产业的信息化改造、品质化提升、智能化升级，加强自主创新，发展高端制造和智能制造，培育形成具有国际水平的制造业龙头企业与产业集群，引领先进制造业发展。通过技术创新、产业创新和服务创新等创新活动，有效促进传统产业的升级转型，实现跨越式追赶。

2. 确立改革向内转变政府职能是引领全面深化改革的重要环节

扎实推进政府行政管理体制改革，优化公共服务力量，推动机构职能更加优化协同高效，以制度建设提升发展高度、治理温度。实现高质量发展，需要更优的体制机制环境，放眼全国，一场制度创新的竞逐早已展开，治理体系和治理能力现代化的蓝图已然成型，治理体系和治理能力现代化的创新实践正在全国如火如荼地展开。滨州以体制机制改革加快政府职能转变，以制度保障改革设计和决策有效、以筑牢发展长效机制促进经济硬环境大转变，深入推进重要领域和关键环节改革，不断地在探索中完善和升级更新改革举措，充分发挥地方探索对全局性改革的示范、突破和带动作用，加快推动各方面制度更加成熟、更加定型。

3. 党员干部创业创新激情成为推动高质量发展的强劲内生动力

充分发挥关键少数领导的核心带动作用，正向激励和制度保障干部干事信心和激情，在推进治理体系和治理能力现代化中起着至关重要的作用。新旧动能转换背后机制的复杂性，使得现实对策在转换问题界定、转换政策选择、转换政策执行到转换政策评估的每一步都面临着决策选择问题。例如，在转换问题界定中，对于新旧动能转换“是什么、怎么转、怎么评价”就难以取得共识。党政“一把手”领导想改革、真改革、动真格的决心和担当是带动改革的引擎。综观各个阶段和各地改革的成功经验发现，但凡成功的改革实践，党

▶ 2018 年 11 月 26 日，玉米、大豆、小麦国家级粮食加工产业技术创新中心落户滨州

◀ 2020 年 8 月 15 日，举行市级人才公寓入住和“青鸟驿站”启用仪式

▶ 滨州“黄河之星”生态园

政领导“一把手亲力亲为或鼎力支持至关重要”，滨州的成功实践亦是如此。滨州改革能取得显著成效，主要得益于党政主要领导同志的亲自筹划、强力推动、专业化思维，得益于主要负责同志强烈的改革意愿、改革担当与不折不扣的强大执行力。

四、滨州推进新旧动能转换引领高质量发展创新实践案例

“善弈者谋势，不善弈者谋子”。以改革促发展犹如围棋博弈到中盘，棋局要有好形，更要有厚势。在经济发展过程中，经济模式大多会有一个从新生到衰落的过程，我国传统以资源、政府为导向的粗放式发展模式已走到动力不足阶段，在当前及未来一段历史时期需要持续不断地寻找新动力、释放新动能、实现新跨越。国际政治经济秩序加速调整演变的不确定性，决定了国内以传统产业为支撑、为特色的滨州同类地区，改革发展任务艰巨繁重，新旧动能转换应加快速度，必须实现相关路径的优化选择。这种优选的基本方向就是：从各个地方、各个领域的实际出发，因地制宜、分类指导，不搞“一刀切”，不拘泥于一个模式的改革实践创新推进。在这个过程化中，滨州实践领域广泛，改革亮点纷呈。

（一）对接要素市场：深层次破解改革梗阻力

中小企业作为新旧动能转换的主体之一，在这一过程中扮演着重要的角色。然而，由于中小企业存在先天劣势，使得其在新旧动能转换过程中举步维艰。破解民营、中小微企业融资难融资贵问题，不能仅靠银行业的单打独斗。新时代新产业新业态层出不穷，商业模式千差万别，银行信贷体系不可能适用于所有新生业态，解决融资问题也不可能寄希望于银行信贷一条路径。统筹各类金融机构，形成分工协作的金融体系，更好地发挥资本市场功能，为各类企业提供合适的融资方式，这是优化金融供给的要义所在。

1. 企业增信“3511”工程构筑金融新秩序

金融是现代经济的核心，而信用是金融的立身之本，是金融的生命线。滨州贷款余额列山东省第 13 位，低于全省平均增速百分点，造成有效投资载体

相对缺乏的原因，除了新项目、好项目少等因素外，部分项目手续不全、银行资金难以落地也是一大因素，成为企业融资难、融资贵的“堵点”。滨州政府性融资担保体系、风险补偿体系、金融服务创新等金融服务体系较先进市地都有很大差距，对提振金融机构扩大信贷投放信心支持不够有力，成为“富强滨州”建设的金融短板。为促进中央和省、市关于支持实体经济发展的一系列金融政策落地见效，提升企业融资信用水平，纾解企业融资难、融资贵的困境，增加有效投资，稳固实体经济根基，促进经济与金融共生共荣，更好地服务经济高质量发展，滨州发挥政府引导资金作用，开展“企业增信行动”，实施“3511”工程。

“3511”工程，“35”是3个50家企业，即筛选依法纳税、诚信经营的50家企业，纳入企业征信“白名单”，在政府融资担保、审批服务、要素保障等方面给予支持；实施“企业增信行动”，筛选确定首批流动性困难企业50家，“一企一策”制订帮扶计划，在授信额度、授信条件、贷款利率等方面进行专项支持；筛选确定50家“黑名单”企业，集中司法力量，加快审理或执行，加快不良贷款处置。“11”则是严厉打击一批逃废金融债务企业，维护保障金融经济秩序；建设一个企业融资综合服务平台，为中小企业提供多元化融资、增信服务。

（1）构建要素保障体系。构建诚信体系作为诚信滨州建设的重要载体，破解信贷融资瓶颈制约，助推经济持续向好发展。建立企业征信“白名单”制度，对依法纳税、诚信经营的企业，纳入企业征信“白名单”，在政府融资担保、审批服务、要素保障等方面给予支持。“白名单”实行动态批次管理，建立准入和退出机制，每年集中评选公布一次，首批50家“白名单”企业初选名单已在媒体网站公示。通过政府信用为企业背书，构建市县两级政府性融资担保体系，将建立政银担风险共担机制，促进市县两级政府性融资担保机构更好地服务民营企业。积极争取国家融资担保基金，对接省级融资担保集团，设立市级直担公司，强化再担保公司功能，加强县级直担公司建设，建立市县财政资本金补充和风险补偿机制，切实发挥政府性融资担保体系作用。

（2）补齐短板，建立风险分担补偿机制。针对该问题，滨州设立市级直担公司，构建市县两级政府性融资担保体系，设立中小微企业银行贷款风险补偿资金池，以政府信用为企业背书，发挥财政资金杠杆作用，加大对中小微企业发展的扶持。建立金融稳定资金运行机制，按照“政府主导、严控风险、互利共赢”的原则，设立市级地方金融稳定资金，为生产经营正常、市场前景较好、面临短期资金周转困难的企业按时还贷、续贷提供垫资服务。

（3）不断拓宽融资渠道。以帮扶企业增信为抓手，疏通金融进入实体经济特别是中小企业的管道。实施“企业增信行动”，按照符合产业政策、生产经营正常、企业信用良好、暂时资金紧张等标准，“一企一策”制订帮扶计划。通过政府性融资担保、建立过桥资金池等载体，抓住“保续贷”与“防抽贷”，开展企业增信行动，增强金融对实体经济的信贷支持。

（4）对重点帮扶企业推广“无还本续贷”模式。在授信额度、授信条件、贷款利率等方面进行专项支持。开展“银企同舟促发展”行动、民营小微企业“首贷”培植行动等，推广科技成果转化贷款、“银税互动”“银关保”等业务，拓宽抵质押物范围。开展“央行资金业务直通车”和再贴现“重点支持票据直通车”。

（5）营造良好金融环境。全面推进“黑名单”企业专项处置工作，消除潜在金融风险，积极营造良好的区域信用环境。由责任部门梳理出三个“100家”企业，即高污染、高耗能、高排放100家企业，不良贷款金额较大、缺乏贷款偿还能力100家企业，符合破产重组清算等法律程序100家企业，并筛选确定了50家“黑名单”企业，逐案逐企研究分析，做到一企一策、一案一策。

2. 魏桥研究院破解科技创新经济“两张皮”

铝产业、纺织产业都是山东省重要的优势和支柱产业，规模优势突出，但产业层次和竞争力偏低。山东魏桥创业集团有限公司从一个小型油棉加工厂起家，经历30多年的创新与发展，目前已发展成为一家拥有控股子公司魏桥纺织和关联公司中国宏桥两家香港上市公司，集“纺织—染整—服装、家纺”产业链及“热电—氧化铝—原铝—高精铝板带、新材料”产业链于一体的特大型企业，是世界上最大的棉纺织企业和铝业生产企业。近年来，魏桥创业集团加快布局科技创新，向现代企业转型，勇闯高质量发展新路，不少实践创新探索和做法值得借鉴。

（1）魏桥持续创新提质增效。魏桥坚持创新发展，不断提质增效。研发投入占销售收入的比重连续多年超过3%，2019年达到3.71%。纺织产业，与国家纺织产品开发中心、中国纺织工程学会以及东华大学、武汉纺织大学等科研院所开展了广泛合作。铝产业，与东北大学、中南大学、苏州大学开展战略合作，与中国科学院大学、中信信托签署战略合作协议，打造全球创新高地、促进科研成果转化的魏桥国科（滨州）科技园。

（2）魏桥科技创新促进新发展。魏桥始终坚持把技术创新作为转型升级的核心动力和中心环节，不断加大科技投入，加强创新平台建设和产学研合作，持续推动产业产品结构优化升级。一方面，在集团内部挖创新潜力。即通过一线工人和技术员发现生产过程中的问题，提出创新改革思路与具体实施方案，再经过试验—扩大—推广，实现技术的产业化应用，并同时申报相关专利；另一方面，重视与国内外顶尖研发机构的密切合作。魏桥与中国科学院大学、中信信托建立战略合作关系，设立100亿元产业基金，面向科技前沿和产业需求，共建魏桥国科研究院，支撑魏桥国科滨州科技园发展，布局魏桥国科滨州研究院、渤海科技大学（筹）和成果转化产业园三大板块。

（3）“产学研金服用”一体化。魏桥将科学家、金融家、企业家融合起来，在“家门口”转化科研成果，是科技园最显著的特点。基于滨州产业基础和中科院相关院所特长，魏桥国科研究院将建设智能制造及大数据研究中心、金属材料研究中心、纺织材料研究中心等七大专业研究中心，力争用十年时间达到国际一流研究中心水准，常驻滨州的科研人员超过400人。

（4）建立高效的管理和创新的运营。魏桥整合社会资源，利用厂房、土地、资金等要素，帮助政府加大对铝产品深加工企业的招引力度。以滨州经济开发区为核心，辐射惠民、阳信的特色铝制品加工高端产业群；以北海为核心，辐射沾化的循环经济产业集群。这一模式开创了铝电解企业与铝材加工企业创新发展新模式。

（5）魏桥国科（滨州）科技园“学、研、园”三位一体模式（见图1）。该项目位于滨州经济技术开发区，由魏桥创业集团、中国科学院大学、中信信托联合建设，省委书记刘家义亲自见证签约。建筑面积150万平方米，总投资85亿元，是滨州市为融合教育链、人才链、产业链、创新链、金融链资源全力打造的创新融合示范平台项目。项目已于2019年10月开工建设，2021年底即可竣工投用，建成后年产值将达到600亿元。

“学”指渤海科技大学

目标打造世界一流的应用型工科大学，按照“7+1”模式，设置智能制造、新能源等8个学院，建设至少10个教授工作室、10个院士工作站，将形成6000名全日制在校生、3000名职教生、600名研究生、600余名教职工，最终达到1万人的教学规模。目前，国科大已有200余名教师确定入驻，2021年就可以招生入学

“研”指魏桥国科研究院

与中科院相关院所合作，对应七大研究方向，与渤海科技大学设置专业一致，建设“智能制造、新能源、金属材料、纺织材料、环境、化学、设计营销”7个研究中心。2020年底，七大研究中心投入运行，引入常驻研发人员超过300人，各中心获得省级以上的科技认证，引入研发项目超过30个

“园”指魏桥国科特色科创园

作为中国科学院多个院所科技成果转化的示范基地，每年落地转化项目不少于10个，打造国家创新型特色园区。其中国家科技重大专项成果02号光刻胶项目建成投产，预计总投资15亿元的铝基复材、激光选通成像、赤泥综合利用等15个中科院转化项目陆续落地

图 1　魏桥国科（滨州）科技园“学、研、园”三位一体模式

3. “专项债券 + 市场化融资”组合式融资模式

财政是经济运行的“晴雨表”，滨州作为一座经济基础薄弱、底子薄的城市，主体财源有峰无岭、结构单一，财政收支矛盾十分突出。近年来，市财政局把放大财政资金效益作为工作着力点，大力实施投融资模式创新，统筹配置财政资源，通过推进财政资金股权投资改革和推行“专项债券 + 市场化融资”模式，充分发挥财政资金“四两拨千斤”的作用，有效对冲经济下行和疫情等不利影响，既坚决兜牢“三保”底线，又全力保障市委市政府决策部署落地落实，为全市经济社会各项改革的顺利推进和高质量发展提供坚强的财力支撑，助力滨州实现“弯道超车”。

一是专项债券规模不断创历史新高。滨州强化“资金跟着项目走”的原则，围绕交通、农林水利、生态环保、社会事业、市政和产业园区基础设施、城镇老旧小区改造等支持领域，会同发改部门，组织县区、单位积极谋划项目，精心编制方案，加大专项债券资金争取力度，促进稳投资、扩内需，支持滨州经济健康平稳快速发展。截至目前，山东省财政厅分四批下达滨州新增专项债券额度 240. 14 亿元，比上年增加 187. 72 亿元，增幅为全省第一，规模为全省（不含青岛）第三，仅次于济南市和菏泽市（见图 2）。同时，抢抓国家逆财期调节政策机遇，争取抗疫特别国债、中央新增财政赤字和地方新增一般债券 26. 54 亿元，人均规模居全省第一位；争取再融资债券额度 55. 05 亿元，到期债券本金全部申请置换。

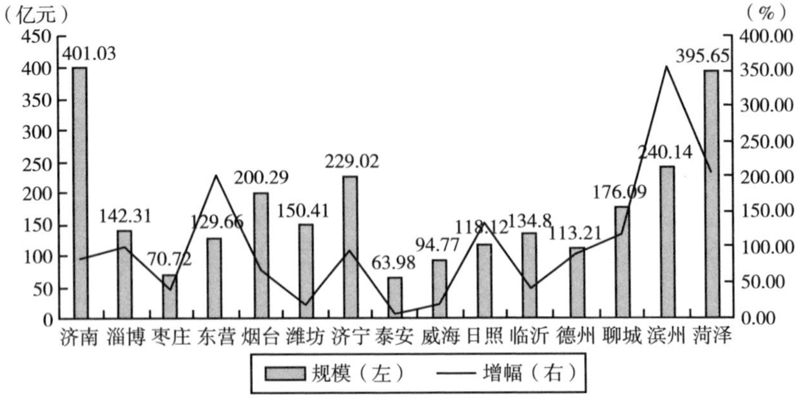

图 2　滨州专项债券增幅及排名

二是针对企业融资难等问题进行融资模式创新，打出组合拳：

（1）“投贷联动”推动财政资金股权投资改革。滨州市在全省率先推进财政资金股权投资改革试点，市财政部门统筹支持经济社会发展、产业转型升级部分专项资金及对企业的财政奖补资金不低于 3 亿元，其中第一批安排 6000 万元，变无偿拨款为资本金注入，变“奖补”为股权。为最大限度发挥财政资金股权投资的杠杆撬动效益，拓宽企业融资渠道，滨州市在落实财政资金股权投资改革规定动作的基础上，创新建立投贷联动机制，即以财政资金股权投资为先导，综合运用政府性融资担保、再担保、贷款风险补偿、考核激励等措施，引导银行跟进，加大对试点项目的信贷支持。在投贷联动措施上，对参与投贷联动的企业和银行实行名单制管理，鼓励驻滨州银行机构主动对接目标企业，提出投贷联动方案。2020 年 2 月，山东省首个财政资金股权投资项目——滨州北海裕能化工项目正式签约，财政资金股权投资 1300 万元，撬动银行 6 倍信贷支持 7800 万元，改革试点取得创新性突破。

（2）探索“专项债券 + 市场化融资”组合式融资模式。2015 年新修订的《预算法》生效后，发行政府债券成为地方政府举债的唯一途径，也是当前及未来一段时期内地方政府支持政府投资项目建设的重要融资方式。用足用好专项债券和专项债券配套融资政策对于支持重大在建项目建设、补短板以及稳投资、促消费将起到重要作用。滨州在积极争取新增专项债券的同时，扎实推进“专项债券 + 市场化融资”组合式融资模式，筛选有融资需求的项目向社会公开推介。

（3）“专项债券＋市场化融资”组合式融资模式探索方向。滨州市财政局将把管好用好专项债券资金作为贯彻中央、省和市委市政府重大决策部署的重要政治责任，联合市发展改革委，会同水利、住建和卫健委等部门切实把积极财政政策的作用充分发挥出来，确保将来之不易的资金用在刀刃上、紧要处，尽快形成实物工作量，最大限度发挥资金使用效益。同时强化跟踪指导，紧盯签约项目，督促相关县市区紧抓履约效率，加快推进项目贷款资金落实到位。不断深化专项债券项目配套融资实践探索，努力构建“边界清晰、规范有序、风险可控、规模适度”的政府投资项目配套融资模式。

4. 知识产权质押融资助力实体经济健康发展

知识产权质押融资，被认为是加强知识产权运用、盘活无形资产、破解中小微企业融资难的重要举措。自获批国家知识产权质押融资试点城市以来，滨州市结合实际、高点谋划、采取一系列强力推进措施，为中小企业特别是科技型企业开辟了融资新渠道，降低了融资成本。全市累计完成专利权质押融资业务 121 笔，落实贷款 16.76 亿元，连续多年居山东省前列，惠及企业 70 余家，落实省市财政贴息 572.39 万元，有效破解科技型企业融资难、融资贵问题。

（1）不断完善政策体系。市委、市政府及有关部门高度重视知识产权质押融资工作，在全省率先出台《关于进一步加强知识产权工作，提高企业核心竞争力的实施意见》，提出要充分利用国家、省、市财政中小企业信用担保资金政策，鼓励和指导金融机构开展知识产权质押融资业务等。结合滨州实际，市政府制订了《滨州市知识产权质押融资试点工作方案》，积极探索符合实际的工作模式和服务机制。市科技、市财政、人行、银监等部门联合制订出台了《滨州市专利权质押贷款管理暂行办法》，对专利权质押贷款进行贴息，并纳入市级财政预算统筹解决。

（2）努力创新融资模式。创兴实施的知识产权质押融资主要有两种模式。一种是“企业＋担保机构＋银行”的间接融资模式。企业将专利权质押给担保公司，担保公司再向银行提供担保，企业获得银行贷款。如山东远洋塑胶工业有限公司经滨州市中小企业投资担保中心担保，获得建设银行 400 万元质押融资业务。另一种是“企业＋评估机构＋银行”直接融资模式，企业在银行认可的评估机构经知识产权价值评估后，银行以其评估价值的 30%—60% 为企业提供贷款。邹平浦发村镇银行专门推出了针对科技型中小企业的信贷产品——“科技小巨人”，为企业提供多项优惠措施，包括开通绿色通道，缩短贷款办理时间；提高授信额度，最高可达1000万元；享受优惠利率，受到科技型中小微企业欢迎。

（3）建立健全服务体系。通过不断探索，初步建立了由政府部门向银行推荐企业、由银行筛选项目的合作机制。目前，知识产权等部门已与恒丰银行、交通银行、兴业银行等金融机构达成了合作协议，与交通、恒丰等银行共同确定了92家企业作为全市试点企业。为保证知识产权质押融资服务的顺利开展，先后引进了中都国脉（北京）资产评估有限公司、北京中金浩资产评估有限责任公司、北京东鹏资产评估事务所三家无形资产评估有限公司落户滨州，为滨州企业提供知识产权评估服务。全省率先探索建立了具备查询、筛选、跟踪服务等功能的知识产权质押融资数据服务系统，实现了政、银、企知识产权质押融资数据互联共享。

（4）知识产权质押创新效果明显。从创新能力来看，滨州企业最近两年提升较快，特别是作品著作权，2019年迅速跃升为2518件，高于以往十年数量总和（见图3）。知识产权质押融资在滨州创出了独有的发展模式和服务体系，实现了稳步推进。企业拓宽了融资渠道，降低了融资成本；银行丰富了银行信贷产品，提升了服务能力。通过推进知识产权质押融资试点，一大批科技型中小企业从中获利，这些企业对技术创新的投入越来越多，有力推动了产业转型升级。

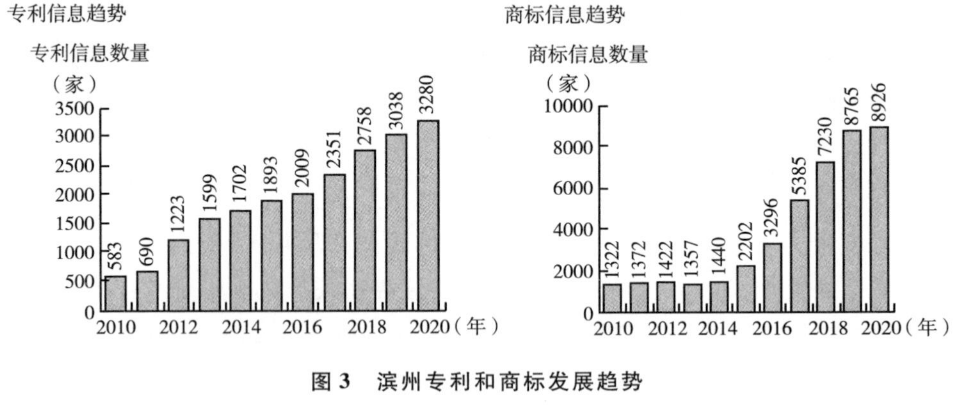

图3　滨州专利和商标发展趋势

（二）体制机制改革：形成动能转换强大推力

新旧动能转换是一场涉及思想观念、生产方式、体制机制、工作模式等诸多方面的变革。进一步破除制约创新的制度障碍，积极探索建立以创新驱动引领新旧动能转换的体制机制，才能最大限度释放全社会创新创业创造动能。

1. 建立正向激励体系，激励干部干事创业

建立正向激励体系，激励干部担当作为干事创业。改革之前，滨州发展落后于其他先进地市，一些干部出现了干事创业精气神不足、担当精神不强、甚至不作为慢作为等问题，严重影响事业发展。近年来，滨州市委以“六问”谋篇、“八策”布局，提出了富强滨州建设的宏伟目标，以践行“七强之路”、落实“七富之举”，推动富强滨州建设全面成势。按照市委要求，聚焦解决干部干事创业中的堵点、痛点、难点问题，市委组织部牵头制定了《关于激励干部干事创业的若干规定》，引导干部激情干事创业。

（1）持续推进思想解放。着眼破解制约高质量发展的突出问题，开展“富强滨州”解放思想大讨论，高质量开展“不忘初心、牢记使命”主题教育，对标“山东走在前列，滨州担当什么”“富强滨州建设，百姓得到什么”两大命题，发起标准、节奏、导向、状态“作风革命”，引导干部以“战”的姿态、“抢”的意识、“拼”的精神改革攻坚。

（2）倡导树立重实践实干实绩的鲜明用人导向。开展以赛“双招双引”实绩、比“五个一”创建为主要内容的大竞赛大比武，深入项目一线了解干部的担当精神、干事本领、工作实绩，用事实、数字、业绩来评价干部，对实绩突出、表现优秀、群众认可的大胆提拔使用，形成了“能者上、优者奖、庸者下、劣者汰”的导向。

（3）制定《滨州市经济社会发展综合考核和绩效考核正向激励办法》、印发《滨州市及时表扬奖励实施办法》。对2019年经济社会发展综合考核获得一、二、三等次的县区，绩效考核获得优秀等次市直机关和市委市政府直属事业单位、市属高校进行通报表扬，对优秀、良好等次按人均2万元、1.5万元差异化予以奖励；对承担省级指标、对上争取、创先争优实绩突出单位分别授予“考核单项奖”，给予人均3000元标准差异化奖励，最大限度激发干部干事创业热情。

（4）围绕落实容错免责，出台《关于对党政领导干部实施问责的会商制度》《关于加强对被问责干部教育管理使用工作的实施意见》，对秉承干事创

业初心的干部给予最大限度宽容，从严打击诬告陷害行为，严肃查处了两起并作为典型案例进行通报，形成强有力的震慑。

2. 机构改革构筑新动能、供给动力新优势

滨州紧紧围绕党委政府中心工作，主动作为，创新服务，推动成立全省首家以改革创新为主责主业的改革创新研究中心，发挥首创优势，激活“外脑”活力，凝聚起推进全市改革创新智慧力量，为推动改革攻坚走向纵深提供智力支撑和体制保障。

（1）积极对接，摸清情况。按照“体制机制创新走在前列”工作目标，滨州市委编办积极对接市委市政府政策研究室（市委改革办），通过座谈、交流掌握滨州改革创新研究工作第一手资料。市委编办会同市委市政府政策研究室研究成立专门机构综合统筹相关工作。

（2）健全机构，优化设置。按照“严格控制总量、盘活优化存量”的总体思路，坚持瘦身与健身结合，把有限的机构编制资源向重点领域倾斜，批复成立市改革创新研究中心，通过健全组织机构，优化内设机构设置，为研究中心聚焦主业发挥职能、围绕中心促进发展提供了强力支撑，这一做法也走在了全省前列。

（3）科学定责，保驾护航。在充分沟通和征求意见建议的基础上，明确滨州市改革创新研究中心的主要职责是承担改革创新重大事项基础性和战略性研究，提出决策建议和咨询意见；承接国内改革研究院所、高等院校等机构落户滨州；借助国内外知名专家、学者和各类平台，发挥“外脑”作用，凝聚推进改革创新智慧力量；开展重大改革创新政策解读、意见回应等工作。这些职责的界定为创建更多“滨州模式”提供了强力支撑，为承接上级研究机构提供了重要平台，为滨州体制机制创新走在前列提供了有力保障。

3. “双培双进”工程解决基层组织短板

为了深入推进全省党建带团建工作，有效解决农村基层团组织不健全、力量薄弱、党员队伍老化、青年作用发挥不充分等问题，滨州团市委制订出台《滨州市开展乡村好青年“双培双进”工程的实施意见》，即为党组织培养一批入党积极分子、为村“两委”换届培养一批村级后备干部，每年选举一批

好青年进入社区团组织、推动一批好青年进入行业协会和合作社，着力为“三农”引才、留才、育才，实现培育使用的流程再造，提升乡村“好青年”品牌引领力、组织力、服务力，激励引导乡村“好青年”在乡村振兴中发挥重要作用。2020 年，乡村好青年“双培双进”工程先后列入市委常委会工作要点、市委改革工作要点、市委党的建设工作领导小组工作要点，把好青年逐步培养成推进乡村振兴、夯实基层基础的中坚力量，充分发挥凝聚、带动、后备作用。

（1）以社区团组织为载体，激发组织活力，发挥凝聚作用。建立组织，充分吸纳优秀青年。与市委组织部联合出台《滨州市开展乡村好青年“双培双进”工程的实施意见》，并召开乡村“好青年”推选工作暨“双培双进”工程推进会。2019 年 12 月，各级党团组织共同推进，持续发力，30000 余名团员全程参与选举，选举产生农村社区团组织 573 个，覆盖率 100%。通过选举，吸纳 1856 名优秀青年进入团组织。

（2）突破壁垒，择优充实先进力量。在选举中，打破人员身份限制，把具备群众基础、较强致富带动能力的乡村“好青年”吸收凝聚到社区团组织中来。选出的社区团总支书记中，“好青年”284 名，占 49.6%；团总支委员中，乡村“好青年”1071 名，占 57.7%，体制外人员 1607 名，占 86.6%（见图 4）。

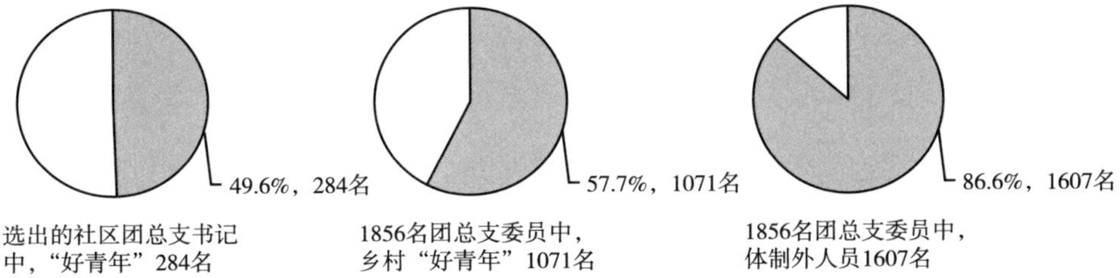

图 4 “好青年”在团总支委员中占比

（3）健全制度，持续激发组织活力。在广泛调研的基础上，制订农村社区团组织建设方案，明确事怎么干、人怎么管、绩效如何考核等内容，建立承诺践诺制度，建成十余处农村社区团组织阵地示范点。疫情期间，573 个社区团组织向党组织报到，组织 4053 名社区团干部、乡村“好青年”和青年志愿者参与抗疫一线工作，筑牢基层一线防护堤坝。

（三）政府职能转变：释放制度体制机制活力

新旧动能转换不仅仅是经济制度和经济运行方式的变革，它是整个经济系统的升级优化，其背后的一项重要推动力指向了政府，需要政府职能改革立新并与经济新常态协作适应，协调好政府与市场及各社会主体之间的关系。滨州在推进管理型政府向服务型政府转变的进程中，通过减少行政手段对市场的过度干预，注重宏观调控职能，减少微观直接管理，简政放权，放管结合，让市场“看不见的手”发挥主导作用。

1.“四化同步”机构职能流程再造“1 + X”制度体系

滨州市委、市政府把流程再造作为推进制度创新的根本性举措，通过构建流程再造“1 + X”制度体系，以流程机制系统优化，全面提升治理效能，为富强滨州建设提供有效制度保障。市委编办围绕巩固深化机构改革成果，推动部门聚焦转变职能和优化职责，建立健全“三张清单、两个机制”，推进全市机构职能优化流程再造，助力市直部门（单位）高效有序精细化运行。

（1）推动部门内部流程扁平化，决策执行更高效。对重大事项，改变过去逐级向上协调推进的工作流程，实行“由上而下”顶格议事决策推进，决策执行层级由多个层级压减为两个层级，最大限度提高执行效率。对需多个科室共同办理的事项，改“串联”为“并联”，实行并联办理，限时办结。办理时限向社会公开，接受社会监督。对于涉及多个科室的重要工作事项，建立部门（单位）内部相关科室共同参加的工作专班，工作专班由一个科室牵头，明确任务分工，统筹人员力量，重点攻坚推进，实行“一口对外”。按照同类事项“一条线运行、一个领导分管、一个科室负责到底”的原则，加强业务、信息、流程优化整合，提升科室动态适应性，实行“限时办结、一次办好”，运行时限在省要求50%基础上再压减10%，达到60%以上。

（2）推动横向部门之间流程协同化，协调配合更密切。对于涉及多个部门的事项，重点依托党委政府议事协调机构，按照“谁主办、谁牵头、谁负责”的原则，实行主办部门全面负责制，充分发挥牵头抓总、统筹推进作用。建立“横向一体化”组织体系。优化对上机制，把多部门分别对上变为主办部门一口对上。

（3）推动纵向部门上下流程贯通化，政务运行更畅通。将“多点连接、分段传达”的链状流程改造为“一点发布、全网接收”的网状流程，实现政务运行层级由三层（市↔县↔乡）压减为两层（市↔所有执行层），信息和指令跨层级、无中转传递，运行时间在省要求60%基础上再压减5%，达到65%以上。依托社会治理“全科大网格”，探索市↔村（社区）、网格的直通运转模式。依托政务运行平台，各乡镇（街道）每年通过“提级调度机制”，直接向市委、市政府呈报一个问题。建立决策部门、执行部门和监督部门间的双向反馈制度，完善“决策→执行→反馈→再决策→再执行”的运行体系。

2. “中介超市”“四零服务”深化行政审批制度改革

近年来，滨州“中介超市”秉持中介入驻“零门槛”、网上运行“零成本”、电子监管“零遗漏”、全程服务“零跑腿”的“四零服务”宗旨，以新型中介机构管理服务模式，破除中介服务权力寻租、“红顶中介”以及服务质量参差不齐等乱象，进一步提升中介服务效能，补齐政务服务供给侧需求短板，助推行政审批制度全领域改革提升，撬动了经济发展稳中向好、提质增效的“大成效”。

（1）坚持中介入驻“零门槛”，培育优质服务市场。“中介超市”将平台入驻方式由“招标制”改为“注册制”，取消各部门设定的区域性、行业性和部门间中介服务执业限制。严格执行政务服务类中介服务“两必进”，将全市范围内行政事业单位涉及财政预算资金和使用国有资金限额内中介项目统一纳入“中介超市”公开选取，将各级各部门现有的中介机构库纳入本级“中介超市”统一管理。联合省、市重大投资建设项目指挥部及各驻滨商会、行业协会积极引导社会投资中介项目选取，确保中介机构优质资源多，中介项目数量持续攀升。

（2）坚持网上运行“零成本”，推进省市县一体化。“中介超市”自上线运行以来，免费为广大项目申请单位选取中介项目。参选机构通过均价、竞价、谈判等方式展开价格竞争，切实为项目申请单位节省费用。截至目前，项目平均节支率为31%，最高节支率达87.5%，平均每个项目打6—8折。

（3）推进全市标准化服务。积极对接全省政务服务平台，建立全市规范统一的“中介超市”制度、流程、服务、监督管理体系，实现中介项目选取市县“一张网”运行、“一站式”服务，避免县（市、区）资金重复投入。开通紧急项目绿色通道，容缺受理项目申请，配备专人跟上靠上，利用休息时间完成线上审核。紧跟政策新形势新要求，定期开展业务培训，做到深入了解项目需求，对逐个项目选取模式“量身定制”。项目申请单位在市本级及各县（市、区）选取中介机构，都将享受到标准化选取及优质中介项目服务。

（4）坚持电子监管“零遗漏”，规范中介执业行为。以质量跟踪观全程，监督规范执业。建立全市规范统一的“中介超市”“保姆式”项目服务质量跟踪回访机制，实施项目专人负责制，从项目发布到项目评价进行全程服务跟踪，实时掌握项目进展及服务情况，切实规范中介机构执业标准。以黑名单制度划红线，圈定惩戒范围。

（5）以星级评价判成果，促进服务提升。履约结束，项目申请单位对中介机构服务质量、效率、态度、收费、规范进行满意度星级评价，通过公示督促服务机构不断提升服务效能。

（6）以联动监管为抓手，肃清中介市场。积极加强与财政、审计、发改、督查等部门的沟通协调，建立部门协调联动监管机制，形成项目申请单位、行业主管部门、“中介超市”多方联合管理模式。积极对接信用滨州联合奖惩系统，实现惩戒信息与全市公共信用信息平台互联互通，扩大惩戒运用成效，实现一处失信，处处受限。通过对中介机构服务效率、质量、诚信等方面进行监管，中介服务效能和诚信水平不断提升。

3.“互联网+”助推“多审合一”数字化

《国务院办公厅关于优化营商环境改革措施复制推广借鉴工作的通知（国办函〔2019〕89号）》中提出“实行数字化联合审图”的改革举措，滨州市率先开展先行先试，紧紧围绕“审批事项少、办事效率高、服务质量优、群众获得感强”的目标定位，依托“互联网+”，建立滨州市数字化多审合一智慧审图系统，在全省第一家实现了施工图审查与消防、防雷、通信、人防设计审查“多审合一”的数字化联合审图，助力推行“拿地即开工”审批模式。通过流程再造，实现了网上报审、在线审查、数字成果移交，实现了建设单位“零跑腿”、主管部门“零接触”、办事过程“不见面”，极大地提高了审查效率和技术服务效率，解决了长期困扰企业的多头审测、意见矛盾的问题，为建设单位提供了便利，市场活力和社会创造力进一步迸发。

（1）对标先进，研究制定政策。在深入调研、对标先进、反复论证基础上，制订了《工程建设项目“多审（图）合一”工作实施方案》和《工程建设项目“多测合一”工作实施方案》，作为《滨州市深入推进工程建设项目审批制度改革实施办法》的配套文件，以市政府文件印发实施，明确了改革的目标任务、推进措施及时间表、路线图等，确保工作有章可循、依法依规。

（2）一窗受理，容缺预审。成立施工图“多审（图）合一”协调机构，设立“联审联测”综合服务窗口，为企业提供一站式咨询、指导、收件、发件、备案等服务。施工图审查机构按照改革要求推行容缺预审，建设单位在办理立项、规划等政府批准文件的同时，就可以将施工图设计文件通过线上服务平台或“联审联测”窗口，先行进行综合技术性审查，建设单位取得批准文件以后立即出具施工图审查合格书，实现行政审批、技术审查服务与项目开工“零时差”。自推行容缺预审服务以来，已对15个单体工程实行了容缺预审，平均压减办事时限1个月，取得了良好的社会效益。

（3）梳理流程，精简材料环节。为提高审查效率，市行政审批服务局牵头各进驻大厅的施工图审查机构对审查事项进行梳理，推动综合服务事项材料再压缩、流程再优化、时限再缩短，对施工图审查中的首次审查、复审、合格书签发、审结手续办理等环节的时限作出详细规定，在全省率先实现时限控制全流程覆盖，实现“多个跑道、齐头并进”，数字化“多审（图）合一”初次审查时限压缩为7个工作日，复审压缩为3个工作日，预计比原来平均缩短审查时限50—90天。

（4）数字化审查，一网通办。为解决传统施工图审查大量浪费人力物力的问题，针对实际审图工作中面临的各种复杂问题进行整合优化，市行政审批服务局进行流程再造，依托“互联网+”，大力推动数字化审图，打通部门（单位）间的数据通道。

（四）完善创新体系：打造可持续发展原动力

创新是推动新旧动能转换的关键技术性动力，培育“四新”经济、注入发展新动能，都需要创新驱动发展战略的引领。滨州调动社会各项资源和关注力到创新领域，从抓项目、引人才、改体制、创机制、打平台等多层面构建和完善创新生态体系，打造滨州高质量发展的持续原动力。

1. 渤海先进技术研究院“牛鼻子”项目

建设渤海先进技术研究院是滨州市推进科技体制创新的重大举措。该院采取“1+N+3”建设模式，以公共技术服务为主线，创新科技服务机制，在研究开发、成果转化、标准制定、人力资源、设备共享等方面开展全方位创新服务，打造产业特色鲜明、集约配套完备、辐射带动力强的环渤海区域一体化公共服务平台。在推进过程中，滨州市始终坚持新发展理念，积极打造全市创新协同体系；凝聚大科技合力，营造“政产学研金服用”全要素完备的创新创业生态；坚持公司化运行，不断激发融合创新活力；健全制度化保障，持续为科技创新提供最优质服务，全面推动项目建设。

（1）秉承新发展理念，构筑科技创新前沿平台。按照“要素资源化、资源平台化、平台公司化”要求，坚持“高端化、智慧化、专业化、集约化”建设思路，坚持市场化导向，政府引领、企业主导，紧紧围绕产业链部署创新链，完善人才链、资本链和价值链，视技术为产品、研发为产业，搭建综合服务平台。

（2）坚持开放式办院，树立全球化视野。充分利用全球创新资源，构建全方位、专业化、一站式科技创新服务链。坚持公益性宗旨，不与企业争利，不与院校争名，面向全社会开放，助推各类企业尤其是中小微企业健康发展。坚持社会化参与，发挥政府在创新资源配置中的引领作用，调动龙头企业、高校院所、社会资本参与积极性，形成辐射全市的技术研发和转化网络，打造全市协同创新体系。

（3）凝聚大科技合力，开拓产学研用创新体系。成立渤海先进技术研究院，将各行政区域、各行业系统以及市内外各类科技创新资源纳入全市统一平台，实现创新带动创业、创业促进创新的良性循环，为“富强滨州”提供源源不断的高质量科技供给。目前，围绕高端装备制造、高端化工、大数据等主导产业，初步确定一期入驻企业研发机构十余家，入驻服务机构近30家，打造滨州市产业高质量发展的引擎、产学研用协同创新的龙头、创新创业人才聚集育成的基地，营造“政产学研金服用”全要素完备的创新创业生态。

（4）坚持公司化运行，激发科产融合内生活力。成立渤海先进技术研究院理事会作为决策主体，由市政府主要领导任理事长，主要职责是研究审议建设规划、重大资金支出、重大合作项目、管理运营团队主要人选等重大事项，协调解决建设发展过程中的重大问题等。组建渤海先进技术研究院有限责任公司作为运营主体，授权市财政局履行出资人职责，主要负责整合科技创新资源、开展科技创新服务、建设科技服务平台、管理运营国有资产等。设立渤海先进技术研究院专家咨询委员会作为咨询主体，由国内外相关领域的知名专家组成，为重大决策部署、产业发展规划、重大产业政策、重大关键技术研发等提供咨询指导。专业领域、人员数量、聘任方式、薪酬待遇等，采取“一事一议”方式，按需确定，动态管理。

（5）健全制度化保障，完善科创服务运行机制。全面落实国家、省和市已出台的创新创业政策，鼓励科研人员携科研成果领办创办企业、兼职取酬、参股入股等。制订加快全市新型研发机构发展的意见，健全完善配套政策，按照全省各市中游标准增加市科技发展专项资金规模，优化管理办法，扩大覆盖面，加大支持力度。对符合条件的高层次人才提供编制保障，参照市内同等身份人员管理，应由财政承担的费用由用人单位承担。探索便捷高效的低偿服务模式，建立务实长效的良性合作机制。健全绩效考核、准入退出、薪酬待遇等制度，建立“能上能下、能进能出、动态管理、评聘科学”的内控运行机制。建立符合创新规律的容错机制，鼓励创新、宽容失败，容许失误、尽职免责。

2. “跨界”平台推动滨州精准引才

以全新平台、全新路径招贤纳士，搭建“跨界”的人才招引平台，一头连着“京津冀”尽享人才转移红利，一头连着“一带一路”尽享国际人才红利。

（1）对接“京津冀”，尽享人才转移红利。滨州市与中国工程院、清华大学、中科院等多家知名高校、科研机构签署战略合作协议，积极承接京津冀地区产业转移和重大科技成果转化，不断提升科技人才合作层次和深度。积极扩大与科技部亚欧科技创新合作中心和国家外专局“一带一路”国际人才专项基金的合作，在北京开辟“一带一路”国际人才发展论坛，搭建了滨州柔性引进“京津冀”高端人才的有效载体。为深化中科院与滨州的科技合作，以更大力度推动中科院重大科技创新平台、科技项目落户滨州，成立了中科院山东综合技术转化中心滨州中心和滨州铝谷中心，双方开启长期战略合作之途，力促院地双方更高水平互利共赢，铝谷中心也成为中科院在山东设立的第一个县级转移转化中心。

（2）链接“一带一路”，尽享国际人才红利。以全球化视野对话、招揽海内外高层次人才，2019 年，滨州以前所未有的开放姿态，搭建全球人才、项目、资本集聚的广阔平台，精准、系统发力全球“朋友圈”，逐步建立起与海外各国经济、文化、科技、教育等领域的多边交流机制，使系统性引进、对接海外高端人才成为可能。

（3）链接海外学子，尽享“引凤还巢”红利。全力做好“引凤还巢”工程，家乡人向滨州广大学子敞开了最宽广、诚挚的怀抱。2020 年 7 月 20 日，滨州市“渤海学子·青鸟计划”启动，建设海内外滨州籍优秀青年数据库，目前录入 5499 人，建设“青鸟驿站”75 个。

（4）举办主题交流活动，重点打造招才引智品牌。“渤海英才·博士故乡行”活动已连续四年举办，先后邀请了数百名海内外高层次人才来滨考察对接，构筑起海内外专家与滨州企业对接合作的桥梁；实施“万名大学生进滨州，百名硕博士进事业单位”计划，符合条件的硕博士直接由事业单位面试录用，并以优质的服务招引优秀人才选择滨州、创业滨州、圆梦滨州。

（5）搭建跨界创新平台，成就人才。滨州市委、市政府坚持多方发力，借助市场的力量、企业的资源，多元化多样化搭建创新平台。作为支撑滨州未来发展的创新原动力、转型主引擎，备受社会各界关注的渤海先进技术研究院有限公司（以下简称“先研院”）于 2020 年 9 月正式挂牌成立、开工建设，积极打造“四不像”的新型研发机构。先研院遵循“要素资源化、资源平台化、平台公司化”建设理念，按照“1 + N + 3”总体布局，打造集科研、办公、生活、休闲、教育、医疗等功能于一体，产城融合、智慧低碳、宜居宜业、宜学宜养的区域科技创新高地。

3. “青鸟计划”深化数据赋能创新

滨州团市委积极融入中心工作，创新开展“青鸟计划”，把服务人才作为吸引人才的前提和基础，利用信息化建设“一库四平台”，畅通沟通交流的渠道和纽带，搭建优秀青年回乡就业创业的平台和桥梁，实现“引凤还巢”。2019 年“青鸟计划”被确定为全省工作试点。2019 年 10 月 25 日，在共青团山东省十四届五次全委会上向全省推广滨州工作模式。11 月 29 日，共青团山东省委、山东省人力资源和社会保障厅印发《关于印发〈山东省“青鸟计划”实施方案〉的通知》，在全省正式部署开展“青鸟计划”工作。滨州市委书记余春明同志先后四次对“青鸟计划”工作专门作出批示并予以肯定。

（1）建设海内外滨州籍优秀青年数据库，着力解决“人才在哪里”的问题。通过组织发动各级团组织摸排、邀请部门联动、引入互联网企业合作等多种渠道，滨州团市委广泛收集整理滨海海内外重点高校学子基本信息，按照专业情况、个人需求、就业意向、家庭情况等分类建立信息库，进行动态收集、管理和分析。数据库包括以下几个方面：“双一流”大学及涉及十强产业重点学科的本科以上在校生；普通高校本科以上在校生；世界大学综合排名前300名高校在读的滨州籍留学生；应届本科以上未实现就业的毕业生，信息来源是团中央“智慧团建”系统中，团组织关系因为无单位接收而转回乡镇街道流动团员团支部的毕业生；山东省大学生就业网中没有标注就业的应届毕业生；报考滨州市“英才计划”和选调生没有被录取的应届毕业生；滨州籍在外青年企业家、学科带头人等。

（2）搭建信息化管理服务平台，着力解决“联系不经常”的问题。研发集信息发布、即时交流、后台管控于一体的“青鸟计划”App和“青鸟计划”微官网。利用信息化手段，分类精准推送企业实习、就业岗位和各类人才政策信息，发布滨州经济社会发展动态，宣传活动动态。设立“12355”在外学子维权热线，提供全面快捷的关爱服务，实现与家乡沟通零距离。针对大学生参与有关活动的情况和表现，与滨州学院数学系合作，根据层次分析法计算“大学生回乡指数”，与各级组织、人社部门实行数据共享，对返乡就业创业意愿强、概率大的优秀人才实现有针对性的洽谈引进。

（3）搭建线上线下交流沟通平台，着力解决“学社衔接不紧密”的问题。在高校学生和优秀青年聚集的城市成立驻外团工委，承担联系青年、服务青年、传递家乡信息、实现学社衔接的作用；在海内外重点高校建设“青鸟驿站”，由团市委和驻外团工委负责日常管理。发挥“微枢纽”功能，及时传达家乡政策、组织“家乡行”和社会实践活动。依托信息化手段，打造线上与线下相结合的“青年会客厅”。鼓励优秀青年积极对接滨州重点项目、十强产业，开展招商引资、项目合作。同时，发挥滨州籍在外专家学者、学科带头人的技术、信息优势，开展有针对性的产学研对接。

（4）搭建大学生返乡实习就业创业服务平台，着力解决“人岗匹配度不高”的问题。开展“返家乡”实习实践。通过各级团组织，广泛征集机关事业单位特别是国有、民营企业实习岗位，实习期满且表现良好的，由团市委和实习单位共同出具实习鉴定。对参加实训的，实训期间给予生活补助。开展就业创业服务行动。广泛征集就业岗位，通过数据分析，了解学子就业意愿，推送岗位需求信息，增进“人岗”精准对接。同时，帮助有意向回乡就业创业的学子了解、掌握滨海的相关人才政策。加快“众创空间”建设，优化升级现有场地使用、信贷扶持等政策，积极扩展新发展空间，为青年创业提供承载平台。创新打造“青鸟驿站”。

（5）搭建特殊需求柔性服务平台，着力解决“感情因素加分少”的问题。建立激励关怀帮扶机制，对有特殊需要的青年开展柔性服务，下好育才先手棋。依托希望工程“圆梦行动”，成立“青鸟计划”基金，针对滨州籍高校优秀学子、家庭贫困学子发放助学金，给予奖励或资助。对贫困学子、单亲学子的父母，开展经常性走访慰问，帮助协调解决困难和问题。针对高校学子在就业创业、心理健康、权益维护、情感交友等方面的需求，成立由专家学者、企业负责人和公益人士等组成的青年导师团，进行“一对一”辅导。依托人才公寓打造“翼立方”青年俱乐部，通过定期开展活动，让人才公寓成为凝聚青年、服务人才的青年之家。以服务人才促进吸引人才，营造全社会关心、支持、服务青年人才的良好氛围。

（五）培育市场新业态：发挥创新主体强引擎作用

企业作为市场创新要素最活跃的主体，无论国家有没有新旧动能转换的战略，企业都需要进行新旧动能的转换。滨州把新旧动能转换作为经济发展的引领工程，着力推进经济转型、产业提升、企业做强，大力推进创新驱动发展，强化企业创新主体地位，提高企业自主创新能力，为加快新旧动能转换提供强力引擎，推动区域经济率先发展、走在前列。

1. 行业商会助力产业转型升级新势力

博兴县有着“中国金属板材之乡”“中国厨都”之称的美誉。2000 年之后，博兴板材产业更是迅猛发展，但企业“小而全”、无序发展，同质性矛盾逐渐显现。由于缺少规范引导，企业间互相压价、恶性竞争问题突出，造成行业内耗严重，前行困难。近年来，滨州市博兴县借力商会平台，深挖社会资源，组织企业规范竞争，加快产业转型升级，通过“企业—商会—政府”协同发力，让会员单位抱团增信、并肩前行，实现社会效益、经济效益比翼齐飞，县域经济提档升级、产业结构不断优化的良好局面。

（1）规范行业运行。为让行业提质增效，结束“窝里斗”的无序状态，2007年，博兴县委决定由统战部牵头，采取县镇两级考察的办法，选拔优秀企业家组建班子，建设基层商会，并聘请乡镇及经济部门主要领导担任商会名誉会长，实现政府与商会有效对接。同时，要求县工商联主动介入、跟踪指导，通过建章立制，引导商会科学规范运行。

（2）成立行业协会。金属板业商会以“服务企业、规范行业，发展产业”为宗旨，自成立之初，就将完善议事规则、优化组织架构、健全工作制度放在重要位置，营造良好的制度平台。如今，会员已从最初的39家增加到90家，目前全县拥有金属板材生产企业126家，生产各类板材加工生产线397条，其中冷轧板76条、镀锌板124条、彩涂板197条，年产能5000万吨，镀锌板、彩涂板产能分别占全国的1/3、1/2，从业人数达到5万余人。金属板材规模以上企业115家，2018年实现主营业务收入470亿元。金属板材成为博兴县主导产业之一，企业规模、诚信水平、行业影响都位居同行前列。

（3）协同实现跨越。在金属板业商会的带领下，博兴板材行业实现了从小市场向大流通、从贸易流通向工贸结合“两次跨越”，也让全国最大的金属板材加工企业集聚地和交易集散地两块金字招牌在这里扬名四海。博兴县被认定为金属型材国家外贸转型升级示范基地，金属板材企业和贸易公司达到100余家，产品销往“一带一路”沿线，以及东欧、南美、韩国等140多个国家和地区。年出口额54.6亿元，占全县出口总额的60%。

2. 营创法治营商环境、化解企业金融风险新探索

2019年，习近平总书记在中央全面依法治国委员会第二次会议中指出，“法治是最好的营商环境，要把平等保护贯彻到立法、执法、司法、守法等各个环节，依法平等保护各类市场主体产权和合法权益”。新冠肺炎疫情防控期间，滨州市委政法委充分发挥统筹协调作用，将营创法治营商环境作为防范化解企业金融风险的重要举措，特别是通过全国首例司法和解程序，成功化解西王集团百亿元违约债券危机。这是国内首例通过司法和解程序集中处置违约债券的案例，也是国内债券市场涉及违约规模最大的债务重组方案，率先趟出了一条司法化解大型民营企业金融风险的成功之路。山东省委办公厅《今日信

息》第178期以专刊形式推广滨州做法，省委政法委拟推荐为“贯彻落实习近平新时代中国特色社会主义思想改革攻坚教学案例”。

西王集团有限公司是山东省滨州市一家全国500强企业、中国战略性新兴产业100强领军企业。受金融市场整体信用收紧、债务存在期限错配、存量债券规模较大等因素影响，截至2019年底，西王集团100.4亿元债券面临违约，信用评级降至C级，旗下三家上市子公司股价大幅下跌，其中西王食品股价跌幅超过40%。为筹措偿债资源，西王集团不断抽取现金流，生产经营几乎停滞。部分债券持有人恶意炒作、集体上访，有的境内外媒体推波助澜，唱衰企业乃至区域经济社会发展，风险迅速发酵蔓延，西王集团面临严重的生存危机、信用危机和舆论危机。

（1）及时受理案件。滨州市政法机关临危受命，市委政法委统筹协调，滨州、邹平两级法院成立专班，对西王集团基本情况、是否具有和解价值、和解协议可行性等情况进行审查。滨州市法院及时请示山东省法院，并对和解工作预期问题、流程操作进行指导，邹平市法院召开听证会，依法及时受理西王集团和解案件。

（2）加强司法监督指导。为加强对管理人的工作指导，提出了九项司法建议，并针对债权人数量众多、分布范围广、疫情期间沟通不便等问题，设立债权人委员会，保障债权人合法权益。推行管理人、债务人承诺制度，管理人承诺妥善保管财产和开展经营活动，及时向法院报告；债务人承诺配合管理人和法院工作，履行法定义务。

（3）制订清偿和解方案。和解协议对20万元以下债权部分，在法院裁定许可和解协议之日起，6个月内以现金清偿；对20万元以上债权部分，可以选择“50%留债6年分4期清偿+50%转为上市公司股票和拟证券化资产”或“10年分8期清偿”。同时，创新完善了预计债权行使路径，未申报债权的债权人可在规定期限内补充申报债权，经审查、确认、复核后进行清偿。

（4）加快案件办理进度。各环节压缩至最短时限，依法加快办案进度。案件受理后，仅用时3天，逐一通知500多位已知债权人申报债权。2020年3月31日，通过最高法“全国企业破产重整案件信息网”平台，线上召开债权人会议，和解协议获占无财产担保债权金额86.41%的债权人表决通过；4月16日，邹平市法院裁定认可和解协议。案件自受理、启动和解程序，到裁定认可和解协议，仅用时54天。

（5）维护社会平安稳定。滨州市政法机关握指成拳、形成合力，为司法和解创造平安稳定的社会环境。深入分析可能引发的各类风险，分别制订处置方案，开展矛盾纠纷排查，及时化解矛盾三起，把隐患化解在萌芽状态，防止了个人极端事件、重大群体性事件的发生。加强宣传引导，及时回应社会关切，案件办理得到新华社、证券时报等新闻媒体的正面评价，有效防止了负面舆情炒作。

3. “五院十校N基地”打造产教融合城市建设

滨州市深入贯彻国家产教融合发展战略和山东省委工作要求，充分激发全市校企合作、产教融合和实业发展潜能，全力打造“五院十校N基地”产教融合城市建设。

（1）统筹产教融合与经济社会发展。将产教融合发展纳入全市国民经济和社会发展“十四五”规划，在城市规划建设、产业园区开发、重大项目布局中，匹配教育和人力资源开发需求，研究相关配套措施和重点项目，以“人才链”打造“产业链”。围绕全市“十强”产业发展需求，鼓励支持各类院校加强学科专业建设，推进专业设置、教学内容与产业发展紧密对接，加快培育产业转型升级急需的高技能人才。未来5年内建设15个高水平中职品牌专业和10个高水平高职品牌专业（群），推动各产业集群至少与一所职业院校对口合作开展专业建设和人才培养。

（2）推进“五院十校N基地”建设。筹建渤海先进技术研究院、魏桥国科（滨州）研究院、山东产业技术研究院滨州分院、滨州黄河三角洲高效生态产业现代技术研究院、黄海科学技术研究院，推动滨州学院命名为山东航空学院、滨州医学院优势学科整合、滨州职业学院升级本科院校，提升滨州技术学院、滨州技师学院的办学水平，加快山东康养职业学院、京博“N1N”大学建设。鼓励支持职业院校与行业企业合作建设一批“校企合作、工学结合”的实训基地，不断提高实践教学水平和人才培育质量。同时，加快滨州中等职业学校、鲁中中等专业学校、博兴职业中专等21所中专院校的建设。

（3）强化要素资源支撑。支持有条件的国有企业和民营企业率先成为产教融合型企业，并给予“金融+财政+土地+信用”的组合式激励，按规定落实相关税收政策。发挥滨州市产融综合服务中心的作用，对产教融合项目优先提供金融对接服务。加快推进财政资金股权投资改革，积极将产教融合型企业纳入市项目库。支持银行开展科技成果转化贷款，对合作银行为符合条件的科技型中小企业发放且通过省科技厅备案的科技成果转化贷款提供70%的风险补偿。

(4) 深入推进“引企入教”改革。大力实施“能工巧匠”进职校工程，职校教职工总量的20%面向企业聘用高技能人才担任兼职教师。全面推行现代学徒制和企业新型学徒制，根据不同职业（工种）的培训成本给予培训补贴。总结推广“院系+研发中心+产业园”三位一体的“魏桥模式”、“N1N”产教融合发展的“京博模式”、“康养+研创+制造+职教”的“愉悦模式”、“研发+中试+转化+职教”的“黄海模式”等产教融合发展模式。推行“入学即入岗”“毕业即就业”的订单式培养模式，建立一批特色“冠名式”班级，培养一批应用型、实用型人才，服务本地企业的“订单式”培训比例达到30%以上。

4. 电商“惠民模式”乡村新旧动能转换重要途径

作为农业大县，惠民县坚持在运用“互联网+”解决农民增收、精准脱贫、“新六产”发展等方面积极探索，坚持把发展乡村数字经济作为加快新旧动能转换、实现乡村振兴的重要途径，走出了一条符合惠民实际的数字经济发展之路。目前，惠民县共有中国淘宝镇2个、淘宝村20个，电商业户1万余户，活跃淘宝网店3600余家，带动13万人实现创业就业。

(1) 以战略规划引领产业起航，打造数字经济发展新生态。产业快速发展离不开政府引导、企业参与、民众参与，惠民县从政策拟定到权责划分，从体系建设到资金支持，大力推动数字经济发展，构筑乡村数字经济发展新生态。

增强政府引导力度。成立电子商务工作领导小组，设立惠民县电子商务服务中心职能机构，将电子商务工作纳入考核体系，加强管理。制定三年发展规划，创建新旧动能转换引导基金，通过奖励、补贴、贷款贴息等方式，具体指导、推动惠民县电子商务高质高效发展。

构建电商运营体系。建立“一核、三心、多星”的电子商务运营体系，形成覆盖全域、协调统一的电子商务服务生态圈。以鲁北电商物流产业园为核心，辐射、服务、带动全县电商发展；构建以“全国淘宝镇”李庄镇和姜楼镇为中心的绳网电商特色小镇，以皂户李镇和石庙镇为中心的花卉苗木电商特色小镇，以孙武街道和魏集镇为中心的旅游电商特色小镇；发挥淘宝村的示范作用，设立700余处村级电子商务服务站，成功完成“买卖惠”“乐村淘”“喜门红”等网点布局。

构筑电商生态圈。借助全国最大的塑料绳网产业基地优势，以“小网连大网”，率先在绳网电商领域实现突破。在绳网产业的示范引领下，农林、文旅等多业跟进，呈现出“一业突破、多业跟进、电商生态”的发展特征。截至目前，全县共创建2个中国淘宝镇、20个淘宝村，1万余户电商业户，带动13万人实现创业就业，电子商务年交易额达300亿元，形成了数字经济发展新业态。

（2）以平台建设集聚资源要素，激发数字经济发展新活力。

致力平台载体建设。打造“产业园+网络+公司+农户”的电商发展新模式，刺激市场活力不断迸发。推动电商产业园区建设。充分利用特色产业发展基础，积极推动电子商务园区建设，建成鲁北电商产业园、中国北方现代农业数码港、中国绳网产业集群电子商务基地三大新经济产业园，建立汇集1000余种非物质文化遗产、工业和农副产品的特色体验馆，示范引领线上线下联动运营与销售。

推动数字化平台建设。引导建立中国绳网产业网、中国白腊网、中国国槐网、供销e家、山东鲜吃电子商务平台等30余家商务平台；积极引进邮政“买卖惠”“乐村淘”、阿里巴巴优品购、京东商城、苏宁易购等全国知名电商平台。2019年5月，惠民县入选山东省“村播计划”试点县，利用“淘宝直播”平台培育农民主播，推广特色农产品。

推动电商协会建设。依托绳网纺织、花卉苗木、食用菌等特色产业，成立惠民县电子商务商会、电商协会及体育绳网协会、食用菌协会，推进政企交流、行业互动、标准制定等工作，依托电商触发产品探索创新，成功举办两届淘宝五金行业绳网名城电商大会。

（3）以政务服务健全配套体系，优化数字经济发展新环境。构建县、镇、村三级立体化电商公共服务体系、物流配送体系、人才培训体系，打通“网货下乡”与“农产品进城”的最后一公里，让惠民农产品从小县城走向大市场、流向全世界。建立公共服务体系。在县级电子商务公共服务中心基础上，成立14个集人才培训、创业指导、产品展示等功能的镇级电子商务服务中心。设置村级电商服务站点700余个，全县139个省定贫困村全部建立电商扶贫驿站，带动两万多名贫困人口实现稳定脱贫。

打造电商物流配送体系。加快推进农村流通现代化布局，构建县、镇、村三级物流通道。建立县级电子商务物流分拨中心，整合“四通一达”等快递物流企业，年货运量达到61万吨，日配送量达到6万余件。14个镇办全部建立了标准化电商物流配送中心，村级层面依托邮政网点设立物流服务站，实现集中仓储、打包发货、统配统送。注重与阿里巴巴的合作，建设溪鸟速配物流试点项目，真正解决农民购物难、农产品销售难的问题。

建立电商人才培训体系。建立县镇两级电商培训基地，整合创业服务机构、创业导师资源，对接高等院校、科研机构，广泛开展电商扫盲式培训、专业技术式培训和实战式培训，开展各类电商培训20余期，培训人员3600余人。定期开展以“电商创业·乡村振兴”为主题的惠民青年电商创新创业大赛，集中扶持一批科技含量高、商业模式新、发展前景好的青年创业项目和乡村振兴电商项目。

（4）以品牌打造助力产业升级，构建数字经济发展新格局。品牌培育是带动区域经济增长的根本之策。坚持把电商发展与实施新旧动能转换重大工程统筹谋划、一体推进，以品牌打造助力产业融合，构建数字经济发展新格局。

叫响“惠民绳网”品牌。依托绳网产业国内市场占有率达80%的优势，大力推动绳网由“惠民制造”向“惠民标准”转变，成立全国首个绳网标准技术委员会，加快建设绳网新旧动能转换示范园、全国首家数字绳网产业带，形成了集原材料供应、研发设计、成品加工、质量检测、标准制定等于一体的现代化产业集群，衍生出绳网电商新业态。培育出“绳网部落”“美奥织带”“博纳绳网”等知名电商品牌，八类产品打入巴西奥运会，滑雪场围网成为2022年北京冬奥会指定产品。

叫响“惠民原耕”品牌。扬长农业资源优势，成功推出山东省首家县域农产品区域公用品牌——“惠民原耕”。运用物联网技术对基地种植数据进行全程监测，并将产品信息纳入中国产品质量追溯系统网络平台；同时，实行线上线下同步发展，线上入驻淘宝商城，线下设立“惠民原耕”销售中心，探索发展“中央厨房”订单农业，形成集科研、生产、加工、销售、展示于一体的全产业链，16家企业96种产品纳入品牌推广范围。

叫响“孙子故里”品牌。依托境内丰富的文化旅游资源，以智慧旅游为方向，借助微信、微博、抖音等新媒体，加大对“孙子故里·智慧惠民”品牌营销力度，惠民“一日游”“二日游”纳入“去哪儿”“携程”等周边游线路，实现惠民旅游业从封闭的旅游自循环向开放的“旅游+”融合发展方式的转变。数字经济发展让旅游更有魅力，不仅拓展了旅游业自身发展空间，也为其他产业发展提供了巨大动能。

（六）打造产业集群：夯实经济发展支撑能力

高质量发展的基础在于高素质产业，现代优势产业集群代表产业发展新趋势。滨州积极构建企业及产业集群建设新动能，拉长产业链条，力促产业发展由中低端迈向中高端，打造高端产业基地，集群内形成了一批非常有特点和品牌知名度的企业。

1. 打造世界高端铝产业基地

世界铝业看中国，中国铝业看滨州。滨州作为全球最大原铝生产基地，已形成了“铝矿石—原铝—铝型材—深加工制品”上下游配套完整的生态集群全产业链，在世界铝业发展中占有重要地位，被列为中国创新型产业集群、山东省重点支柱产业集群。滨州市落实省委打造世界高端铝业基地工作部署，推动铝产业链从上游向下游延伸、产品由低端向高端转变、价值链由低附加值向高附加值提升，举全市之力打造高端铝业基地，并取得明显成效。主要改革做法如下：

（1）加强组织领导。成立了打造世界高端铝业基地工作专班，由市委、市政府领导担任组长、副组长，市直有关部门（单位）、各县市区和市铝业协会负责人为成员。具体负责世界高端铝业基地建设工作的顶层设计、统筹协调、制度安排、整体推进、督促落实。按照“事业工程化、工程责任化、责任数字化”要求，对建设任务分解细化，建立工作台账。

（2）建立“六个一”工作推进机制。制定一个《滨州市加快打造世界高端铝业基地的若干政策》、组建一个专家智库委员会、设立一只高端铝产业发展引导基金、打造一批科技创新及公共服务平台、建立一个行业协会、成立一个工作专班。完善高端铝产业集群建设考核体系，将高端铝产业任务目标、招商目标等分解到各县市区、各市属开发区，细化分解任务，压实工作责任，对工作推进情况实行每月一调度、每季一通报、半年一总结、全年一考核。

（3）狠抓“双招双引”。将“双招双引”作为全市高质量发展“一号工程”，瞄准长三角、珠三角等产业聚集区域，绘制产业链条延伸、高附加值产品、生产研发企业分布三张“图谱”，组织开展产业路演，派出专班精准招引。年内确保引进落地过亿元高端铝项目15个以上或引进落地项目总投资50亿元以上，实现到位资金13亿元以上。

（4）强化政策支持。充分发挥政策引导作用，市委、市政府出台《加快经济高质量发展的若干政策》20条措施、市政府印发《打造世界高端铝业基地的若干政策》11条措施，着力提供最有效的制度供给。比如在产业政策上，对吨铝增值率（不含税吨铝增值金额与不含税铝锭吨价格的比值）高于1.5的企业，按新增地方财政收入的50%给予奖励，每提高0.5，增加5个百分点，最高奖励80%。在园区建设上，构建“一基地多园区”铝产业“生态圈”，引导10个县市区都规划建设高水平的铝产业园区。鼓励入园企业高效集约利用土地资源，建设高标准工业厂房，优先支持铝板替代钢板，对整体使用铝板建设的，给予30元/平方米的奖励，单个企业最高奖励300万元。

（5）突出创新驱动。深化与高校科研院所合作，争创铝材料国家重点实验室，努力打造国内领先的科技创新平台。对新批省级以上涉铝重点实验室、工程技术研究中心等研发平台，给予50万元补助。对新申请涉铝专利提高补助标准50%。鼓励涉铝企业加大研发投入，对取得重大研发成果的科研负责人和团队给予30—50万元的奖励。加快渤海先进技术研究院等公共服务平台建设，优先支持铝产业发展，对首批入驻的涉铝企业，租赁使用的3年内给予租赁费50%、物业费100%补贴。建立国家级铝业检测中心，对引进的高层次检验检测机构，市政府以“一事一议”方式给予扶持。

（6）优化发展环境。优化审批服务流程，推行“拿地即开工”审批模式，实施投资项目全程代办制。优化亲情政商关系，制定政商交往九条“负面清单”，为干部主动服务企业、与企业家正常交往划准“安全区”。建立政企定期沟通交流机制，开展评议政府部门工作。每年度表彰优秀企业家，授予世界高端铝基地“建设功勋”企业家称号，在医疗、教育等方面优先保障。优化精准服务效率，建立统一共享、互联互通的惠企政策精准服务云平台，推出惠企服务APP，实现现有政策全部上云，企业咨询2个工作日内答复。参照世界银行营商环境评价体系，建立可量化可考核的评价指标体系，全力打造“滨（宾）至如归”“州（周）到高效”的营商环境最佳体验区。

专栏：滨州铝产业基本情况

滨州铝产业始于2001年，发端于魏桥创业集团。经过近20年的发展，带动全市铝产业由小到大、发展蜕变，逐步成为世界行业领域的“领头雁”。一是规模较大。截至2019年底，全市氧化铝境内产能1600万吨、电解铝646万吨、铝材加工720万吨，分别占全国的19%、16%和13%，在全国乃至全世界占有重要地位。二是体系较全。形成了铝矿石、原铝、工业铝型材、铝精深加工全产业链条，产品涉及七大板块、100多个品种，既有铝锭、铝板、铝箔等初级产品，也有交通轻量化、全铝家居、铝合金线缆等高附加值产品。三是技术较高。拥有国家级技术创新平台3个、省级15个，全国质量奖、省长质量奖企业各1家。魏桥创业集团研发的600千安电解槽技术，烟气净化效率达到99.8%以上。目前，所有煤电机组均完成超低排放改造，氧化铝生产实现零废水排放，电解铝颗粒物、二氧化硫排放分别仅为行业排放标准的1/10和1/20。四是贡献较大。魏桥创业集团作为骨干龙头企业，先后吸引了台湾六丰、河北立中、中信戴卡、北汽集团、中航工业等世界500强和知名企业入驻滨州。同时，在几内亚开发了储量22亿吨铝土矿，为滨州乃至全国提供了优质战略资源，使中国在原材料供应环节拥有了定价权。五是前景较好。当前，我国人均铝使用存量仅为美国的20%，据预测未来的铝消费将年均增长5%—8%，市场空间广阔。目前，滨州规模以上涉铝企业67家，2018年滨州涉铝产业集群实现主营业务收入3304.1亿元，占全市规模以上工业的41%，是滨州最有发展前景的第一大产业群。

2. 打造世界级纺织家纺服装产业基地

经过多年发展，滨州逐步构建起棉纺、染整、家纺、地毯、化纤、服装服饰等门类齐全的完整产业体系，形成了长江以北唯一超千亿产值的纺织产业集群。滨州先后被授予“共建世界级家用纺织品产业集群先行区”“全国纺织产业基地市”“全国超千亿产值纺织产业集群地区”等称号。

（1）科学规划发展目标。印发《滨州市家纺纺织产业中长期发展规划（2017—2025）》，提出：围绕纺织新材料、品牌服装、创意设计等领域，加快四个纺织产业园智能化改造，打造世界纺织家纺服装产业基地。到2025年，实现全市纺织产业主营业务收入1800亿元，纺纱1100万纱锭，生产棉布30

亿米，服装突破5000万件，拥有上市公司3家，床品、毛巾、地毯等家纺成为全球知名品牌，主要生产工序、工艺、智能化制造达到世界领先水平。

（2）持续做大优势产业集群。规模优势突出：全市拥有规模以上纺织服装企业178家，拥有纺纱产能1170万纱锭，集群年销售收入超过1400亿元；龙头企业众多：魏桥集团连续8年位列世界500强，华纺股份连续10年进入全国十大印染企业行列，愉悦家纺大力研发多种健康纤维新材料、构建国内唯一一个睡眠大数据中心，亚光家纺综合排名位列全国前两位，东方地毯在全球首创无乳胶环保地毯；特色鲜明：惠民绳网从业人员8万人、市场占有率占全国70%，博兴老粗布从业人员1.4万人、在加快纺织非遗与现代纺织融合发展方面走在全国前列，无棣渔网从业人员1万多人，市场占有率占全国1/3。

（3）未来发展可期。滨州加快纺织家纺服装产业链重构，扎实推进四个纺织产业园区（邹平经济技术开发区、滨州工业园、阳信经济开发区、惠民绳网产业园）改革发展，不断放大多业态积聚效应。依托魏桥、华纺、亚光、愉悦等重点企业，带动中小企业发展，努力提高产业链本地配套率。突出抓好魏桥纺织绿色智能纺织一体化、华纺股份智能绿色工厂、东方地毯年产150万平方米仿手工高品质民族地毯产业升级、愉悦家纺健康材料产业化及应用建设等重点项目。

（4）发展空间不断拓宽。每两年举办一次世界高效生态纺织产业峰会，开展全球招商，拓展发展空间，塑造世界纺织家纺服装产业的时尚风向标。以创新研发为引擎，将在渤海先进技术研究院设立纺织服装家纺创意设计中心，邀请江南大学、东华大学等纺织类名校成立产业技术中心，打造共享共用的创新服务综合体；设立渤海科技大学纺织服装家纺专业人才培育基地，支持本地职业院校开设纺织类专业课程，为产业发展提供人才支撑和智力保障。

3. 打造粮食产业发展“滨州模式”

近年来，滨州市委、市政府始终将粮食产业列为全市支柱产业加以重点扶持培育，加快推动其转型升级、提质增效，形成了“政府引导、市场导向、龙头带动、科技支撑、循环融合、惠民安全”的粮食产业发展“滨州模式”，连续实现了“五个全国第一”，即第一个“国家粮食产业科技创新联盟”，第一个“全国加快推进粮食产业经济发展现场经验交流会”，第一个“全国粮食产业经济发展示范市”荣誉称号，第一个“中国好粮油示范市”，2018年11

月 26 日，首届山东粮油产业博览会暨全国粮食产业新旧动能转换助力乡村振兴高峰论坛成功举办。

（1）政府引导打造产业发展优势。坚持“工业兴粮不动摇”，提出打造 1500 亿级粮食加工产业集群的目标任务，先后出台系列政策，从财政、税收、土地等各个方面，制定优惠政策，推动粮食产业发展。持续加大基础设施建设，提高物流效率，降低粮食运输成本。实施项目带动，坚持招商引资和促进本地企业滚动发展相结合，布局推进一大批项目。强化资金支持，协调金融机构加大对粮食生产发展的支持力度，市级财政每年安排 1.2 亿元专项资金，全力助推粮食产业发展壮大。

（2）市场导向推动企业稳步发展。积极引导企业树立精准化、差异化、功能化市场理念，主动对接市场需求，推动企业转型升级。构建销售网络，坚持“线上与线下、实体与网络”双线推进，推动电子商务与传统销售齐头并进。目前，全市粮油行业拥有中国驰名商标 6 个、中国名牌 3 个、山东著名商标 10 个、山东名牌 10 个，西王集团被授予“中国糖都（淀粉糖）”“中国玉米油城”，三星集团被认定为“玉米油系列标准制修订基地”。西王、长寿花、天下五谷、美食客、中裕、玉杰、十里香等粮油品牌享誉全国。

（3）龙头带动壮大加工转化能力。深入贯彻习近平总书记“农头工尾、粮头食尾”的指示要求，引导土地、资本、人才、科技等要素向重点区域、重点项目、重点企业集聚，形成“龙头企业带动、产品链条相连、地域特色鲜明”的粮食精深加工产业集群，规划打造“邹平以玉米为主，博兴以大豆为主，滨城、惠民、阳信以小麦为主，无棣、沾化以综合加工为主”的全市“3+1”粮食产业发展格局。多元培育企业，国有、民营、混合所有制“百花齐放、百家争鸣”，全市规模以上粮食加工企业 163 家，其中 1 家进入全国企业 500 强，4 家进入全国粮油企业 10 强；拥有国家级农业产业化重点龙头企业 5 家、全国农产品加工示范企业 3 家、全国“放心粮油”示范加工企业 10 家。

（4）科技支撑实现产品高端引领。制定出台《关于实施产业集群科技创新工程的意见》，从财政、税收、人才引进等多个方面，制定具体政策，加大研发投入，先后与国家粮科院、山东省粮食局、山东农业大学等多家科研院所签订科技合作协议。立足市场新需求和科技前沿，不断加大科研攻坚强度，着力打造国家和省部级科技创新平台、技术中心、实验室，累计投入科研资金

45 亿元，获得国家专利 319 项，国家级实验室 4 个。

（5）循环融合推进供给侧结构性改革。坚持“吃干榨净”的理念，走“绿色循环”之路，不断加大创新突破和科研力度，注重提高原料综合利用率，初步形成了粮食产业大循环、全利用、可持续发展。目前，全市小麦、玉米、大豆原料综合利用率均达 98% 以上。坚持走“一、二、三产融合发展”之路，积极鼓励和支持企业着力强化上溯下延产业链条，逐步完善全链条产业化体系。

（6）惠民安全完善产品追溯体系。基础设施“控源头”，新增蓄水能力 1.5 亿方，新建标准化方田 290 万亩，规划建设沿黄河生态高效现代农业示范区 100 万亩，从源头上抓好食品质量安全。放心食品“可追溯”，加快实施“放心粮油”工程，推行以“一票通”制度为核心的食品追溯体系，通过扫描二维码直接追溯到原料产地。便民惠民促发展，对接京津冀和济南省会城市群的“米袋子”“菜篮子”“果盘子”，10 多家企业、30 多个生产基地的产品进驻北京大型超市及批发市场。

4. 打造无棣县实施海洋强省战略

无棣县委、县政府深入实施海洋强省建设“十大行动”，紧扣全市“十三五”时期渔业发展“一二三四”的增提思路，抢抓“海洋强省”“海洋强市”“海洋强县”建设机遇，凸显区域特色，不断开拓创新、加大投入，全力加快海洋与渔业产业发展，借势“走出去”“引进来”提升科技人才软实力，着力打造“虾贝虫藻”特色渔业经济，强化渔业产业链条。目前，建有全省单片面积最大的工厂化养殖。打造包括海洋生物工程、水产品加工、海洋医药、健康产业以及冷链物流等综合产业技术于一体的产业聚集区，形成独具特色的海洋高科技产业示范园区。充分利用大面积高盐度池塘进行技术改造，实行精细化、产业化卤虫养殖，打造“养殖—加工—出口”的产业链条，全方位提升渔业产业发展层次和水平。

（1）加强“虾贝虫藻”产业科技创新。积极落实山东省人才支撑新旧动能转换工作意见，完善更加开放、更加灵活的人才培养、引进和使用机制，打造海洋人才高地。强化合作交流，加强产学研合作。与大连海洋大学签订战略合作协议，借助大连海洋大学的人才和科技力量，谋划无棣县海洋与渔业产业创新发展的思路和措施；建立全市首家院士工作站，有利于促进南美白对虾和卤虫养殖产业发展；海城集团与省科学院联合共建“环渤海南美白对虾研究院”；与鲁东大学合作，成立无棣鲁东大学海洋研究院，利用人才杠杆作用进行微藻培养和应用技术研发；与滨州市海洋与渔业研究院合作开展工厂化循环水高位池对虾高效养殖试验示范，放养SPF一代虾苗，产量由亩产几十斤提升到亩产3000多斤，产量与质量进一步提高，经济社会效益显著。壮大人才队伍，加大技术支撑。成功引进“国家千人计划”的学者胡强教授，与中国投资公司微藻研究中心签订微藻产业化建设项目；引进美国马里兰大学奥迪莫拉教授，与友发公司就卤虫高密度养殖展开合作；成功引进鲁东大学海洋研究院邹宁院长采用微藻和光合细菌净化废水的两项专利技术，通过该技术解决养殖废水污染环境的问题，促进养殖业和卤虫产业的发展。

（2）大力推动“虾贝虫藻”产业发展。突出项目支撑，壮大产业基础。2018年上报跟进《新旧动能转换海洋渔业重点项目》9个和海洋强省建设项目18个。先后实施现代渔业园区建设、现代渔业发展平台、“海上粮仓”及海洋牧场等涉渔项目，圆满完成标准化池塘改造、工厂化养殖、种业提升等工程，推动“虾贝虫藻”产业发展提质增效。突出模式创新，提升产业层次。创新优化“虾贝虫藻”养殖模式，积极探索推进以对虾标准化养殖、工厂化循环水对虾养殖、池塘高密度卤虫养殖为主的现代设施渔业，推动无棣渔业产业由粗放养殖逐步向精细化、集约化、科技化等多种现代模式迈进。突出多元发展，扩大产业规模。养殖品种趋向多元化，由以往相对单一的对虾养殖扩大到花蛤、缢蛏、牡蛎、卤虫、半滑舌鳎、海参、藻类等多个品种。实现微藻多品种规模化养殖，规模化培养品种发展到硅藻、盐藻、小球藻、雨生红球藻、裂壶藻、隐甲藻等十多种微藻，计划5年内养殖规模达到1000亩。积极推进“单胞藻类—丰年虫—虾贝”高效生态特色养殖模式，规模推广硬壳蛤底播、牡蛎吊养、鱼虾混养、虾贝混养、虫藻混养等健康养殖模式。

（3）不断延长“虾贝虫藻”产业链条。推动“虾贝虫藻”与一、二、三产业融合发展，不断延长产业链条，提升产业效益。突出融合发展，推进渔业产业聚集。打造包括海洋生物工程、水产品加工、海洋医药、健康产业以及冷链物流等综合产业技术于一体的产业聚集区，形成独具特色的海洋高科技产业示范园区。加大研发力度，延长微藻产业链条。发展微藻跑道式培养、管道式培养、光生物反应器培养、高密度异养发酵培养等多种培养方式，开发低成本的微藻收集技术。开发以微藻为原料或添加微藻的有机食品、保健品或生物药

▲ 2019 年 8 月 31 日，滨州渤海科创城研发基地共建战略合作签约

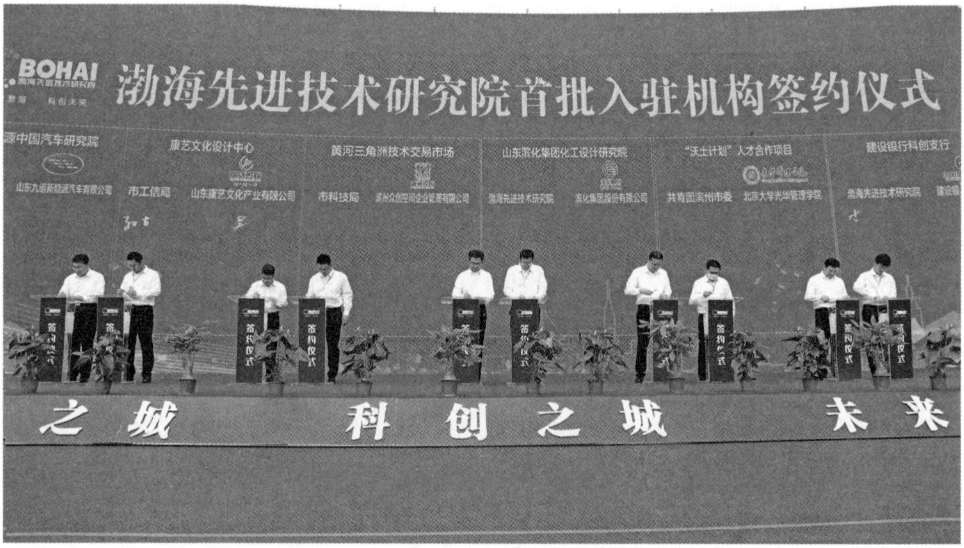

▲ 2020 年 7 月 17 日，渤海先进技术研究院首批入驻机构签约仪式

品，大力发展微藻生物饲料，通过科学配方，开发禽、畜、水产品等生态动物饲料，提高动物养殖产品的质量。利用水产养殖池塘的废水养殖微藻，提高水产养殖池塘的利用效率。解决技术难题，推进卤虫产业发展。充分利用大面积高盐度池塘进行技术改造，实行精细化、产业化卤虫养殖，打造“养殖—加工—出口”的产业链条，全方位提升渔业产业发展层次和水平。

五、深入推进新旧动能转换引领高质量发展存在的主要问题

近年来，我国大力实施创新驱动发展战略，着力培育壮大新兴产业，加快新旧动能转换，一批新产业、新业态、新技术、新模式蓬勃兴起，成为带动国民经济和社会发展的重要力量。新旧动能转换在增加有效供给、满足市场需求、支撑经济增长、带动就业、促进结构调整等方面发挥了积极作用，但也存在不少制约因素，在体制机制、理念认识、要素支撑等方面还有不足之处。

（一）我国新旧动能转换存在的主要问题

当前新旧动能转换改革实践中存在一些突出的问题，包括政策设计、改革目标导向和考核标准等体制机制问题，也包括新旧动能要素培育和公共服务平台搭建等问题，还包括新旧动能转换引领高质量发展的供给不足等问题。例如，新动能的成长仍不足以弥补旧动能减弱的缺口，需求变动的发展动能后劲不足，经济增长潜力仍未完全释放等。一些地方对传统产业改造升级重视不够，少数新兴产业也存在一定的产能过剩风险；部分领域产业政策体系性不强，经济与科技体系衔接协同力度不够；部分地区和领域人力资源供给和产业结构失配现象突出，领军人才和专业技能人才供给不足；行业领军企业和产业链关键环节隐形冠军企业数量偏少等。

1. 要素市场不健全制约资源配置

经过多年的市场化改革，我国商品市场关系已基本理顺，但要素端的市场关系仍有较大的调整空间，要素市场化程度与高质量发展的目标要求仍存在较大差距。主要表现为：一是在资金要素方面，金融服务对象主要以国有企业、

大企业和政府性投融资为主，对小微企业、民营企业、“三农”领域等薄弱环节服务不足。金融供给仍以银行间接融资为主，多层次资本市场特别是股权融资市场仍不成熟。二是在劳动力要素方面，由于养老、教育、医疗等基本公共服务不均等且不能随劳动力跨区转移，劳动力在城乡和区域之间流动的制度性交易成本较高，降低了劳动力要素的配置效率。三是在土地要素方面，我国目前还存在着农村土地要素未被充分盘活，城乡要素双向流动受阻等问题。如果说在高速增长阶段，发育不完全、不充分的要素市场尚可支持当时的发展，但在高质量发展阶段，要素市场不健全已经成为降低资源流动成本、实现要素合理配置的主要制约因素。

2. 新旧动能转换创新要素供给弱

在当前经济新常态下，随着要素投入边际效益的不断收窄和要素使用成本的刚性上扬，传统的以低成本、低技术、低附加值为特征的数量扩张模式难以持续。尤其是人工成本的不断攀升、资源环境的瓶颈性约束、用地用能成本的居高不下，以及融资、税费、社保等成本的刚性存在，使得生产要素的规模驱动力趋于减弱，经济发展动能正由对要素“量的依赖”转向“质的提升”，从传统要素的粗放式供给转向对新知识、新技术、人力资本等新要素的精细化供给，发展动能也由要素驱动向创新驱动转变。各地在新动能培育方面，普遍存在单个企业土地、资金、人才等资源要素匮乏，自身资源要素聚集能力有限，转型困难的问题。而少数热点领域资源过度集中，一窝蜂盲目投资，对风险和前景估计不足，易出现由于供大于求导致新动能迅速成为旧动能等残酷问题，浪费资源和资金，影响新技术、新产业的诞生，削弱了全球竞争力。

3. 新旧动能持续性转换后劲不足

当前，受国际需求常态性萎缩、国内经济下行压力加大、投资边际收益递减的深刻影响，包括滨州在内的长期由高投资、高外贸依存度和消费支撑的需求侧动能将发生内在结构性变动，以粗放式投资、规模性出口和中低端消费为代表的需求动能发展后劲不足：一是在强投资刺激的宏观政策被抑制、资源环境约束收紧、供需结构错位严重的大背景下，传统的以高投放、高耗能、低产出、同质竞争为特点的粗放型投资难以为继，必须寻求以质量和效率为核心的需求侧新动能。二是新旧动能持续性转换存在缺口。维持经济持续稳定增长的传统动能正在弱化，工业化中期以来高速扩张并拉动我国经济快速发展的重化工业，如汽车、钢铁、机械、化工、建材等增速出现明显下滑，通过发展传统产业、增加要素投入和牺牲生态环境实现经济规模扩张的空间大幅缩小。三是有利于新动能成长的条件正在培育，新技术、新产品、新业态、新模式快速涌现，新动能正处于从分散到聚合、从缓慢到快速成长的孕育期，有望带动经济转型升级的人工智能、5G、物联网、高端装备、生物、新能源、新能源汽车、新材料等新兴产业体量规模偏小，还不能完全接续替代旧动能，经济仍面临较大下行压力。

4. 体制机制性障碍依然较为突出

不少新动能领域还沿用传统行业的管理模式，在新动能的治理中还存在缺位、越位和不到位并存等诸多矛盾和问题，有利于企业公平竞争的市场环境尚不完善。主要表现为：一是相关法律法规存在“真空地带”。比如，数据主权和资产、个人隐私保护等法律法规不健全，影响人工智能等新兴产业健康发展。二是在实践推进中，少数部门、个别省市和行业在政策制定、领会、解读和实施过程中容易出现政策空转（政策不落实或者搞变通，政策流于形式、监督弱化等），政策扭曲（政策执行在某些环节“一刀切”、存在“面子工程”、曲解国家和上级文件精神等），产业扭曲（地方或园区产业调整趋同和片面化等），价值扭曲（转换目标扭曲、激励机制扭曲、社会责任缺失或者道德扭曲等）四大突出现象。三是一些地方政府对企业发展的干预过多过细，甚至干预企业发展方向和经营决策，导致一些优质企业不能专心把主业做大做强。

5. 产学研协同体系衔接存在断层

当前的经济体制中，科学技术从研发到具体应用于产业中仍然存在着一定的距离，科技、经济之间达成统一还需要不断地完善相关政策引领和转变思想：一是科技创新资源分散而低效、科技成果转移转化和创造市场价值能力不足，科技成果转化能力薄弱及转化体制机制不畅。高校或科研院所的研发成果过于“高大上”，企业用不上；而国内企业在生产过程中遇到的很多技术难题，高校和科研院所又不愿做或无力去做。研发成果与市场需求脱节的“两张皮”现象十分突出。二是企业的创新作用未能充分发挥。企业直接对接市场，对市场需求较为敏感，具有实现持续自主创新的条件和把科技成果转化为生产力的先天优势，但我国企业在产业转型升级中的主观能动性不足，在研发投入、人才引进、设备改造、技术创新等方面缺乏一定的引导机制，新产品的研发、应用以及专业技术的产权保护还存在一定的问题。我国企业创新研发投入不够，尤其是企业基础研究投入力度有待加强。关键共性技术供给不足，激励企业创新的机制不健全。三是国家政策支持企业创新的资质要求较高，适用范围较窄，政策宣传力度不够、知晓度较低。企业创新意识不强，创新高端人才缺乏，创新人才流失较为突出，技术创新成本过高。

6. 改革实践经验总结及推广不够

典型案例一般聚焦改革举措落实情况，突出改革的重点领域和关键环节，反映新形势新变化对改革提出的新要求，体现地方和行业的改革特色与生动实践。各地动能转换工作，涉及党委、政府、企业、行业组织、社会公众等方方面面的利益，特别是对政府、产业园、企业三方的业绩、考核、财税以及干部晋升、奖惩等，尚未形成与动能转换高度融合的体制机制。在以体制机制推动新旧动能转换、促进地方经济高质量发展过程中，缺乏一定的转型经验，对于一些外来技术只能引进且缺少相应的方法创新。为持续深入推进改革，加快促进我国产业转型升级，仍须加强对新旧动能转换实践模式的探索，加大改革实践经验总结和加强案例总结推广。

（二）滨州新旧动能转换尚需完善的空间

虽然在推进改革举措落地落实中，滨州不断完善体制机制创新，并探索出了一些富有成效的改革经验，然而，改革工作总体仍然存在诸多不足，有待进一步完善。

1. 改革理念和方式仍需进一步转换更新

改革创新力度不够，综合改革联动性不强。县区和部门之间工作不平衡，对改革的重视程度与上级对接不够主动，不能及时掌握国家和省级全面深化改革的新政策、新动态和新举措，承接省级以上改革试点项目相对偏少。有的在实施过程中组织和协调工作力度不够，对出现的新情况新问题研究不深不透，出台配套跟进措施不及时，难以达到预期效果，没有形成制度化成果。有的改革任务涉及多个部门，因上级部门间缺乏与时俱进的系统设计和综合配套的跟进措施，导致基层协同性不强，联动机制难以建立，未能推动形成引领经济发展新常态的制度体系和发展方式。有些改革重点任务和目标有待进一步细化和明晰，有关领域的改革在实施过程中还需要深入基层调研，改革的实施路径应更符合基层实际。有的缺乏长久推进的机制保障，改革工作重视程度不一，常常因人事变动导致停滞不前甚至倒退复原，甚至有的地方出现“人离政息”的现象。

2. 传统行业产业转型升级压力依然较大

受煤炭消费压减、去产能、错峰生产等因素影响，滨州经济增长的速度放缓，发展后劲不足。全市储备新旧动能转换重大项目550个，截至目前开工率仅为40%左右。转型升级过程中，传统的产业已无法继续支撑经济增长，但结构调整需要一个过程。目前，正处于传统产能回落、新产能尚未培育形成的空档期，转型升级“阵痛期”大概还要3—5年时间，短期内经济持续增长压力大、困难多。受此影响，全市重点骨干企业利润收益下跌明显，部分企业投资意愿下降，观望情绪加重，直接影响了新旧动能转换步伐。另外，“四新经济”动能潜力尚未充分挖掘。新技术、新业态、新产业、新商业模式对于对冲经济下行压力、实现新旧动能转换、汇聚经济发展能量意义重大。

3. 基础设施“短板”明显羁绊经济发展

交通运输是基础性、先导性、战略性产业，经济发展、民生改善无不需要交通基础设施提质上量提供支撑。滨州交通基础设施“短板”明显，对经济高质量发展和新旧动能转换制约较大。铁路方面，铁路干线只占全省的4%左右，里程少、密度小、等级差等问题突出，特别是高速铁路发展严重滞后，目前是全省少数几个未通高铁的城市之一；港口方面，虽然港口吞吐量日益增长，但与其他运输方式衔接不紧密，总体集疏运能力不足，相关配套基础设施建设亟待加强；公路方面，路网密度，特别是北部沿海路网密度总体偏低，全市高速公路里程仅有281公里，占全省的4.9%，干线公路密度列全省第8位。这些都明显地羁绊了滨州高质量发展的步伐。

4. 产学研融合专业化水平提升空间巨大

推进产学研深度融合、促进科技成果转移转化是实施创新驱动发展战略的重要任务，也是科技支撑供给侧结构性改革的关键举措。滨州在产学研深度融合方面还存在一些短板：一是产学研中试阶段融资难，缺乏风险补偿机制。中试阶段是产学研合作极为关键的一环，需要大量资金投入，但这个阶段技术还不够成熟，市场前景还不明朗，企业出于风险考虑，不敢承担中试项目的投资。目前，滨州缺少相应的中试补偿机制产品，社会风险基金只愿意投向成熟的项目，导致高校院所、企业对产学研合作实现成果转化的积极性不高。二是企业参与产学研程度不高。滨州规模以上企业有研发活动的290余家，占全市规模以上企业20%左右，多数企业经济效益不是很好，尤其在目前融资难的情况下，企业没有更多的资金投入产学研合作。有些企业创新意识不够，满足于维持现状，对未来发展技术储备重视程度差，对引进的技术、科研成果能否实现产业化信心不足。三是产学研融合专业化水平有待提高。产学研融合涉及生产、研发、市场、人才、资金、管理等方面，专业性强，要求相关人员不但熟悉经济形势、产业导向、科研成果、技术需求、政策规定，还要有谈判技巧和策略。以上要素滨州还不完全具备，一定程度上影响了产学研工作成效，制约了产学研深度融合发展。

5. 科技创新人才缺乏，专业性人才缺口大

新动能新产业均为知识密集型产业，人才对产业发展的影响至关重要。目前，滨州既存在引进、留住高端人才难，又存在技工人员培训难问题，人才供给与产业发展需求不相适应。缺少高素质专业人才正成为制约新兴产业发展的重要瓶颈。医养健康产业方面，健康管理、健康咨询、科学健身、中医养生等中高端人才缺口严重，护工、家政等技工人员缺乏；高端装备制造产业已出现人才断层问题，尤其缺少复合型、高层次领军型人才。近年来，高端人才流失较为严重，重点高校毕业生返乡工作人数明显减少，虽采取了增加补助、扩大招聘、破格提拔等多项有效措施，但受限于地方财力、区位交通、发展潜力等客观因素，依然未能较好地解决科技创新人才缺乏问题。

6. 产业创新体系自主创新能力短板犹存

核心创新能力不足一直是制约滨州产业发展和质量提升的一大瓶颈。产业体系大而不强、全而不优的特征较为明显，质量保障体系不健全，关键基础材料和核心基础零部件对外依存度比较大，产品和服务的质量有待提高。一是从促进高质量发展的新旧动能转换创新支撑体系来看，目前滨州创新体系整体效能还不够强，创新要素在不同创新主体之间尚未实现自由、充分的流动和组合，阻碍创新的诸多藩篱仍有待破除；二是从创新资源共享机制看，科技创新资源仍然存在着分散、重复和低效的问题，“打包”“拼盘”、任务分散等现象仍比较突出，科技投入的产出效益不高，企业对核心技术的研发、产品工艺提升和质量改善的重视不足；三是从创新激励机制看，科研成果的资产属性定位尚不够明确，从而影响了创新成果的转移转化和市场价值创造能力，没有充分激发出研究人员开展原创性创新的积极性；四是从创新政策协调机制看，各部门政策的协调性还有待加强，例如，科技成果转化政策与国有资产管理制度之间、开放创新与外资管理体制之间等仍有待进一步协调和统一。

六、滨州深化新旧动能转换引领高质量发展的总体思路及主要举措

研究认为，滨州以市场化为核心的体制机制改革推进新旧动能转换的理念是正确的，方式方法是正确的，尤其是创新驱动战略的落实实施，在处理好政府与市场关系、企业主体融资难融资贵、深化“放管服”改革、培育重点行业与产业集群等方面，可以说解决了桎梏新旧动能转换的体制机制障碍，为山东新旧动能综合改革试验区建设及全国同类地区的建设，甚至为全国提供了可推广、可借鉴的成熟经验。可以说，滨州实践在我国创新型国家建设历程中起到了重要阶段性助推作用。但同时，研究得出，滨州新旧动能转换创新实践还在途中，仍须根据我国新发展阶段的内外大环境重新梳理改革思路，对改革发展深层次瓶颈问题须重新进行针对性创新突破。因此，本部分从思路与具体对策两个层面深度剖析，以期对滨州深化新旧动能转换，甚至对推动全国层面的新旧动能转换提供建设性建议。

（一）滨州深化新旧动能转换引领高质量发展的总体思路

1. 构建“协同型”政策生态体系

从政策体系、信息体系和评价体系三个方面构建和完善新旧动能转换的支撑和驱动力。贯彻“以人为本、产业均衡、技术适度、生态优先、激励先进”的理念，进行新旧动能转换政策体系的优化和完善。研究认为，滨州面临以下改革任务：

（1）完善有效激励政策体系。坚持问题导向推进制度创新，推进政府治理体系和治理能力现代化，优化动能转换政策体系，持续优化管理服务，及时调整制约质量变革、效率变革和改革动力变革的不合理制度障碍。进一步建立健全对各级党委、政府领导干部和工作人员，以及产业园等的业绩指标、衡量标准、转换方向、实施路径、动态评估、考核兑现等政策和制度。建立健全对骨干企业和成长性企业、社会中介组织等在动能转换方面的窗口指导、政策引导、资源要素配置、干部配置、业绩考核、录用晋升等倾斜政策和激励办法。

（2）加强信息共享联动使用。遵循“目标引领、循序渐进，窗口指导、规范口径、真实完整”的原则，进行动能转换统计和信息管理公共服务平台的建设与优化。吸纳智库、社会组织参与或具体负责，尽快形成全覆盖、全过程、全天候的动能转换数据库。逐步与现有项目库及公安、环保、交通等数据库信息共享和联动使用。

（3）强化专业评估考核应用。成立各级党委、政府主要领导任组长，各职能部门、智库专家和企业代表等参与的动能转换业绩评估机构或专业小组。建立完善改革考核评估机制，包括改革效果评估制度、改革实绩考核制度等。定期进行各地党委、政府动能转换工作的考评和领导干部考评，将其纳入干部任命和奖惩的重要内容。

2. 打造“立体化”改革推进系统

加强系统协调，统筹推进，以点带面，寻求突破。追求和实现高质量发展这一目标，顶层设计显得尤为迫切，不仅要破除体制机制上存在的障碍，还要制定相关政策予以保驾护航，同时还要构建指标、统计以及考核等体系作为指挥棒，建立全生命周期改革落实体系，进而形成立体式改革推进框架体系，保障改革举措落地落实。研究认为，滨州面临以下改革任务：

（1）完善重大改革联动机制。更加注重改革的系统性、整体性、协同性，统筹推进重点领域和关键环节改革。建立完善工作联席联动机制，包括建立和完善常态化工作联动机制，改革推进工作专班制度、改革议题提报制度、定期工作汇报制度等。建立健全项目调度机制、监测预警机制和协同推进机制。

（2）强化改革责任落实机制。完善年度改革工作计划制度、重大改革方案报审制度、重点突破改革项目库制度等。包括市级领导领衔推进重点改革任务制度、重大改革任务责任分工制度等。建立完善改革试点工作机制。建立和完善新旧动能转换改革试点争取、推进制度，市级领导领衔重大改革试点制度、改革试点总结推广制度等。

（3）构建改革督察网络机制。在创新督查机制上求突破，破解督查力量分散、职责交叉重叠、权威性不足、质量效率不高等现实问题。建立党委统一领导、党政齐抓共管、部门街道协调联动的大督查工作新机制，积极探索与“追赶超越”相适应的大督查新举措，强化督查权威、改进督查方法、创新督查手段。建立和完善重大改革项目督察制度、改革项目分类分层协调制度等。

3. 创新“三转换”动能供给模式

围绕“创新、协调、绿色、开放、共享”的新发展理念推动滨州新经济发展、新动能培育，持续推进制度政策、生产组织、生态要素全面创新，着力推进“三个转换”，推动增长动力转换、发展方式转变和主导产业转换。与此同时，要大力推动制度创新，为新旧动能转换提供坚实的制度保障。研究认为，滨州面临以下改革任务：

（1）多维度推动增长动力转换。加快推动质量变革、动力变革、效率变革，以创新供给带动需求扩展，以扩大有效需求倒逼供给升级，增强高端要素聚集发展功能和创新发展能力。深度推动从规模速度型粗放增长转向质量效率型集约增长，从增量扩能为主转向调整存量、做优增量并举的深度调整，从传统增长点转向新的增长点。

（2）持续性推动发展方式转换。坚定走生产发展、生活富裕、生态良好的文明发展道路，切实把生态文明建设融入经济社会发展的各个环节，实现更高质量、更有效率、更可持续的发展。推动主导产业转换。大力发展战略性新兴产业和现代服务业，着力突破能够有效提升国际分工地位和价值链层级的研发设计、营销网络、品牌培育、供应链管理等制约产业转型升级的关键环节。

(3) 创新性推动改革效应转变。制度创新的内生动力一般有两个来源，一个是实践层面的问题导向，另一个是理论层面的顶层设计。问题导向为制度创新带来活力，顶层设计为制度创新确定框架。

4. 形成“双循环”创新发展格局

滨州立足自身特点，充分利用诸多有利因素和条件，在应对变局中实现高质量发展。从国内层面看，滨州具有超大规模的国内市场、数以亿计的消费人群、较为完整的产业体系；从国际层面看，滨州传统工业基础扎实、制造业规模大、产业体系完善，是很多产业循环的发起点和联结点，也是融入国际循环的重要通道。这些都是为滨州构建“双循环”新发展格局的有利条件。滨州面临以下改革任务：

(1) 不断赋能“双循环”。持续深化改革、扩大开放，不断为“双循环”赋能。着力打造科技创新创造新高地、国际贸易自由港、创新策源地、开放合作示范区，依托国际大循环，推动滨州不断拓展融入国际产业链的深度与广度。通过改革加快补上治理能力的短板，把制度优势充分发挥出来。依托国内大循环，更好地发挥支撑产业要素流动的重要节点枢纽作用，深度嵌入国内产业链环节。

(2) 持续释放改革活力。精准把握市场化取向改革的总体思路、原则和内容，不动摇决心，不回避问题，不忘记初心，不孤军奋战，持续深化改革，持续释放活力和红利。持续在国资国企、财税金融、科技创新、民营经济、扩大内需等重点领域攻坚克难，把高质量发展的活力释放出来。

(3) 继续扩大对外开放。聚力打造一流营商环境、拓展对外开放新空间，在山东省内外形成更具黏性和吸引力的产业生态圈，打造更具抗风险能力、更有国际竞争力的产业链和供应链。

(二) 滨州进一步推进新旧动能转换引领高质量发展的主要举措

1. 深化要素市场化改革，高水平助推新旧动能转换

(1) 加快动能向创新驱动根本转变。通过深化劳动力、土地、自然资源、资本、科技成果、制度、价格等要素市场化改革，破除妨碍各类生产要素流动

的壁垒，激发各类企业生产经营活动的内生动力。一是要增加劳动要素的供给质量。通过扩大职业教育、技能培训等方式提升劳动者素质，同时要改革收入分配制度、保护劳动者权益，激发劳动者积极性，实现劳动生产率的主要驱动力从“物质资本密集型”向“人力资本密集型”转变。二是增加科技要素的供给质量和供给水平。继续加大基础性研究投入力度，发挥企业在科技创新过程中的基础性作用；政府应着重建设重大科技基础设施等载体，着力构建“基础研究+技术攻关+成果产业化+科技金融”的全过程创新产业链，进一步提高全要素生产率。三是进一步提升土地利用效率，盘活土地存量资源，尤其是加快培育更加成熟的土地二级市场。

（2）坚持以创新驱动发展提质增效。对标对表找差距、加快补短板，在保持工业投资平稳增长的同时，坚持以创新驱动引领工业投资结构优化和提质增效，推动滨州经济追赶超越和高质量发展。突出发展一批创新引领型企业、培育一批创新引领型人才、建设一批创新引领型平台、引进一批创新引领型机构，加快创新体系建设，推动创新驱动提质增效。针对落后产能和“僵尸企业”，做好市场出清工作，整合有效资源；加大降本增效力度，为实体经济“松绑”减负、轻装上阵。运用新技术、大数据、人工智能、数字经济等，改造提升传统产业，焕发传统产业生机和活力。在培育发展新动能方面，坚持创新驱动战略，以“四新”为核心，以知识、技术、信息、数据等生产要素为支撑，深入推进产业升级、产品提质增效。大力推进跨境电商、市场采购贸易、外贸综合服务等新兴业态模式，为扩大对外开放提供新渠道，大力培育外贸新增长点。

（3）加快现代化市场经济体系建设。以新技术新业态新产品新模式为重点，实施数字经济工程，抢抓数字经济变革的机会窗口，加快打造数据强市和数字滨州，全面推进产业数字化和数字产业化，加快构建以数字经济为核心、以新经济为引领的现代化经济体系。遵循产业结构演化规律及前瞻性布局，发展信息、环保、健康、高端装备等现代产业，以信息经济为引领、现代金融为核心、高端装备为支撑，加快构建以先进制造和现代服务为主体的产业结构。大力推进互联网、大数据、人工智能和实体经济深度融合，借助物联网、云计算、大数据等新一代信息技术，大力发展平台经济、分享经济和体验经济。加强资本链、创新链与产业链衔接，把稀缺的科技资源直接配置到重点企业，在创新资源要素密集区域打造若干资本集聚转化平台，撬动社会资本投向现代产

▲ 2020 年 8 月 15 日，首届“滨州人才节”启动仪式暨人才发展专题报告会在滨州国际会展中心举行。仪式上，与会嘉宾为 2019 年度滨州市级及以上高层次人才和 2020 年“赢在滨州”高层次人才创业大赛获奖专家颁奖

▲ 2020 年 12 月，山东省基础教育综合改革暨教学改革推进会在滨州市召开

业和转型升级领域。

2. 创新招商引资新模式，以制度着力推进双招双引

（1）突出项目带动招商。实施新旧动能转换，向高质量发展进军，根本落脚点在项目。应把招商引资和项目建设作为加快新旧动能转换的重要抓手，创新招商理念和招商方式，把精力主要投向做大载体、做强配套、做优服务上，组织实施产业化招商，引进一批技术水平高、产业关联性强、发展空间大的大项目、好项目。加强各级政府对党政机关、行业和企业实施动能转换、政府决策、企业生产经营的政策指导、信息披露和产业引导，通过窗口指导减少投资失误、投资过度、重复投资等，提高区域投资效率和质量。

（2）创新精准招商模式。大力实施定向招商、精准招商，建立和完善"制度招商""法治招商""营商环境招商"模式。既要打造各行业普惠均等享受的公开、透明、稳定、可预期的营商环境，也要围绕滨州重点产业打造行业营商环境金字招牌，做到让每一位来到滨州市投资兴业的企业家真真切切地感受到滨州是有法治保障的投资热土，"门好进，事好办"，愿意留下来，能够发展起来。采取"资本驱动招商"和"跨境招商"精准定位招商模式。精准判断上市公司投资意向，精准定位招商渠道。紧盯世界500强、中国500强、行业100强及股票指数成分企业年报、定向增发等精准定位招商企业。精心谋划一批具有滨州特色、滨州个性、落地条件成熟的项目，精准定位招商项目。

（3）完善招商政策体系。针对新兴产业发展尽快出台招商引资奖励办法，各县（市、区）分别结合实际制定招商引资优惠政策，谋划引进一批技术先进、发展潜力大的重点项目。设立开放发展专项资金，支持开放型经济发展。完善招商引资激励措施，加大对外开放力度，鼓励社会各界积极参与招商引资工作。对重大招商引资项目、成功引进外来资金的招商引资中介人，由各级财政按一定比例进行激励。进一步提升优化招才引智工作，打破机制壁垒，制定优化政策，支持新兴产业企业引进各类专业人才。加大对新兴产业领域优秀企业家的奖励力度，从物质、精神两方面营造尊重纳税人的社会氛围，让企业家有获得感、荣誉感。充分发挥滨州在异地商会和滨州在外商会的联络效应，借助商会力量主动牵线上下游合作伙伴、商界朋友前来投资。加强与专业招商机构、行业协会和行业龙头企业的交流合作，多渠道收集投资项目信息，对接企业投资需求。对引资成功者，项目承接地可按实际投资额给予一定奖励。

3. 突出特色抓产业升级，延长和优化产业链供应链

（1）做强做大做优特色产业。抓住“滨州特色”产业，延长产业链和优化产业链、供应链发展环境。例如，打造具有滨州特色的铝产业链，从铝产业链的需求端进行产业优化和集成，建立有别于一般性的开办企业、获得电力、跨境贸易等满足铝产业的特殊需求指标体系和产业发展环境。梳理事关滨州发展全局的特色产业链、供应链，由市长担任“链长”，推动创新链产业链深度融合。建立和完善“一位市领导、一个牵头部门（责任人）、一个工作方案、一套支持政策”的工作模式，维护产业链、供应链安全稳定，协力推进滨州产业迈向中高端。积极发展精深加工，带动生产服务、产品加工、流通销售等各环节发展，助推产业转型升级。

（2）提升产业整体竞争优势。让企业抱团取暖建立利益共同体，攻克技术共性问题，打造区域品牌，通过产业生态集群降低生产成本，从而在市场竞争上占据优势。以项目外包在规模经济基础上降低生产成本，通过自身创新获得更重重要的大数据战略资源。强化科研力量支撑，开展专业化、社会化技术服务，加强地方传统品种、特色优势品种的选育与开发，立足本地资源、着眼市场需求实施一批科研项目，加快新产品、新工艺研究开发，积极推动已有科研成果转化。要抓好市场主体培育，大力引进培育龙头企业，支持有实力、有责任感的龙头企业跨区域发展，参与产业发展全环节、全过程。

（3）着力打造产业生态集群。积极推动“双创”，支持大企业主导构建创新体系和产业生态，着力培育一批“专精特新”企业和“单项冠军”企业，构建大中小企业融通发展的新型产业合作体系。努力提升产业链水平，巩固产业链综合优势，提升产业基础能力和现代化水平，加快补齐关键核心技术和关键零部件短板，培育一批具有国际竞争力的先进制造业集群。通过信息平台发布供求对接信息，线上举办产业链、供应链对接展会等，全面启动新一轮内需市场，稳定经营信心和预期。鼓励中小企业坚持“专精特新”发展路径，并通过变革壮大向“小巨人”企业和“单项冠军”企业发展。

4. 聚焦优质化营商环境，培育壮大龙头和骨干企业

（1）持续发力优化营商环境。资源的配置最终还是要落实到微观主体上，而微观主体面临的营商环境则在很大程度上反映了市场在资源配置上的话语

权。想企业之所想，急企业之所急，帮助解决企业发展中遇到的问题，各级干部要对企业真帮实扶，努力构建“亲”“清”新型政商关系。大力倡导企业家精神，培育高质量发展的供给动能，立足高质量发展的目标，着力保护产权和企业的经营自主权，维护良好的市场秩序，更好地调动企业家推动经济高质量发展的主动性、积极性。培养壮大企业家队伍，鼓励企业在政策法规范围内放开手脚、大胆创业。建立企业负担调查平台，实施涉企收费清单制度，清理规范涉企保证金、抵押金，推动涉企收费能减则减、能免则免。深化电力体制改革，推动完善电力行业产权制度和要素市场化配置，构建有效竞争的电力市场，有效降低企业用电成本。进一步推进物流降本增效，降低实体经济物流成本。

（2）真正赋予企业市场地位。处理好市场和政府的关系，充分发挥市场在资源配置中的基础性作用。以企业作为生产经营中心，真正赋予其行使独立法人权、投资经营权；政府作为社会公共管理中心，负责制定和运作货币、财政、产业、国际收支等社会宏观经济政策。进一步细化现有相关政策，增强政策针对性，调动企业的新旧动能转换积极性，通过负面清单制度、环保倒逼机制来压缩过剩产能，推动资源、资产、资本向优势企业集中。公平对待民营经济，在经济、法律、政治、社会、文化等方面平等地给予其应有的权力，充分发挥各种经济成分作用。

（3）切实增强产业支撑能力。充分发挥滨州产业的比较优势，厚植新的竞争优势，统筹把握需求侧管理和供给侧改革、稳增长与调结构、改造提升传统产业和发展壮大新兴产业、内源发展和外源发展。着力培育扶持一批骨干龙头企业，鼓励重点企业进一步壮大规模，打造一批有实力、有活力、有竞争力、有影响力的骨干企业；扶持鼓励中小企业走“专精特新”和与大企业协作发展的路子，形成更多“瞪羚”企业和“独角兽”企业。鼓励支持重点企业创建国家、省级重点实验室，积极与山东大学等高校科研院所开展全面合作，提升企业创新发展能力。

5. 深化金融和财政改革，助力民营经济高质量发展

（1）加快金融体制改革步伐。综合考虑金融与实体经济的联动有效性，积极打造源头活水，增加市场流动性供给与优化银行信贷配置结构并重，提高商业银行对实体经济企业，特别是对科技创新型中小微企业不良贷款的容忍度

和放贷积极性，提高金融机构向实体经济的放贷能力，严密监测资金流向，促进社会资金加速成为实体经济的产业资本，推动资金更多更好地支持实体经济。

（2）深化财政体制和制度改革。促进上级政府与滨州激励相容，营造为促进民营经济发展而竞争的良性局面。建立合理的财政分配机制，促进民营经济高质量发展。完善民营企业创新政策支持体系。加大企业研发费用税前加计扣除、高新技术企业税收减免、企业研发财政补助等普惠性政策的宣传落实力度，调动企业加大研发投入积极性，引导大型骨干企业和科技型企业逐步建立研发准备金制度。

（3）加快投融资体制升级改革。完善政府投资项目可行性研究方法，进一步提高政府投资的科学性。研究制定政府投资资本金注入项目管理办法，促进项目规范实施；制定政府投资计划编制办法，充分发挥政府投资计划对优化政府投资结构、布局以及补短板、惠民生的作用。推进财政体制、金融体制、国有资产监督管理体制、价格机制、行政管理体制以及组织人事制度等相关领域改革的协调配合。

6. 加快补短板项目建设，释放支撑经济发展新动能

（1）加快推进基础设施项目建设。滨州市的交通短板问题依然突出，特别是滨州港、长深高速、秦滨高速、济滨高铁、京沪高铁第二通道等重大交通设施建设直接影响全市新旧动能转换推进成效。目前，济滨高铁、京沪高铁第二通道等重点工程进度较慢，要加快重点交通基础设施建设，为新旧动能转换提供更好的基础设施支撑。要突出重点，批次推进，真抓实干，攻坚克难，全力以赴加快推进重点基础设施项目建设，为滨州高质量发展提供强有力支撑。

（2）加快重点产业项目改造升级。实施工业强基工程，加快破解一批制约重点产业发展的瓶颈。建立项目库，完善项目推进机制。结合滨州市千亿级产业集群规划的落实，围绕新旧动能转换重点突破环节、重点园区、重点产业链条，帮助企业筛选一批重点技改项目，严格项目前置评估和各项审查，排出项目推进时间表、路线图，建立项目推进督导机制，定期通报项目进展情况，加快项目建设进度，以重点项目建设促转型提质效，加快新旧动能转换步伐。

（3）加大对外开放融入全球合作。充分利用全球各地区资源优势，重点

推动家纺纺织、机械制造、有色金属等优势产能对外投资合作，加强产业全球布局和国际交流合作，顺应全球化背景下科技创新、组织创新和商业模式创新的新趋势，鼓励企业在新兴领域布局全球产业生态体系，以更加开放的姿态，积极融入全球产业分工合作，把产能压力转化为合作优势。

7. 总结和复制典型案例，加大试点实施与示范推广

（1）在改革典型案例上下功夫。系统化梳理总结典型案例和经验，充分发挥先进改革典型的示范引领作用，注重改革经验复制，推动改革任务高效落实。对渤海先进技术研究院建设模式、彭李街道“全科大网格”社会治理模式等在全市改革工作中涌现出的改革成功案例进一步提炼总结，巩固改革成果，推广改革经验，扩大改革效应，变“盆景”为“风景”，推动面上工作开展。

（2）在创新改革试点上做文章。进一步调整试点考核权重，引导县区部门既“跑上去”，了解政策动向，争取改革试点；又“沉下去”，创新改革举措，抓实试点任务。争取各个部门、各个县区都能承担省级或国家级试点任务，以试点工作推动改革深入开展。通过试点创新改革工作，从方式方法上取得突破，创新工作模式，建立与经济社会发展相适应的试点改革体制和运行机制。

（3）在“拿来主义”上求突破。“拿来主义”实际上是先破后立、破中有立。组织开展“对标先进学改革”活动，发动各个部门、各个县市区结合对标单位，学习改革经验，并结合实际找准各自改革结合点，特别是在“优化营商环境”“高质量发展”“双招双引”等领域，参照外地先进经验，拿出符合滨州实际的改革方案，借力助推滨州改革发展。

（报告执笔：李红娟、贾存斗；研究协助：山东省滨州市改革创新研究中心中级经济师张菲菲、山东省滨州市改革创新研究中心科员赵凯）

第二部分：

浙江温州创建新时代 “两个健康”先行区研究

改革开放以来，我国实现了从传统计划经济体制到社会主义市场经济体制的伟大跨越。民营经济为我国贡献了50%以上的税收、60%以上的GDP（国内生产总值）、70%以上的技术创新成果、80%以上的城镇劳动就业、90%以上的企业数量。民营经济与民营企业家成为国民经济发展与创业就业的主要组成部分与关键力量，是技术创新、高质量发展、现代化经济体系的重要主体。应该看到，经过40多年市场化导向的改革探索，我国已初步建立社会主义市场经济体制，但是政府和市场的关系还没有完全理顺，要素市场化配置的范围仍然有限，政府对于微观经济活动干预仍然过多，市场和社会发挥的作用还远远不够，民营企业与民营企业家的健康成长环境有待通过全面深化改革改善。

国家之间的竞争最根本的是制度、体制、机制的竞争。40多年改革开放的伟大历程证明，我们唯有通过市场化改革，完善社会主义市场经济体制，才能在国际竞争中立于不败之地，才能实现中华民族的伟大复兴。深化市场化改革是中央的战略布局，也是“十四五”时期的重要任务。民营经济与民营企业家的健康成长是我国市场化体制改革与发展水平的重要标尺，关系到国家的生死存亡。党的十八大以来，习近平总书记从全局高度重视民营经济的发展，提出一系列重要论述。2015年，习近平总书记在中央统战工作会议上指出，“非公有制经济的健康发展和非公有制经济人士的健康成长，不仅是重大经济问题，也是重大政治问题”。2017年，习近平总书记在党的十九大报告中指出，“构建亲清新型政商关系，促进非公有制经济健康发展和非公有制经济人士健康成长”，为构建“新型政商关系”指明原则和方向。当前，我国经济正处在转方式、调结构的紧要关口，为民营企业健康发展、民营企业家健康成长提供更合理的制度安排，具有重大的时代意义和现实价值。近年来，中央出台了一系列市场化改革政策，并多次强调基层是改革创新的源头活水，要求注重激发基层的改革创新活力，鼓励支持地方开展差别化的改革创新试点。

浙江省温州市作为我国民营经济的发源地之一，2019年以来，谋划出台了80条新政和146条具体举措，积极创建全国首个新时代“两个健康”先行区，实现了温州民营经济的“99999”，即民营企业数量占温州企业的99.5%，民营经济对GDP的贡献超过90%，工业增加值占到91.5%，从业人员占到92.9%，税收收入占到90%。习近平总书记在浙江工作时曾如此肯定温州：

“温州是一个敢于创新、善于创新的地方，也是能出经验，出好经验的地方。”目前，温州新时代“两个健康”先行区创建阶段性成效显著，形成了一大批可复制可推广的经验与方法，树立了民营经济高质量发展的典范，营造了民营企业家健康成长的环境，为全国范围内开展“两个健康”探索出了可复制推广的典型样本，对新时代构建双循环新发展格局、完善社会主义市场经济体制贡献了温州经验，提供了温州方案。

一、温州创建新时代“两个健康”先行区的时代背景

我国民营经济经历了从无到有、从小到大、从弱到强的历程，是中国特色社会主义市场经济体制改革破旧立新的突破口，为国民经济社会发展做出了重要贡献。温州市是中国民营经济的重要发祥地、中国市场经济的先行探路者、中国企业家精神的主要践行者，为推动习近平总书记“两个健康”重要论述落地生根，2018 年 8 月 9 日，中央统战部、全国工商联批复温州创建新时代“两个健康”先行区，选定温州作为全国唯一试验田，为中国民营经济改革发展、为新时代市场化改革探路先行。当前，世界正处于百年未有之大变局，温州创建新时代“两个健康”先行区，对我们探索如何更好发展民营经济、提升综合国力，具有重要的时代价值与战略意义。

（一）“两个健康”提法的由来、基本内涵及发展阶段

促进民营经济“两个健康”不仅是重大经济问题，也是重大政治问题，不仅是重大实践问题，也是重大理论问题。[①]“两个健康”，即非公有制经济健康发展和非公有制经济人士健康成长。改革开放以后，伴随着非公有制经济的快速发展，我国经历了从“一个健康”到“两个健康”的演变过程。[②]

---

① 隗斌贤．新时代民营经济“两个健康”的理论与实践探索［J］．治理研究，2019，35（02）：19—30.

② 蒋志敏．非公有制经济“两个健康”的由来［J］．中国统一战线，2013（08）：71.

1. “两个健康”提法的由来

1981 年，中共中央、国务院《关于广开门路，搞活经济，解决城镇就业问题的若干决定》下发后，中国民主建国会、中华全国工商业联合会向中央提交了执行该决定的几点意见；1982 年 2 月，中共中央办公厅、国务院办公厅将该意见转发中央统战部，提出“要进一步调整政策，改革制度，以利于集体经济和个体经济的健康发展”，这是最早在中央文件中涉及非公有制经济健康发展的提法。1989 年 3 月，中央统战部印发《关于开展私营企业统战工作的几点意见》，明确提出“开展私营企业统战工作的指导思想是：鼓励、引导私营企业健康发展；团结、教育私营企业者，为繁荣社会主义商品经济服务”。1996 年 1 月，全国统战部长会议正式出现“非公有制经济健康发展”的提法。2000 年 12 月，全国统战工作首次提出了“非公有制经济人士健康成长”，并与“非公有制经济健康发展”提法加以并列，强调了二者之间相辅相成的内在关系。①

2. “两个健康”的基本内涵

党的十八大以来，习近平总书记高度重视非公有制经济工作。2016 年 3 月 4 日，习近平总书记在民建、工商联界委员联组会上发表的重要讲话，系统、全面、深刻阐述了“两个健康”的思想内涵，明确指出：非公有制经济的健康发展和非公有制经济人士的健康成长，不仅是重大经济问题，也是重大政治问题。“两个健康”是辩证的统一体。促进民营经济人士健康成长和促进民营经济健康发展的目标是一致的。经济工作不能只见物不见人，发展民营经济也不能忽视民营经济人士。同时，促进民营经济人士工作也不能只见人不见物。民营经济企业健康发展的评判标准需要看企业的规模，也要看企业主的守法经营情况及对社会所担负的责任情况。②

3. “两个健康”的发展阶段

首次出现。1982 年 2 月，中办国办提出了“要进一步调整政策、改革制

① 蒋志敏．非公有制经济“两个健康”的由来［J］．中国统一战线，2013（08）：71.

② 祝远娟．试论非公有制经济领域“两个健康”工作的辩证关系［J］．广西社会主义学院学报，2013，24（03）：21—24.

▲ 2018 年 10 月 17 日，时任浙江省委书记车俊在温州创建新时代“两个健康”先行区大会上讲话

▲ 温州市委原书记陈伟俊专题调研民营企业

度，以利于集体经济和个体经济的健康发展”。这是中央首次出现“非公经济健康发展”这样的提法。

正式提出。2000 年 12 月，时任总书记江泽民在十九次全国统战工作会议上强调要“着眼于非公有制经济健康发展和非公有制经济人士健康成长”。

系统确立。2016 年 3 月 4 日，习近平总书记首次系统阐述了“两个健康”重要思想。2017 年 10 月 18 日，其被写入党的十九大报告。2018 年 11 月 1 日，习近平总书记在民营企业座谈会上再次强调，非公有制经济健康发展的前提是非公有制经济人士要健康成长。

（二）推进“两个健康”是新发展阶段的必然要求

进入新时代，民营经济的发展进入了新的阶段，民营企业市场准入才真正实现了重大突破，我国经济已由高速增长阶段转向高质量发展阶段，正处在转变发展方式、优化经济结构、转换增长动力的攻关期，民营经济将在其中继续发挥重要作用。① 民营经济的发展，离不开“两个健康”，只有真正“推进”两个健康，民营经济才能为国民经济社会发展做出更大贡献。

1. “两个健康”是构建新发展格局的前提和基础

改革开放以来，我国经济逐年高速增长，这样的成就离不开民营企业的参与，离不开民营企业家的智慧。在新时代发展环境和趋势下，民营经济在前进的过程中不断优化升级，在我国经济发展中占有越来越大的比重，促使民营经济的深入发展和转型升级。同时，国家高度重视民营企业和民营企业家的发展，无论是外部环境还是资金支持，都为民营企业的发展提供了便利，使得民营企业也越来越适应社会主义经济发展。民营经济不仅为中国经济高质量发展积蓄后劲，也将成为经济发展过程中极具活力的发展引擎。②“十四五”时期，我国进入新发展阶段，构建新发展格局，做好“两个健康”工作尤为重要。这是主动适应我国新发展阶段的必然需要，是充分发挥

①② 李佳. 新时代民营经济高质量发展的着力点和策略［J］. 农村经济与科技，2020，31（14）：108—109.

我国经济发展优势的重要途径，是丰富完善我国经济发展战略举措的内在要求。构建新发展格局，民营经济将肩负重要使命，构建“两个健康”是其前提和基础。

2. “两个健康”是应对百年未有之大变局的重要部署

中国正面临着百年未有之大变局，国际经济政治格局发生了深刻的大变化、大调整，新冠肺炎疫情的蔓延给人类社会带来重大挑战。国内经济下行压力持续加大，市场激励不足、要素流动不畅等问题依然存在。[①] 许多民营企业的产品出现供过于求，资金回流慢，资金短缺，使民营企业出现严重的“供血不足”。[②] 全面建设社会主义现代化国家，迫切需要“两个健康”建设，充分凝聚广大民营经济人士的智慧和力量，引导民营企业实现高质量发展，走向更加广阔的舞台。[③]

3. “两个健康”是民营经济健康发展的动力和保障

在民营经济座谈会上，习近平总书记强调：只要我们坚持基本经济制度，落实好党和国家方针政策，民营经济就一定能够实现更大发展。实践证明，我国民营经济不会因为一些争论和质疑而萎缩，反而会不断成长壮大。[④] “两个健康”是总书记为民营经济健康发展、民营企业家健康成长提出的重要制度保障，有利于民营经济更好地发展。民营经济人士的健康成长直接影响了民营经济的健康发展。民营经济人士健康成长是民营经济健康发展的持久动力，离开民营经济人士的健康成长，民营经济健康发展就失去了动力和保障。[⑤]

---

① 彭森．推动新一轮市场化改革再出发［N］．经济日报，2020－05－21（009）．

② 刘亚林．民营经济当前发展面对的挑战和应对之策［J］．现代营销（信息版），2020（04）：84—85.

③ 新华社．［权威解读］五问《关于加强新时代民营经济统战工作的意见》［N］．2020－09－16. http：//www. xhby. net/pl/yl/202009/t20200916_6805059. shtml.

④ 李佳．新时代民营经济高质量发展的着力点和策略［J］．农村经济与科技，2020，31（14）：108—109.

⑤ 祝远娟．试论非公有制经济领域“两个健康”工作的辩证关系［J］．广西社会主义学院学报，2013，24（03）：21—24.

4. “两个健康”是民营企业家健康成长的基石

非公有经济人士是依托民营经济发展壮大而不断成长起来的，非公有经济人士的健康成长源于民营经济的健康发展。21 世纪以来，随着民营经济成为市场经济的重要组成部分和社会主义现代化事业的重要推动力量，民营经济代表人士队伍也不断健康成长，成为中国特色社会主义事业的建设者。可以说，民营经济健康发展是非公有经济人士健康成长的重要条件，离开民营经济的健康发展，民营经济人士的健康成长就缺少了基石，成为无根之水、无源之水。①

5. “两个健康”是保障市场主体健康的根本力量

中国经济发展正处在转方向、调结构的紧要关口，发挥民营经济的市场机制作用是爬坡过坎的重要动力源。“两个健康”有助于充分发挥民营经济在国内体制性结构性矛盾增多与外部环境冲击交织叠加的新挑战新风险下，保持经济平稳健康发展的市场机制作用。② “两个健康”是保障市场主体健康的根本力量，是助推民营企业发展的法宝。要坚持用改革的办法对症下药、破解难题，助力民营经济持续健康发展。③

6. “两个健康”是市场化改革再出发的必由之路

《中共中央国务院关于新时代加快完善社会主义市场经济体制的意见》的制定发布，宣示了中央推动新一轮市场化改革再出发的坚定决心。发展无止境，改革亦无止境。国家之间最根本的竞争是制度的竞争，必须用市场化改革去破解发展中面临的挑战。④ “两个健康”是市场化改革再出发的必由之路，释放的改革红利可以促进高质量发展，有助于构建更加完善的社会主义市场经济体制。

---

① 祝远娟．试论非公有制经济领域“两个健康”工作的辩证关系［J］．广西社会主义学院学报，2013，24（03）：21—24.

② 隗斌贤．新时代民营经济“两个健康”的理论与实践探索［J］．治理研究，2019，35（02）：19—30.

③ 陈伟俊．以“两个健康”引领民营经济高质量发展［N］．人民日报，2018-10-18（010）.

④ 彭森．推动新一轮市场化改革再出发［N］．经济日报，2020-05-21（009）.

▶ 2018 年 10 月 17 日，温州市创建新时代“两个健康”先行区第一批先行实践基地授牌

◀ 2018 年 10 月 18 日，首届中国（温州）新时代“两个健康”论坛在温州举行

▶ 2018 年 10 月 18 日，授牌成立两个健康研究院

二、温州创建新时代“两个健康”先行区的主要做法

温州在创建新时代“两个健康”先行区过程中，秉承思想解放的价值理念，贴近民营经济需要，精准助力民营企业健康发展。2019 年以来，温州市委市政府高度重视新时代“两个健康”先行区创建工作，系统谋划了工作和政策体系，先后出台了《温州市创建新时代“两个健康”发展先行区总体方案》《温州市创建新时代“两个健康”先行区加快民营经济高质量发展相关政策和具体措施》。①

（一）温州创建新时代“两个健康”先行区的实践理念

温州改革开放的历程就是思想解放的历程，在“两个健康”先行区创建过程中，温州以民营经济持续健康发展面临的主要问题及困难为导向，坚持在“不争论中求发展”，始终秉承思想再解放的价值理念，积极探寻新时代非公有制经济健康发展和非公有制经济人士健康成长经验路径。

1. 凸显重要社会地位，践行“民营企业家是自己人”

温州千方百计把抬高民营企业家地位作为促进“两个健康”的先手棋。

一是让企业家有自己的节日。比如，在国内率先以立法形式，通过企业家表决，将每年 11 月 1 日确定为“民营企业家节”。

二是让企业家有共同的家园。比如，在城市黄金地段建成世界温州人家园，植入民营经济博物馆、温商会客厅等 16 个功能配套项目，给企业家创造一个温暖温馨的情感地标和精神家园。

三是让企业家有更多的话语权。在国内率先出台企业家参与涉企政策制定的规范性文件，配套出台具有可操作性、能闭环的“实施细则”，更好地推动各项涉企政策贴近企业需求、精准助力发展，让企业家能够说话算话。

2. 把握尺度更重温度，提升企业家安全感

如何依法平等保护民营企业和企业家合法权益不受侵犯，是民营企业家最

---

① 诸葛隽．温州“两个健康”先行区的实践与思考［J］．财会研究，2019（05）：77—80.

关注、最在意的，也是基层涉企执法中最薄弱的。温州在“两个健康”先行区创建中，把这项工作上升到一个全新的认识高度。

一是柔性执法形成“容错”机制。在确保底线的前提下，对企业初犯、显著轻微或因政府原因造成企业违规的行为，建立轻微违法首次不罚、涉企行政指导等举措，大大降低了行政处罚对企业正常生产经营的不利影响。

二是“蓝色”护航打造最优法治环境。“公检法司”有针对性地推出改善民营经济法治环境的政策意见，对民营企业如鲠在喉、备受困扰的“挂案”集中开展大清理大化解，清理率达 92%、涉案金额 6 亿元，最大限度帮助民营企业挽回经济损失。

三是依法适度介入避免企业危机。政府通过依法适时适度介入、审慎采取强制措施等方式，防止因企业家个人危机处置不当而引发严重的企业危机乃至社会稳定。先行区创建以来，通过上述措施已成功处置 10 余个重大风险企业案件，出现了“半小时化解企业 2 亿元资金风险”的典型案例。

3. 找准政企边界，打造“双向规范、政企和睦”亲清关系

在先行区创建中，温州市坚持厘清权力与市场、政府与企业、领导干部与企业家的边界。

一是在工作距离更加亲近。持续开展“三服务”“万名干部进万企”活动，集中开展民营企业重大疑难“共性问题”破难攻坚，三年来累计上门收集问题 13293 个、解决 13161 个、化解率 99%。

二是与企业家交往更加清明。率先推行“三清单一承诺”制度，推出政商交往“正面清单”“负面清单”和清廉民企建设“引导清单”（各 7 条），指导构建正常的政企交往关系。该举措已在浙江全省推广。

三是在合作共事上更加亲善。温州首创民营企业精力减负制度，重点围绕减轻企业参会负担、合理统筹入企调研活动、规范涉企执法检查行为等方面实施 20 条刚性“减负”措施，切实解决服务企业“过繁”“过度关爱”等问题。

四是在立身处世上更加清廉。温州鼓励民营企业党委建立纪委，有效树立清廉理念、强化行业自律。目前，全市已建立 55 家民企纪委、22 个清廉民企示范点、1.2 万个企业效能监测点，累计挽回经济损失近 5 亿元。

4. 专注发展质量提升，激发市场主体逆势向好动力

针对以往“低散乱”的经济结构，温州坚持通过“两个健康”先行区创建，把培育激发市场主体活力作为关键一招。

一是企业组织结构更加健康。推动实施百企上市、千企上规、万企上云计划，应对疫情不失时机实施“品牌赋能强民企”“全产业链修复”等计划，建立产业链党建联盟，让更多家族企业早日走上规范化、现代化发展道路。2020年净增“小升规”企业757家；新增省“隐形冠军”企业13家、数量为全省第2，新增省“专精特新”培育企业2603家、数量为全省第1；两年时间新增上市企业17家。

二是科技创新意识更加强劲。加快“两个健康”先行区与国家自主创新示范区“双向撬动”，打造环大罗山科创走廊等创新平台，着力引进落地浙大温州研究院、国科大温州研究院等高能级创新项目，创新“科创飞地”“人才飞地”，推出全国力度最大的“人才政策”，连续两年举办世界青年科学家峰会，为企业转型发展提供智力支撑，彻底改变温州“低端锁定”旧状。

三是谋大招强更加有效。对落地在温州的重大产业项目，实行“六个一律”[①] 全程保驾护航。同时还通过“鸟巢计划”“家园计划”，推动内外温州人互动发展。

四是金融输血更加通畅。率先实施无还本续贷、小微企业资产受托融资模式、整园授信、按份额抵押、财政支持民营和小微企业综合改革等一系列金融服务实体经济“组合拳”，落地全国首个技术产权证券化产品，建设全国一流的金融综合服务平台，实现民营经济、小微企业、制造业贷款和贷款成本“三升一降”，不良率从最高的4.69%降至0.76%。

五是融入国家大计，更加主动。利用温州“两个健康”试点优势和地域优势，加快融入“长三角一体化”“一带一路”“内外循环”等国家大计，带动民营企业抢占内外市场。疫情之下2020年出口额占全国份额逆势升至10.5‰。

① 六个一律：一律由市领导出面会见、一律由县级以上领导联系负责、一律优先保障用地需求、一律定制“一事一议”政策、一律专业团队代办服务、一律全过程审批效能监督。

5. 聚焦企业堵点痛点，打造最受企业欢迎的营商环境

出台实施《温州市优化营商环境办法》，深化落实营商环境“10 + N”行动，核心是全力打造一流营商环境。

一是以数字化改革为引领提升政务环境。实施“易企办”、为侨服务“全球通”等一批具有温州特色的数字化改革项目，让政务服务“不用跑是常态，跑一次是例外”。

二是以落实落细为导向提升政策环境。针对政策复杂难懂问题，开展产业政策重构，全面颠覆了部门多头出政策的格局。针对政策时效问题，建立“推新政破堵点创亮点”工作机制，防止“政策退坡”给企业带来“硬着陆”风险。针对政策兑现问题，建立全域统一运行的网上刚性兑现系统“惠企政策直通车”，实现政策实时刚性兑现。2018—2020 年，温州为企业减负 153 亿元、215 亿元、582 亿元，温州降本减负和惠企政策满意度分别居浙江省第 1 位和第 2 位。

三是以“常态化理旧账”理念提升服务环境。按照“新官理旧账”要求，每年对因政府原因造成的企业历史遗留问题进行排摸和分类化解。截至目前，232 个旧账问题全部得到化解，化解率 100% 。

四是以“国民同待遇”的原则提升市场环境。坚持市场优先，消除“国有私营”区别歧视，破除市场准入壁垒，加速垄断行业改革，为民营经济在内的各类市场主体提供公平竞争的投资环境。温州积极拓展民营企业参与领域，在社会力量办学、办医、办体育、办文化改革等方面走在全国前列。

五是以“个人破产”的成功探索提升退出环境。温州大胆尝试具备个人破产实质功能和相当程序的个人债务集中清理试点，引入公职管理人制度、债权人会议制度等基本破产制度，首次探索自由财产、债务豁免、失权复权等个人破产中独有的制度理念，促成债务人取得债权人谅解并“重获新生”，形成全国首个“个人破产”成功案例。目前已成功受理近 140 件“个人破产”案例，办结 37 件。温州“个人破产”探索，既健全了退出机制，给其他市场主体让出空间和资源，又营造了“宽容失败”的社会氛围，对进一步释放个人创业创新动力起到了正面效应。

6. 激扬精神强力，打造示范引领、同心同向的企业家群体

温州激扬新精神，擦亮温商群体的金字招牌，让温州始终成为孕育企业家的标杆城市。

一是教育培训增信念、扬精神。成立民营经济学院，率先建立“亲清政商学堂”、红色理想信念教育等民营企业家教育培训体系，带动温州企业家践行社会主义核心价值观，弘扬企业家精神，做爱国敬业、守法经营、创业创新、回报社会的典范。

二是“青蓝接力”重传承、接好班。温州通过二代培养、交流挂职、梯队建设、政治倾斜等，有效解决温州民营企业家“子承父业”“棒棒交接”的实际需要。

三是商会改革见实效、成样板。率先实施16条行业协会商会改革举措，着力提升工商联凝聚力、影响力、执行力；建设一批“商会广场”，把组织优势最大限度发挥出来，更好地服务于企业发展。

四是“两个健康”立标准、填空白。在全国率先制定“两个健康”指标评价体系。其中，民营经济健康发展指标评价体系创设经济活力、质效提升、创新驱动等5个维度35项指标，填补了民营经济统计和监测空白，对民营经济高质量发展具有很强的指挥棒引领作用；民营企业家健康成长指标评价体系设置爱国敬业、守法经营、创业创新等8个一级指标、13个二级指标，精准反映民营企业家健康成长情况，填补了民营企业家政治画像的空白，为民营经济统战工作提供了鲜活样本。2020年，温州“两个健康”指标评价体系得到国家统计局和全国工商联认可。

（二）温州创建新时代“两个健康”先行区的主要做法

1. 推动市场化配置，形成创业创新最强活力

精准对接民营企业实际需求，推动资源要素公平、有效供给，促进生产要素活力竞相迸发，实现创新创业源泉充分涌流。

一是营造民营企业公平参与市场竞争环境。全面实施市场准入负面清单制度，对清单以外的领域、行业、业务，各类市场主体皆可依法平等进入。为民营企业在市场准入、审批许可、经营运行、招投标、军民融合等方面打造公平

竞争环境，率先打破民间资本进入关键投资领域的“卷帘门”“玻璃门”“旋转门”。大力推进产业政策由差异化、选择性向普惠化、功能性转变，清理违反公平、开放、透明市场规则的政策文件，定期评估、排查、清理各类显性和隐性壁垒。深入推进社会力量办教育、办医疗、办体育、办养老等国家级试点工作，在准入条件、人才支撑、融资机制、土地供给等方面采取更加灵活的政策措施，使温州成为社会力量办社会事业的全国示范城市。

二是加快促进民营企业创新发展。实施“百园万企”小微园示范引领工程，严格执行“十条刚性措施”，推动优质小微企业集聚发展。鼓励国有企业、上市企业、高校、科研院所建设平台型众创空间，为初创期、早中期民营企业提供公共技术、检验检测、教育培训等服务。构建适应“四新”经济发展的包容审慎监管模式，对新设立的“新技术、新产业、新业态、新模式”经济形态给予1—2年包容期，通过行政指导等柔性监管方式，引导和督促企业依法经营。实施“凤凰行动”，加快“千企上规、千企股改、百企上市”步伐，推动民营企业做大做强。建设人才“一站式”服务平台，重点构建多层次人才住房供应与保障体系，完善高层次人才子女受教育配套政策。鼓励企事业单位自主建立人才评价标准，并纳入全市行业人才评价体系。完善劳动用工和社会保险政策，稳定员工就业。

三是推动科技成果落地转移。办好世界青年科学家峰会，推进世界青年科学家创业孵化加速器、创业园、创业基金落地，有效打通科学家、企业家、创投家“三界融合”创新路径。谋划建设瓯江实验室，推进国科大、浙大、华中科大温州研究院等重大科研院所平台建设，开展具有重要应用前景的科研成果研发。加快瓯海国家科技成果转移示范区建设，创新完善科技成果利益分配机制。加强中试平台建设，培育发展技术转移机构和技术经理人，打响技术拍卖“温州拍”品牌。深化与长三角重点科创平台协作，推动创新联盟、“科创飞地”落地，拓展“技术在上海、转化在温州”合作模式。加快建设“科技大脑”，构建集数据服务、金融对接服务、中介机构服务等于一体的科技金融线上服务平台。

四是强化土地空间扩容利用。持续深化“拓空间强保障”六大专项行动，缓解土地瓶颈制约，实现土地资源高效利用。建立工业用地红线保护制度，实行工业区块线管控，保障工业用地总规模，每年工业供地1万亩左右。探索开展围填海处置、自然淤积区造地以及全域整治全国试点，加快瓯江口浅滩二期已填成陆区处置。创新工业用地供应方式，推行弹性年限出让、先租后让等方式，重点推进“标准地 + 承诺制 + 代办制”改革。强化工业项目双合同管理，抓好已供工业用地的开工建设，新供工业地块原则上 3 个月、最长不超过半年开工。开展工业用地二级市场交易试点，引导工业用地依法有序流转。按片区实施工业用地分级分类价格指导，稳定产业用房租赁价格。

五是深入推进融资畅通工程。实施金融综合改革，完善金融综合信息服务平台，创新银行融资方式，发展信用贷款、共有厂房按份抵押融资、小微企业资产授托代管融资、价值链融资、供应链融资和动产融资等新型融资，缓解民营企业“融资难、融资贵、融资慢”问题。加大“无还本”续贷业务力度，有序推进无抵押贷款。开展银行信贷服务“提速降本”行动，强化落实“两禁两限”规定，推动融资成本持续下降。探索设立本地消费金融公司、金融租赁公司、理财子公司等新型金融机构，丰富地方金融业态。完善“国保民”担保体系，发挥政府性担保机构作用，构建再担保机制、考核评价机制、财政风险补偿机制与风险分担机制，缓解民营企业担保难问题。引进基金投资机构，推动社会资本支持企业创新创业。

2. 建立法治化体系，强化护航企业最硬内核

围绕“法治温州”“信用温州”建设，按照规则公开透明、监管公平公正的要求，依法维护好各类市场主体的合法权益，全力护航民营经济和民营企业发展。

一是建立政府诚信履约机制。健全“政府承诺 + 社会监督 + 失信问责”机制，兑现向社会及行政相对人依法作出的政策承诺。保障中小企业款项支付，不得违约拖欠中小企业工程款项。建立政府失信记录，构建政务失信责任追溯和惩戒机制，落实政务失信 100% 治理，不因政府换届、领导调整而产生违约、毁约等现象，防止“新官不理旧账”，营造“一任接着一任干”的良好氛围。推进惠企政策“直通车”迭代升级，清理整合全市域产业政策，兑现产业政策正面清单，扩大政策覆盖面和兑现率。建立健全民营企业历史遗留问题解决常态化机制，依法依规、分类分步妥善处理历史遗留的工业园区、工业点和其他企业无产权土地、用房等问题。

二是严格规范涉企行政执法。注重信息公开，推行重点领域“双随机、一公开”常态化全覆盖。开展“综合查一次”行动，完善跨部门跨领域联合

抽查机制，实现“进一次门、查多项事”。充分运用现代信息技术手段，提升执法监管的效率和准确性。全面推行行政执法公示、执法全过程记录、重大执法决定法制审核“三项制度”，防止选择性执法、任性执法、处罚标准不一等现象。推行涉企轻微行政违规行为“首次不罚、告诫到位、下不为例”，审慎行使行政处罚裁量权。

三是保护民营企业和企业家合法财产。平等保护民营企业合法权益，坚决防止利用刑事手段干预经济纠纷。探索个人破产制度改革，加大力度推进个人债务集中清理试点，推动从个案突破到制度形成。建立深度合作的府院联动机制，健全企业破产预重整制度，有效解决破产审判中的税收、社保、费用保障、资产处置、登记注销、信用修复等问题。完善企业家紧急事态应对机制，实行重大涉企案件风险报告制度，建立常态化涉企法律服务。严格区分违法所得、其他涉案财产与合法财产、企业法人财产与股东个人财产、涉案人员个人财产与家庭成员财产，依法慎重对民营企业使用查封、扣押、冻结财产等强制措施。

四是加强民营企业司法保障。深入开展扫黑除恶专项斗争，坚决打击欺行霸市、强买强卖等行为。加强基层站所执法队伍作风整顿，查处“吃拿卡要”等一切干扰、阻碍经济发展的违法违纪问题。畅通涉商纠纷立案化解通道，提高司法立案、审判和执行效率。健全涉产权冤错案件的有效防范和常态化纠正机制，引导涉诉企业及时搜集证据和保全财产，提高企业诉前保全效率，通过诉讼阶段多元调处化解纷争等方式，为企业维权提供优质高效的司法服务。深化公共法律服务体系建设，建成覆盖全业务、全时空的法律服务网络。

五是强化知识产权运营保护。打造知识产权服务品牌，提升中国（温州）知识产权保护中心服务水平。创新知识产权纠纷多元化解决机制，试点知识产权保护“行刑衔接”工作模式，探索互联网跨境知识产权保护新机制，争取设立温州知识产权法庭。健全知识产权海外风险预警机制，加强企业海外知识产权纠纷应对指导与援助。鼓励企业开展知识产权运营许可交易，开展风险补贴和知识产权证券化，实施“专利贷”等知识产权质押融资。

六是加快社会信用体系建设。打造全国社会信用体系标杆城市，构建一体、可信、可控的公共社会信用平台系统，实现信用联合奖惩“一张单”。构建以信用为基础的新型市场监管体系，强化重点行业信用体系建设，推动税务、工程建设、招标投标、医疗保障等重点领域开展信用评价、信用分级分类监管。完善守信联合激励和失信联合惩戒制度，加大恶意逃废债打击力度，维护社会信用环境。推广个人诚信分（瓯江分）和“信易贷”，推动“信用有价”落地。参与推进长三角地区信用标准互认，实现跨地区信用信息交换共享和联动奖惩。

3. 推进便利化创新，提升涉企服务效率

以“最多跑一次”改革为引领，对标国际先进、国内领先，创新政务服务理念，全方位提升数字政府建设水平，提升政务服务效率。

一是大力推进商事制度改革。优化“易企办”流程，完善“企业开办全程网上办”平台，全面推行企业开办“一表通、当日结、零成本”，实现商事登记、刻制印章、申领发票当日办结，新设立企业首次刻制公章免费。简化企业注销程序，推行部门信息共享，实现简易注销、普通注销公示期满后即到即办。深化“一窗受理、集成服务”改革，全面推进政务服务事项无差别受理、同标准办理、全过程监控、“好差评”闭环，实现“减窗口、减人员、提效能”。对所有涉企经营许可事项实行“证照分离”，实现“照后减证”，破解“准入不准营”难题。聚焦重点领域，迭代升级便民利企“一件事”，为推动业务整合和流程再造提供更多的套餐式、集成式服务，探索制定“一件事”地方标准。推进“双定三减”经营区建设，激发大众创业、万众创新活力。

二是深化企业投资项目高效审批。实施“鸟巢计划”促进行动，建立健全首问负责制和全生命周期服务，对已落地投资项目设置 2－3 年的“投资服务续航期”，实现工作、资金、要素、服务都跟着项目走。加大平台空间和产业项目统筹力度，优化产业梯度转移机制和利益分成机制，避免同质化竞争，实现市域经济一体化发展。全面实施省级以上各类经济开发区、产业集聚区等特定区域“区域能评＋区块能耗标准”“区域环评＋环境标准”改革。支持企业适应产业结构调整、符合产业地图布局、拓展发展空间、适应行政管理的合理迁移行为，将企业正常跨区迁移服务列入营商环境评价体系。全面实施一般企业投资项目审批“最多 80 天”，推行企业投资低风险小型项目审批“最多 20 个工作日”的改革试点，对符合标准的企业投资项目实行以“政府明晰告知、企业信用承诺、监管有效约束”为核心的承诺制。深化中介市场化改革，清理涉企鉴定评估，实现中介服务经费和时间双下降。创新工程建设项目投标担保支付方式，支持以保函代替履约保证金，一般政府采购活动不收取投标

（响应）保证金，减轻企业资金周转压力。开展规划用地“多审合一、多证合一、多规合一”及综合测绘改革，全面推进工程竣工限时联合验收。

三是优化公共服务接入全流程办理。推动供电、供水、燃气、排水、通信等接入服务进驻政务服务大厅，合并纳入市政公用服务窗口，统一提供“一站式”服务，打造为民服务靓丽风景线。持续优化水电气网等报装流程，规范公示办理时限、服务标准、资费标准，为企业提供电水气快速报装“零上门、零审批、零成本”服务。除特定要求外，报装过程中涉及占掘路、管线、绿化、物料堆放、交通等审批事项的，实行告知承诺制，政府部门当场核发许可。优化不动产登记办理，开展企业不动产登记电子证照试点，加快实现“4个1”（企业间不动产转移登记缴税后1小时办结、企业不动产抵押1个工作日办结、不动产转移登记与电水气过户一窗联办、不动产交易登记与缴税一网通办）。打造“无窗口、零等待”办税服务场所，发票“非接触式”领用比例提高到70%，网上、掌上办税率提高至90%以上。

四是加快推进智慧政务建设。按照政府数字化转型要求，加快线上服务平台和线下服务实体一体化融合进程，推动政务服务由网上、掌上可办向好办、易办转变，实现政务服务办件线上受理率80%、网上可办率100%。优化升级政府信息共享平台，形成涵盖政务服务全域、数据实时共享的信息交换体系，推动电子证照、电子印章、电子签名跨区域、跨部门共享互认，加快打造“无证件（证明）办事之城”。优化完善、推广应用“个人数据宝”，加快建设“企业数据宝”。加快推出一批“智能秒办”和“无感智办”政务服务事项，实现“申请零材料、填报零字段、审批零人工、领证零上门、存档零纸件”。加快长三角政务服务一体化，“一件事”全省通办、长三角跨省通办，实现电子证照长三角地区互认共享，实施为侨服务“全球通”扩面增项行动。

4. 提升国际化水平，打造对外开放最亮标识

全面对接国际市场规则体系，发挥国家级对外开放平台优势，加快构建温州全面对外开放新格局。

一是加快构筑高水平开放平台。坚持温州综合保税区、国家跨境电商综试区、浙江自贸区联动创新区协同发展，推进制度探索、模式创新，努力打造对外开放示范区。推动跨境电商综试区“一区一核多园”落地建设，创新和拓展跨境电商B2B、B2B2C等模式，推动公共海外仓、海外贸易中心建设。创新

跨境电商人才培育模式，集聚一批实操型特色型人才。复制推广温州（鹿城）市场采购贸易方式试点，推进“义新欧”温州号班列运营，提高全域联动水平。持续办好浙江（温州）进口博览会，加快进口商品集散中心建设。

二是建设联通世界的门户枢纽。充分发挥空港、海港的门户枢纽作用，加快建设全国综合交通枢纽城市，打通温州对外开放大通道。积极融入长三角世界级机场群协同发展，推动国内国际（地区）航线航点网络加密，拓展国际货邮业务，增强国际通达性。进一步提高温州港口岸开放水平，加强与宁波舟山港、义乌国际陆港紧密合作，推进铁路支线、疏港公路建设，基本形成状元岙、大小门岛、乐清湾三大核心港区全面开放的新格局，打造成为浙南闽北赣东地区的主要辐射港。大力构建“521”高铁交通圈，加快“融杭接沪达闽通赣”，依托衢丽铁路实现金温铁路与衢宁、九景衢铁路的贯通，打通服务“一带一路”建设的陆域通道。积极探索多式联运模式，着力构建形成以海港物流为龙头、空港物流为突破、物流信息平台为支撑的物流发展体系。开展文化体育国际交流活动，大力举办品牌展会，着力提升城市国际知名度和美誉度。

三是提升国际贸易便利度。实施“提前申报”模式，建立口岸通关“提前申报”容错机制，实现“通关 + 物流”并联作业全覆盖，最大限度加快进出口货物口岸流转速度，推广概要申报和完整申报“两步申报”改革试点，出口、直航进口整体通关时间分别压缩至 2 小时、36 小时以内。加强与口岸单位系统互联互通和大数据共享应用，实现国际贸易“单一窗口”进出口业务应用率 100%。加强口岸收费管理，完善收费目录清单，进一步规范和降低口岸费用。

四是完善外来投资服务体系。坚持国资、民资、外资招引“三资齐招”，着力引进优质项目、企业、品牌，进一步激活温州经济动力和活力。健全科学规范、精准对接的服务机制，实行首办负责、主动服务、全程护航，推动外来投资项目更快落地、更好发展。围绕项目落地、企业经营和方便群众生活，优化社会公共服务设施布局，增强教育、医疗等优质资源供给。利用温州承办亚运会赛事契机，加快建设一批高品质基础配套设施，规范设立公共场所多语言标识，打造国际化生产生活环境。积极探索海外码头（海外驿站）建设工作，加强与海外特别是“一带一路”沿线国家重点侨团和侨领的联系，促进温州人经济和温州经济互动融合发展。

5. 打造新型政商关系，深化涉企柔性执法

建章立制完善政企互动机制，营造“亲商、安商、富商”的良好氛围，调动各类市场主体积极性、主动性、创造性。出台《关于进一步深化涉企柔性执法的指导意见》，涉企行政执法部门将逐项列明涉企依法不予行政处罚的轻微行政违法行为目录清单，为企业提供容错免责的氛围，引导企业自行纠正违法行为。同时，还出台《关于涉企不良信息修复的指导意见》，由“企业申请修复为主”向“出现不良信息的主体主动协助修复”转变。

一是健全“三清单一承诺”政商交往机制。深化“正面清单”“负面清单”“引导清单”和反对“挈篮子”承诺，明确政商交往行为规范，构建“亲”“清”新型政商关系。持续深化“三服务”活动和“万名干部进万企”行动，为企业提供“有求必应，随叫随应”的“店小二式”服务。开展领导党员干部违规向企业等管理服务对象借贷、搭股以及乱收费等问题专项整治，在全国形成示范效应。设立“挈篮子”行为曝光台，扭转打招呼说情、妨碍公平公正、破坏营商环境等社会不良风气。

二是推动企业家参与涉企政策制定。出台民营企业家参与涉企政策制定的实施细则，推动政企圆桌会议等制度实施，形成政企互动、建言献策的良好氛围。完善民营企业诉求反映和权益维护机制，深化“企业维权接待日”活动，构建企业家诉求受理、处置、反馈平台。聚焦要素供给、行政执法、政策兑现等营商环境问题，定期邀请企业、商（协）会、职能部门、第三方代表参与，强化条块联动，促成解决一批实际问题，形成一批制度成果。鼓励和支持行业协会、商会等社会组织及时反映行业发展诉求，为市场主体提供信息咨询、宣传培训、市场拓展、权益保护、纠纷处理等方面的服务。

三是营造礼尊企业家的氛围。发扬新时代温州人精神，推动民营企业创新发展。深化民营企业家培养关爱行动，持续扩大“民营企业家节”影响力，深入实施新时代“先行温商”培育工程，选树“两个健康”突出贡献企业和企业家典型，不断增强尊重企业家的城市文化氛围。推荐优秀企业家担任政府经济顾问、人大代表、政协委员，依法依规体现政治待遇。发挥温州民营经济学院涉企培训统筹功能，进一步规范全市涉企培训，加强民营经济人士理想信念教育，促进民营企业家健康成长。深化“青蓝接力”，创新性打造以“青蓝新学”为主体的年轻一代企业家教育培训新模式，推进企业家代际传承。

四是深入推进涉企柔性执法。温州出台《关于进一步深化涉企柔性执法的指导意见》，变行政处罚为涉企免罚，让执法管理更有人情味。该“意见”首次明确提出涉企柔性执法的概念内涵，并在现行《关于涉企柔性执法的指导意见》提出的“把握合法合理、主动服务、教育优先、非禁即允、简单公开”五项原则基础上，新增了自主意愿原则、增益止损原则和信赖保护原则，让柔性执法“有理有据”。[①]

五是出台《关于涉企不良信息修复的指导意见》。温州出台《关于涉企不良信息修复的指导意见》，在《优化营商环境条例》等有关法律法规规章的范畴内开展涉企不良信息修复工作，由“企业申请修复为主”向“出现不良信息的主体主动协助修复”转变，为企业提供规范、便利、高效的政务服务。对涉企不良信息进行排摸梳理，并根据企业实际情况制订个性化修复方案，实行“修复一个销号一个”的动态调整管理，快速消除企业因不良信息造成的负面影响。[②]

6. 强化重点领域帮扶，建立产业链风险项目清单

建立“外贸500”白名单，向企业提供涉外商事法律服务。对接产业链核心企业上下游复工复产需求，保障供应链上下游中小企业资金融通。加大转型发展引导力度，建立产业链断链断供风险项目清单，并给予研发企业奖励。

一是加大外贸出口支持力度。建立“外贸500”白名单，由市商务局综合评定的500家外贸企业名单对接省商务厅“订单+清单”系统提供的重点外贸企业名单，以“信保+银行+担保”的融资模式一对一落实金融帮扶。进一步扩大出口信用保险覆盖面，提升风险容忍度，企业投保限额满足率不低于85%。降低小微企业投保成本，2020年7月1日至12月31日，对投保政策性出口信用保险的小微企业实施针对性降费30%。组建专业的涉外商事律师公益服务团队，以政府统一购买服务的形式向企业提供涉外商事法律服务。

二是大力推动出口转内销。落实《国务院办公厅关于支持出口产品转内

①② 温州针对涉企柔性执法、涉企不良信息修复出台两部指导意见［N］. 温州网 . 2020－12－01，http：//news. 66wz. com/system/2020/12/01/105328762. shtml.

销的实施意见》（国办发〔2020〕16号）关于加快转内销市场准入、提高便利化水平、加强知识产权保障等相关政策规定。积极参与建设“政采云”出口转内销专属销售平台，对出口型中小微企业参与政府采购给予价格扣除等优惠政策；在本地电商平台整合温州外贸产品销售专区，助推本土外贸产品出口转内销。外贸企业参加市级部门统一组团的国内商品展销会、省外产销对接会、重点线上数字展会，对展位费给予80%的补助。建立部门联席工作机制，加强对外贸企业转内销的指导，成立专班跟踪服务有转内销需求的龙头出口企业。

三是融通供应链上下游企业资金。对接产业链核心企业上下游复工复产需求，支持企业以应收账款、仓单、存货质押、债券等进行融资，以预付款形式向上下游企业支付现金，全年通过中征应收账款融资服务平台实现应收账款质押线上融资300亿元以上。持续加大供应链上下游中小微企业融资保险增信力度。

四是加大“个转企”“小升规”培育扶持。2020年度个体工商户转型升级为企业且“个转企”满1年的，每户补助5000元。对2020年度“小升规”企业加大奖励力度，奖励标准为2个月的基本养老保险、失业保险、工伤保险单位缴费部分。优先安排“小升规”及其培育企业入驻小微企业园，“小升规”企业按其意愿可在2年内暂缓实施资源要素差别化价格政策。

五是建立产业链断链断供风险项目清单。温州对暂无国产替代或填补国内相关产业链空白的项目（红色清单）、可国产替代但尚未找到具体配套产品的项目（黄色清单）、已找到国产替代但非本地产品的项目（绿色清单）落地温州投产后，分别给予研发企业一次性500万元、100万元、50万元的奖励。

六是组建传统产业发展联盟。对联盟内大企业通过研发成果共享、市场成果共享、信息数据共享等，带动中小企业发展的，在资源要素供给上给予倾斜。在给予企业技改补助的同时，对联盟内技改设备供应商或方案供应商给予销售额5%的奖励，最高50万元。

7. 延长政策支持时限，强化惠企政策保障

为更好地帮助温州中小企业渡过难关、减轻负担，温州出台一系列政策延缓企业资金压力。依托惠企政策“直通车”兑现系统，梳理公布惠企政策清单，完善政策制定机制，及时回应企业诉求。实施政策后评估制度，强化工作

督导，推进政策落地。

一是延长金融政策支持时限。对于2020年6月1日至12月31日到期的普惠小微贷款，在企业提供有效担保且承诺就业岗位基本稳定的情况下，银行机构按照“应延尽延”要求，实施阶段性延期还本付息，还本付息日期最长可延至2021年3月31日，并免于罚息。

二是延长阶段性减免企业社会保险费政策时限。对中小微企业基本养老保险、失业保险、工伤保险单位缴费部分免征的政策，延长执行到2020年12月31日。对大型企业等其他参保单位三项社会保险单位缴费部分减半征收的政策，政策执行计算时间由原至2020年4月30日延至2020年6月30日。返还社会保险费申报期限延至2020年9月30日，对受疫情影响生产经营出现严重困难的企业，可继续缓缴社会保险费至2020年12月31日。

三是延长对复工较晚特殊行业支持政策时限。落实电影放映服务收入免征增值税政策，执行期限至2020年12月31日。减征小规模纳税人增值税，免征公共交通运输服务、生活服务，以及为居民提供必需生活物资快递收派服务增值税，执行期限延至2020年12月31日。将住宿餐饮、文体娱乐、交通运输、旅游四大行业企业和符合条件的中小微企业的自用房产、土地分别免征房产税、城镇土地使用税政策的优惠期限，由免征3个月调整为免征2020年全年。

四是强化企业引才留才服务保障。关于人力资源服务机构补助政策执行计算时间延至2020年7月31日。《关于强化人才服务保障　助力企业有序复工复产的十六条举措》延至2020年12月31日。放宽“新动能工程师”申报在温工作时限要求，企业新引进工程师、程序员和工业设计师在温工作满1个月即可申报。对外国来华工作许可事项按照“告知＋承诺”的方式，实行全流程网上“不见面”办理。

五是以大数据智能系统保障政策落地。依托惠企政策“直通车”兑现系统，梳理公布惠企政策清单，健全“项目推送、申请受理、过程审批、资金拨付”全流程闭环管理，加快推进企业数据宝建设，推行大数据智能兑现，实现奖补项目移动“一站式”在线快兑直达企业。建立健全政策兑现相关问题快速发现、快速交办、快速协调、快速处理的闭环工作机制。实施政策后评估制度，强化工作督导，推进政策落地。

8. 设立财政专项资金，破解民营企业融资难题

中小企业融资难融资贵长期以来桎梏着中小企业的发展。为破解此问题，温州市县两级财政安排10亿元，差异化专项用于中小微企业和个体工商户贷款财政贴息，同时落实降低中小微企业复工复产融资成本相关政策等。

一是设立专项资金扶助中小微企业及个体工商户。市县两级财政安排10亿元专项资金，差异化用于中小微企业和个体工商户贷款财政贴息。对全市中小微企业贷款、抵押或保证贷款单户不高于500万元、信用贷款单户不高于300万元的，财政按不高于一年期LPR（市场报价利率）的贷款利率40%给予贴息，其中规模以上工业和服务业企业、科技型中小企业按50%给予贴息，“亩均论英雄”综合评价D类企业不予贴息。

二是降低中小微企业复工复产融资成本。鼓励金融机构加大向中小微企业发放信用贷款力度，全市2020年度新增信用贷款200亿元以上，对新增信用贷款给予贷款银行0.25%的财政奖励。鼓励金融机构推行商标权、专利权等知识产权质押贷款，全年新增知识产权质押贷款20亿元以上。对知识产权质押贷款给予企业利息10%、单户年度不超过20万元的财政补助，给予中介评估费用90%的财政补贴；对金融机构因知识产权质押贷款造成损失的，财政按贷款本金实际损失金额的25%给予风险补偿，单笔最高补偿100万元。鼓励金融机构积极推行顺位余值抵押、应收账款抵押、组合类信用担保贷款，大力推行无还本续贷，努力提高中小微企业中长期贷款占比和“首贷率”。首贷业务发生损失的，市风险补偿基金给予金融机构30%的补偿。2020年底中小微企业信用贷款、中长期贷款、首贷户数占比分别达18%、60%、16%以上，无还本续贷余额超过700亿元。

三是推进金融机构信贷审批提速提效。各金融机构完善内部信贷机制，理清授权、授信和尽职免责“三张清单”。对外公布授信办理条件、申请材料、办理时限、办理环节，做到权限内贷款办理时限不超过10个工作日、申请材料不超过9份、办理环节不超过4个。发挥金融综合服务平台信息共享、供需对接和业务支持三大核心功能，推动跨银行业务和市县两级广泛应用，大力推进线上贷款，开辟中小微企业复工复产金融服务渠道。

四是构建政银企协顺畅互动机制。按照全市“一盘棋统筹、一个口归总、一张表落地”，建立“企业主+助企服务员+行业协会+金融机构+政府部

门”五位一体的工作机制，建立企业需求表、创新产品表、金融政策表“三张表”，分类分层分级梳理，细化行业清单、企业名单，保证企业需求反馈、政府政策传导、金融机构对接、部门服务协调等更加及时、更加精准。对支持复工复产工作突出、成效明显的金融机构，市县两级政府要建立专项考核督查机制，实行财政存款和考核奖励等激励措施。

三、温州创建新时代“两个健康”先行区典型案例

温州市有效利用创建先行区发展契机，通过实践总结出内容丰富的经验与做法，本部分以案例的形式呈现，期望对全国推进“两个健康”提供借鉴参考。

（一）温州创建新时代“民营经济健康发展”先行区典型案例

1. 率先实行民营企业“无还本续贷”

温州银保监分局：《温州银行业保险业支持新时代“两个健康”先行区创建和国家自主创新示范区建设三年行动方案（2019—2021）》（温银保监发〔2019〕10号）；《温州银行业保险业“五大金融”推进工作计划》（温银保监发〔2019〕32号）。

案例：截至2020年9月末，有45家银行机构开办“无还本续贷”业务，较年初增加11家，共推出续贷创新业务产品68款。1—9月，累计转贷424.34亿元，惠及企业和个人6.45万户，为企业节约转贷成本约1.31亿元。同时，无还本续贷业务向大中型企业延伸，为34户中型企业、12户大型企业分别累计无还本续贷9.47亿元、10.67亿元。

亮点：在风险可控的情况下，全面推进以“年审制”“增信式”等为代表的无还本续贷模式创新，以一定条件的企业为门槛，对企业在不还本的前提下继续放贷，让企业免受过桥资金之苦，并实现银行机构的全覆盖。持续扩大适用企业和产品类型，全市中型企业惠及数量要达到800家以上，大型企业试点要实现零的突破，新增企业数量和新发生金额要逐年增长。

▲ 2018 年 10 月 17 日下午，温州市创建新时代“两个健康”先行区启动仪式

▲ 2018 年 11 月 7 日，25 位温商代表在世温会总部回归项目代表座谈会举行签约仪式

2. 开展“百会万企评部门”活动

温州市工商联：《关于继续开展“百会万企”评涉企部门活动的通知》（温联发〔2019〕13号）。

案例：截至2020年10月17日，共收到7271家单位的174300条评议，其中不满意评议70条，不太满意评议56条。温州某电器公司通过“百会万企评部门”软件反映，因企业名称发生变更和企业银行贷款需要，向某区不动产登记中心申请将该公司所有的电子传感器研究所办公综合楼变更为不动产权，要求将用地性质改为商业用地。该区不动产权登记中心认为，该公司土地性质不清，不予受理。市工商联在收到该线索后第一时间向企业进行了解，并通过该县工商联与该区不动产登记中心进行协调。温州市民营企业维权服务平台将此件交温州市自然资源和规划局办理。市自规局要求该区不动产登记服务中心对该区电子传感器研究所的申请事项依法作出书面处理意见，同时该起投诉件列入问题清单报送市纪委，作为作风效能问题进一步核查。

亮点：不太满意事例将纳入纪委监委问题排查清单。同时，有关投诉维权件还将通过纪委监委、市民营企业维权服务平台等多方渠道化解。

3. 全面推行涉企柔性执法打造一流营商环境

市经信局：《关于全面推进涉企柔性执法打造一流营商环境的指导意见》（温两个健康〔2019〕4号）。

案例：市级20个涉企执法部门制订了柔性执法工作方案，并形成400多项涉企免罚清单。如某广告公司通过大众传播媒介发布广告，因未显著标明“广告”字样，违反了《广告法》相关规定，依法应当处以十万元以下的罚款。市场监管部门根据“涉企免罚清单”，综合考虑当事人相应情节，最终决定给予责令改正、免予罚款的处理，企业对此给予好评。

亮点：一是合法合理原则。在体现企业行政执法主体责任的基础上，充分考虑企业的主客观条件，综合权衡经济与社会效益，采取合理执法方式，力争达到最佳执法效果。二是主动服务原则。涉企行政部门变“被动监管”为“主动服务”，不得以强调严格管理为由而忽视柔性执法作用的发挥。三是教育优先原则。对违法行为的查处，应当坚持教育指导为先，防止“以罚代教、以罚代管”。四是非禁即允原则。在执法过程中，凡法律法规未明令禁止的领域，均应最大限度放开市场准入。五是简单公开原则。柔性执法程序应简单高效，除涉及国家秘密、商业秘密、个人隐私以外都应依法公开。

4. 完善企业债务风险预警防控体系

市金融办：《温州市企业债务风险防范和处置工作实施方案》（温政办〔2018〕87 号）。

案例：温州防范和化解金融风险工作荣获 2018 年省政府督查激励，成为市本级获得省级督查激励的三个方面工作之一。依托"金融大脑"风险预警监测机制，加强企业金融风险排摸化解。2020 年以来，已完成帮扶并成功销号"白名单"48 家，涉及工业产值 211.45 亿元、银行间用信余额 45.88 亿元，销号率达到 70.59%。银行贷款不良率降至 1.00%，稳定在良性区间。"白名单"企业瑞安华盛水产有限公司于 2018 年初因担保企业涉及对外担保代偿，导致被部分银行业金融机构抽资压贷，出现流动性危机。市县两级金融办（处置办）了解到有关情况以后，及时对接相关金融机构，在有效厘清企业债务担保关系的基础上，采取一揽子举措，重点帮扶企业走出困境。目前，该企业已跃居中国水产加工贸易 25 强企业，被有关国家部委列为限额特许捕捞国家级试点、农业产业化国家重点龙头企业。

亮点：率全省之先开展重点企业风险排摸和化解工作，进一步完善风险处置工作机制，强化企业帮扶和处置力度，各有关部门、银行业金融机构进一步加强对企业风险排摸和处置工作的支持和配合，各县（市、区）政府按属地原则切实承担起企业债务风险排查与处置责任，全力防范企业债务风险，促进经济和金融持续健康发展。

5. 打通金融机构与民营企业对接机制

市金融办：《关于在全市金融系统推广政府公共信用信息应用的通知》（温信用办〔2019〕5 号）。

案例：全市已有 35 家金融机构（组织）开通"金融大脑"信用查询账号，累计查询信息 3973 次。组织 26 家市级金融机构参加第二期温州"金融大脑"平台管理员业务培训。

亮点：引导各金融机构主动打通与平台的数据共享渠道，加强与民营企业信息对接机制，通过查询应用政府公共信用信息丰富完善主体信用数据，优化信贷流程，实现资金供需双方线上高效对接，让信息“多跑路”，让企业“少跑腿”。同时，针对企业信用状况，积极推出普惠金融与特定对象相结合的免抵押信贷产品，进一步拓宽金融服务的惠及面。

6. 实施“鸟巢计划”推动世界温州人互动融合发展

市投促局：《异地温州商会回温召开商会年会及举办重大活动工作方案》（温委办发〔2019〕9 号）。

案例：2020 年上半年以来由世界温州人家园管理中心统一接待异地温州商会、海外华人侨团等团体回访 414 批次，17000 余人次参观，各板块累计参观考察人数达 30000 余人次，举办各类会议和联谊活动 283 场次，世界温州家园逐步成为海内外温州人回温的必走之地、网红打卡地。同时，先后组织天津、深圳、海南、广东、金华等温州商会及全国新生代温商回温召开商会年会、投资考察等活动 36 场，促成多个回归项目及公益项目。

亮点：温州以构建“亲”“清”新型政商关系为导向，以异地温州商会驻温联络处为平台，进一步宣传展示温州城市发展新变化、营商环境新形象，增进和激发温商家乡情怀及精神力量。鼓励异地温州商会回温召开年会，力争每个商会在届内有一次以上年会回温召开；引导异地温州商会在温举办专题活动。投用世界温州人家园，总建筑面积 5 万余平方米，分主题展示、联络联谊、创享服务、回归示范 4 大板块，共设有十二大项目，今后将成为世界温州人的情感地标和精神家园，助力推动内外温州人互动融合发展。

7. 瑞安政企同心成功应诉“337”调查案

案例：浙江瑞星化油器制造有限公司是一家集产品研发、制造、销售、服务于一体的大型通用汽油机化油器生产制造型企业，80% 以上产品直接或间接出口美国。2018 年 6 月，美国 Walbro 公司（全球第二大通机化油器制造企业）借中美贸易摩擦，有意依据《美国 1930 年关税法》第 337 节规定向美国际贸易委员会（ITC）提出申请，指控浙江瑞星化油器制造有限公司、福建华龙化油器有限公司等 6 家中国企业（简称“337 案件”）对美出口或在美销售的化油器及包含化油器的产品侵犯其专利权。由于跨国诉讼办理时间长、费用高、败诉率高，国内其他涉案企业均不应诉，若瑞星公司放弃应诉，在 ITC 发布禁止令后，中国所有涉案企业产品将无法进入美国市场，对全国化油器行业会造成巨大损失。面对该企业危机，瑞安市结合“两个健康”创建工作，全力帮助瑞星公司有效应对美国调查和跨国诉讼。市县两级商务局局长亲自陪同企业负责人赴省商务厅公平贸易处协调对接，咨询企业海外应诉决策，帮助开展业务指导及信息对接工作。经多方利弊分析，该企业决心积极面对，投入200万美元应诉，成为全国唯一一家应诉“337案件”的化油器企业。从筹备应诉到开庭审批过程中，瑞安市提供一对一全程保姆式服务，帮助瑞星接触律师团队15个，协调召开大小会议200余次，耗费工时3273小时，翻译应诉材料4000余页。历经一年多的艰难应诉，2019年10月11日，瑞星在美国成功胜诉“337”调查案。由于在应诉过程中展现出来的担当和信誉，很多美方经销商将其他不应诉企业留出的市场份额主动让给了浙江瑞星，企业订单不降反增，实现逆势上扬。

亮点：该案说明，温州企业不惧贸易壁垒、不惧国际竞争。案件的胜诉，在全球业界面前证明了中国公司自主研发的能力，为我国化油器产品准入美国市场获得了话语权，充分展现了温州企业的新实力、新形象。

8. 紧急事态应对制度化解2亿元金融风险

案例：瑞安某公司是全国汽车流通百强企业、温州服务业重点企业，2018年企业销售额近50亿元，创税5700万元。该企业和温州其他重点企业存在资金链、担保链关系，向银行总贷款约8亿元，为多家企业合计担保8000万元，并于2019年投资开工建设了一个20亿元的“152”重点项目。2019年11月1日，该企业总裁郑某某因涉及某银行案件，被监委依法留置。2019年12月11日至2020年2月，该企业必须由郑某某签字的银行授信有2亿元。由于郑某某无法签字，该企业面临着银行全面收压贷，继而导致资金链断裂、企业破产倒闭的重大风险。面对该危机，温州“两个健康”创建系统发挥市县联动作用，迅速启动重大涉企案件风险报告制度和企业家紧急事态应对制度，妥善处置该起紧急事态。12月9日下午2点，瑞安“两个健康”创建办接到企业代理人求助后，即时核实详情，经研究后立即报告。温州市“两个健康”创建办于当天下午5点接到信息后，第一时间分析该紧急事态类别、性质及可能造成的后果，并根据权限作出了当即受理处置的决定。考虑到时间紧迫，当天晚上6点，市“两个健康”创建办与市纪委（市监委）相关负责人作沟通对接，商议该紧急事态处理方案。市纪委（市监委）第一时间组织人员深入研判评估办案安全，同意该企业可派员于第二天带领相关银行工作人员到指定地点办理相关授信手续。12 月 10 日下午 2 时，该企业代理人和银行工作人员在约定地点对接，顺利完成由“郑某某”授信签字，赶在 12 月 11 日签字临界点到来前，紧急处置银行授信达 2 亿元。

亮点：该案件的成功处置，直接避免产生新的重大“担保链”风险、间接防止省“152”重大项目流产，温州市纪委以果敢的担当、迅速的行动，有力保护了市场主体，充分彰显了温州新时代“两个健康”先行区创建的重大现实意义。

9. 瓯海区以最优营商环境感动“外迁发展”企业

案例：“百珍堂”是一家集餐饮终端标准化菜品、标准化汤类制品与调味汁研发、生产、销售为一体的全产业链企业，多年前由温迁沪，欲在上海金山扩大再生产。瓯海区闻讯三顾茅庐，主动对接、反复协调、周到服务，企业于 2018 年底正式回迁至瓯海。回迁后，企业拟启动投资达 1.3 亿元的智能工厂建设，但由于前期对智能化工厂缺乏系统规划，新购厂房不适用、智能化方案不匹配、政策支持难获得，致使企业智能工厂项目停滞。得知情况后，瓯海区主动对接、全程服务。针对企业厂房不适用问题，瓯海区实施“零土地技改”，拓展用地空间，实现新增建筑面积 7860 平方米，达到原建筑面积的 2.6 倍。改扩建项目从立项到完成施工许可证审批，用时仅 44 个工作日。针对智能化方案不匹配问题，瓯海区搭建“产学研平台”，促成该企业与市智能制造研究院全面合作，对原先预设方案进行了深度优化，达到了智能化工厂的条件要求。针对政策支持难获得的问题，瓯海区全程指导企业开展各级项目的申报工作，为企业申报温州市 2019 年智能化技术改造项目，推荐企业申报浙江省数字化车间项目，帮助企业获得 1000 万元的智能制造资金补助。2020 年 2 月底复工后，受新冠肺炎疫情影响，“百珍堂”前端餐饮恢复仅三成，造成严重的库存积压。瓯海区帮助企业成功开发“小金碗”线上产品，并鼓励企业借力“瓯嗨 GO”等网络销售平台。2020 年 1—6 月，企业营业收入达 6345 万元，同比逆势增长 83.03%，全年销售额将冲击 2 亿元。

亮点：温州市瓯海区“一对一”“全链条”的助企服务模式是全市优化营商环境的缩影，充分体现了政府职能从“管理型”向“服务型”的深刻转变。

10. 探索实施轻微违法行为容错免罚制度

案例：2019 年 10 月 20 日，温州某企业董事长胡某向维权平台反映，称企业因洗涤操作不规范被温州市生态环境局执法队查获，面临行政处罚。胡某称自己的行为过错轻微，并未造成社会不良影响，请求免予行政处罚。维权平台通过了解，认为当事人反映情况基本属实，个人诉求合理。2019 年 10 月 22 日，经分管领导审批同意，维权平台对该投诉件予以立案受理，并迅速围绕事实开展调查与协调相关工作，在充分掌握基本情况的基础上，积极与温州市生态环境局联系，以面对面的方式与执法单位负责人进行了沟通交流，探讨处理办法，并以市民营企业维权平台的名义向市生态环境局发维权交办单和函件，建议在法律允许的情况下对该案实施柔性执法处理，同时要求接办部门在规定时限内将办理结果进行反馈。市生态环境局采纳了维权平台的意见，2019 年 10 月 30 日，该局对该案作出不予行政处罚的决定，给维权案件画上一个圆满的句号。当事人胡某对案件处理结果十分满意，并自愿公益捐款 15 万元。

亮点：该案例是温州市在推行涉企柔性执法过程中，对企业首次轻微违规行为容错的探索与实践，充分体现了宽严相济的执法“尺度”和“温度”，让企业家实实在在地感受到“两个健康”创建的获得感。

（二）温州创建新时代“民营经济人士健康成长”先行区典型案例

1. 建立温州民营经济学院

市委统战部：《关于组建温州民营经济学院的函》（温统函〔2019〕4 号）。

案例：温州民营经济学院成立以来，累计举办各类培训班 48 期，学员约为 3200 人次。下步拟出台《关于进一步规范涉企培训（活动）培育温州市新时代“两个健康”先行温商队伍的实施方案》，通过 3 年左右的时间，形成以温州民营经济学院为主导、第三方培训机构为补充的涉企培训市场格局。

亮点：温州民营经济学院挂牌成立，旨在解决“多头培训”“重复培训”等问题，统筹整合全市涉企培训教育资源，打造培育一支优秀民营企业家队伍。学院设立主体班次（即学堂模式）和专题研习班次两种课程模块。其中，

“亲”“清”政商学堂主要面向干部及企业家，“青蓝新学”主要面向温州市内外温商的二代接班人及在温州创业的年轻企业家。民营企业家研习班面向温州领军型企业、成长型企业、隐形冠军培育企业负责人及温州市“特支计划”新时代青年企业家入选者和有关单位分管领导、经信部门干部；全国温州商会会长研习班面向全国温州商会会长和有关单位分管领导、投资促进部门干部；新生代温商研习班面向新生代温商和相关单位年轻干部；自主创新研习班面向科技企业家、创业创新人才和相关单位分管领导、科技部门干部。

2. 实施“青蓝接力”培养计划

市委统战部：《关于开展非公有制经济人士“青蓝接力”培养行动的实施意见》的通知（温统发〔2016〕19号）。

案例：建立完善相对稳定的年轻一代非公有制经济代表人士培养对象数据库，全市培养10名左右领军新生代企业家、100名左右骨干新生代企业家、1000名左右创业新星企业家。年轻一代企业家担任市工商联执委的比例达到24%，各县（市、区）都成立了新生代企业家联谊会，部分重点行业协会商会成立新生代企业家联谊组织。同时，成立了由南存辉、王振滔、邱光和知名企业家组成的导师团与新生代企业家结对。该项工作得到国家层面关注。2018年11月7日，中央书记处书记、中央统战部部长尤权来到温州“青蓝接力”培养行动的现场，亲切勉励新一代民营企业家要继承和发扬老一辈人艰苦奋斗、敢闯敢干、聚焦实业、做精主业的精神，努力把企业做优做强。

亮点：一是建立非公经济人士挂职制度，选派新生代企业家到政府部门担任“亲清政商专员”，进一步促进“亲”“清”政商关系构建。二是聚焦新生代企业家素质提升，推荐优秀新生代企业家参加温州民营经济学院“青蓝新学”主体班次培训，进一步增强新生代企业家理想信念、提升企业发展信心。三是建立企业家评选激励机制，开展温州市新时代“两个健康”先行温商申报表彰工作，推荐20名优秀新生代企业家参评新锐温商奖项，进一步激发创业创新热情。

3. 设立“温州民营企业家节”

市人大：《温州市人民代表大会常务委员会关于批准设立“温州民营企业家节”的决定》（温人大常〔2018〕49号）。

案例：在首届“民营企业家节”期间举办系列活动16项，营造尊重企业家、厚爱企业家的节日浓厚氛围。尤其是承办全国工商联、省政府主办的“2019中国（温州）新时代‘两个健康’论坛”等全国性的高规格活动，会在全国范围内进一步扩大“温州民营企业家节”的影响力。

亮点：在全国率先由市人大常委会按程序将每年11月1日设为“民营企业家节”，该节日定于11月1日的由来是2018年11月1日，习近平总书记主持召开民营企业座谈会并发表重要讲话，在全国民营经济、民营企业家发展史上具有非常重要的意义，于温州这座民营经济之都而言，意义更为特殊。

4. 全国首例“个人破产”案破冰

案例：蔡某系温州某破产企业的股东，经生效裁判文书认定，其应对该破产企业214万余元债务承担连带清偿责任。但调查发现，蔡某名下的财产，仅在其现就职的瑞安市某机械有限公司持有1%的股权（实际出资额5800元），其资产包括一辆已报废的摩托车及零星存款，蔡某在该公司每月收入约4000元，其配偶胡某每月收入约4000元。此外，蔡某长期患有高血压和肾脏疾病，医疗费用花销巨大，且其孩子正就读于某大学，家庭长期入不敷出，确无能力清偿巨额债务。2019年9月24日，平阳法院主持召开蔡某个人债务集中清理第一次债权人会议。最终，债权人同意蔡某提出的清偿方案，按1.5%的清偿比例，即3.2万余元，在18个月内一次性清偿。蔡某还承诺，在履行完毕之日起6年内，如果他的家庭年收入超过12万元，超过部分的50%将用于清偿全体债权人未受清偿的债务。9月27日，平阳法院签发对蔡某的行为限制令，并终结对蔡某在本次清理所涉案件中的执行，该案顺利办结。自“两个健康”先行区创建以来，市法院积极探索创新，引入管理人制度、债权人会议制度等基本破产制度。同时，首次探索自由财产、债务豁免、失权复权等个人破产中独有的制度理念。该案的成功办结，为推动建立个人破产制度奠定了司法实践基础，为破解破产执行难题提供了全新路径，也为“诚信而不幸”的债务人创造了重生机会。截至2020年7月13日，全市法院系统已立案启动个人债务集中清理程序41件，涉及执行案件277件、标的额12.31亿元，并已成功办结11件。

亮点：该案的首次办结，为“诚实而不幸”的企业家失败之后提供了东山再起的机会，在自由财产、债务豁免、失权复权等方面体现出了人文关怀，这项制度创新实现了个人破产的“破冰”，为全国个人破产制度探索提供了鲜活的“温州样本”。

5. 设立企业家紧急事态应对制度

市工商联：《温州市企业家紧急事态应对制度（暂行）》（温政办〔2019〕21号）。

案例：2020年4月，市纪委市监委在查办温州泰顺原副县长李某、县委原副书记周某某案件期间，依法对涉案的一家温商企业法人代表高某进行了留置。留置期间，不仅发现高某患有严重的高血压、冠心病，同时也发现高某名下企业存在7亿元资金链断裂等重大经营风险，如不进行果断处置，将对企业发展产生巨大冲击。针对这些情况，市纪委市监委根据《温州市企业家紧急事态应对制度（暂行）》有关规定，一方面，针对高某的健康状况制订专门预案，采取人性化管理措施，全程看护治疗，在其胃病突然加重时及时请医院专家会诊，不仅使高某多年胃病重疾得到治愈，高血压与冠心病也有明显好转。另一方面，针对高某企业可能面临的涉及7亿元资金链断裂等重大经营风险集中爆发导致“崩盘”情形，市纪委市监委多次主动过问公司经营状况，依法依规在公司审批文件送签等方面提供必要便利条件，并在对高某涉及问题调查清楚的前提下，充分考虑企业困难，依法解除对其留置措施，使其得以及时回归公司处理紧急事务，公司重大风险问题得到缓解，初步恢复正常经营。正是得益于温州企业家紧急事态应对制度护企亲企的系列做法，企业顺利渡过危机和难关，公司法人代表高某专门给市纪委市监委发来感谢信，表示当前温州全力推进的新时代“两个健康”先行区创建，给了企业很大的关爱，给了企业家极大鼓舞，也体现了党委政府的担当有为。

亮点：企业家紧急事态的含义：指日常生活和生产经营中可能会对企业家人身财产安全和企业运营产生严重影响，甚至危及社会稳定，需要迅速采取应急处置措施予以应对的事态。启动紧急事态的条件需满足以下条件之一：一是温州本地税收超2亿元的企业；二是上市公司；三是50亿元以上重大产业项目；四是10亿元以上单体制造业项目；五是在行业中具有代表性的国家级龙头企业；六是经市“两个健康”先行区工作领导小组办公室审核，认为对温州经济发展或社会稳定造成重大影响的企业或项目。紧急事态范畴：企业家个人：包括人身安全、合法财产安全、社会舆论危机、身体健康风险、其他需要紧急应对的个人危机。企业：包括股权质押、担保链等重大突发性危机，自然灾害、事故灾难、社会公共事件造成企业生产经营风险，知识产权受到侵害产生的风险，受到不当执法带来的风险，其他需要紧急应对的公司风险。应急预警和处置：市、县级民营经济健康发展促进局或民营企业家健康成长促进中心，以及政务服务热线12345负责接收企业家紧急事态的信息报告，接到报告后应当及时向属地党委政府或同级相应的“两个健康”创建办报告。按照分级审核和属地处置的要求，采取应对措施。

6. 陈晓敏：以新发展理念引领创业创新

案例：中广核俊尔新材料有限公司（简称“俊尔公司”）董事长陈晓敏在20多年的创业历程中，坚持科技创业，始终把创新和产品质量视为企业永恒的生命力，建立了浙江省首家高性能工程塑料研发中心，设有工程塑料研究室、轻质材料研究室、院士工作站、博士后工作站、国家认可实验室等机构，汇聚了工程院院士、教授级高工、博士和研发工程师等80多位高端研发人才，为俊尔公司不断创新提供强有力的智力支持和技术保障。俊尔公司每年将销售金额的4%投入研发。俊尔共计拥有授权专利109项，现有有效专利86项，其中发明专利74项，实用新型专利12项；牵头制定行业标准2项，参与制定国家标准和行业标准8项。俊尔公司先后获得“国家火炬计划重点高新技术企业”“国家高新技术企业”“中国专利优秀奖”“浙江省高端装备制造业骨干企业”等多项荣誉。在企业产品创新的同时，陈晓敏还注重企业管理上的创新。自俊尔公司创办以来，本着“质量立业、科技兴企”的经营理念，先后同多家管理咨询单位合作，实施营销战略、采购战略、新技术研发以及人力资源管理创新等项目，构建现代企业的组织与流程。为营造适合发挥研发人员创新积极性的制度环境，俊尔公司制定了新产品项目经理制、经验交流机制、研发激励机制，形成以创新为核心的竞争力。正是依靠这种专注技术创新、管理创新的发展方式，俊尔公司从行业新兵成长为行业龙头。

亮点：俊尔公司20多年的发展历程充分验证了只有坚持新发展理念、走自主创新之路才能与时代同频共振，陈晓敏依托技术和人才等方面的优势，勇当转型升级的引领者、“两个健康”的践行者。

7. 潘建中：心存大爱，反哺社会

案例： 新冠肺炎疫情暴发后，温州一时间成了疫情重灾区，防疫用品紧张，危机之下，巨一集团董事长潘建中决定启动全球采购计划。他通过微信，给西班牙、法国、孟加拉国、缅甸、俄罗斯等地的 20 多个合作伙伴发出求助信息。当时，多个国家和地区的医用外科口罩都已卖断货。两天后，俄罗斯终于传来好消息，潘建中当即叫朋友不惜代价，垫付定金把货定下来。随后他马上联系协调运输、清关等事宜。由于时差关系，那段时间潘建中常常凌晨还在与国外沟通，争分夺秒与疫情赛跑。在外国朋友和浙江省红十字会、温州市政府有关部门的大力支持下，克服了重重困难，30 万个医用口罩、5150 套防护服、1500 把测温枪等物资陆续从国外空运到杭州、上海，并转运到温州。同时，巨一集团积极响应市委市政府“两手抓两战赢”号召，不计成本通过汽车、高铁、飞机等各种渠道接回各地员工，累计包车、出车达 25 次，为先期到达的上千名员工免费提供两周中、晚餐；投资 7000 万元成立口罩事业部，开建 30 条口罩生产线，并从制鞋流水线转移和社会上新招员工 400 多人，日产民用和医用口罩 100 多万只；还对部分非生产岗位和部分制鞋员工采取轮班制，保证就业。在口罩订单急增、员工不足时，巨一集团主动联系周边鞋企，让闲置员工帮助生产，促进就业，带动同行稳定经营。因在疫情期间的突出表现，潘建中光荣当选“最美温州人·感动温州抗疫人物”“鹿城区最美抗疫人”。

亮点： 饮水思源、反哺社会是企业家应尽的义务和责任。作为温州市鞋革行业协会会长，潘建中成为践行习近平总书记对企业家“五点希望”的最佳典范之一。

8. 苏孝锋：以“万洋模式”吹响产业发展集结号

案例： 作为新生代民营企业家，万洋集团有限公司董事长苏孝锋积极响应国家振兴实体经济政策号召，整合投资开发、产业招商、建筑施工、园区运营和金融服务的园区全产业链体系，打造了“产业集聚、产城融合、资源共享、产融互动”的万洋模式，解决了目前中国制造业遇到的六大难题：用地难、建设难、招商难、融资难、管理难、服务难。例如，万洋提供集团信用破解中小企业融资难，开发集聚平台破解产业园区管理难，利用产城一体化配套等集

成服务解决产业园区服务难等问题，改善了中小企业发展环境，同时助力近万家中小制造业企业转型升级。目前，万洋集团已在长三角、珠三角及国内重点区域城市投资建设了61个产业平台，开发面积超5500万平方米，开发规模、入驻企业数量都走在全国前列。万洋园区集制造研发、电子商务、仓储物流、生产生活配套、金融服务和智慧管理为一体，让中小企业能在厂门口享受“最多跑一次”的改革便利，成为政府公共服务平台的有效延伸，同时也让产业相对集聚，形成规模效应，让地方经济有了产业支撑，得到各地政府、企业和社会各界广泛赞誉。万洋集团发挥专业优势，协助地方政府加快先进制造业基地建设，引导中小制造业企业入园集聚，推动区域块状特色产业向现代产业集群发展，形成可复制、易复制的小微园建设发展模式，为制造业高质量发展探索出一条有效的途径。

亮点：苏孝锋推进先进制造业和现代服务业深度融合，以万洋模式服务中小企业，破解制约中小企业发展的主要因素，促进区域经济高质量发展，为“两个健康”作出了积极贡献。

9. 王达武：工匠精神奉献民族工业

案例：福达合金材料股份有限公司董事长王达武以工匠精神坚守电接触材料事业20多年，公司于2018年5月登陆A股主板。王达武坚持“小领域深挖潜，专注高精尖”理念，走“1米宽、100米深”的专业化、精细化发展道路，用工匠精神精耕细作，追求电接触材料的极致完美，并不断进行商业模式创新、科技创新、制度创新、管理创新和激励分配创新，让企业更加规范、更具有生命力。王达武旗下福达合金、光达电子两家公司都是新材料领域的高新技术企业，都生产“心脏部件”。在创建初期，王达武就确立了“以科技创新带动企业发展”的策略，将研发投入视为对企业未来的投资，坚持将每年销售额的3%以上投入研发中，成功从“浙江省专利示范企业”晋升为“国家知识产权优势企业”，实现了技术创新从量变到质变的升华。福达合金坚守实业、专注主业，坚持以聚焦客户、贡献为本、追求卓越、永不满足为核心价值观，实现了质与量的变化。20多年来，王达武一直坚持最初的梦想。从电接触材料的销售员到成长为国内领先电接触材料企业的掌门人，公司从首次筹备IPO到最终登陆A股，这些成功都来自王达武的坚持。目前，福达合金已居国内领先地位，并成为行业主要的产品标准制定者之一。

亮点：福达合金成功地在“1米宽、100米深”的细分领域为民族工业发声，背后是创始人王达武几十年如一日的坚守，他以工匠精神深耕细作，让福达合金从一个家庭作坊成长为全球电接触材料行业优秀的现代化企业，对传统企业转型升级有很强的借鉴意义。

10. 张鹏飞：争当“一带一路”践行者

案例：近年来，泰昌集团参建的马来西亚东马500kV输电线路工程，成为东南亚最高电压等级的输电工程；参建的波兰多沃－斯伍普斯克400kV输电线路项目，是泰昌首次在欧盟国家承接电力工程施工项目，受到总包单位及当地政府的好评；参建的巴基斯坦“默－拉”±660kV直流线路工程，是“一带一路”上中巴经济走廊国家海外重点项目和工程。同时，还在菲律宾实现了国际项目总承包的“零突破”，在工程建设领域的总包能力得以展现。董事长张鹏飞将自身的管理优势、技术优势与“一带一路”国家的市场优势和资源优势有机“嫁接”。2018年5月，乌干达总统穆塞韦尼专门接见张鹏飞，泰昌集团在乌干达建厂的工作得到了有序推进。2019年6月，泰昌集团在刚果（金）设立的年产3万块电表产品的恒业电力装备有限公司开业。泰昌集团已在“一带一路”的非洲、东南亚、南亚地区等20余个国家构建了广泛的业务渠道网络，积极融入当地经济，海外业绩占比逐年提升，2019年产值首次突破30亿元，国际市场的贡献比达到了20%。

亮点：张鹏飞把目光坚定地投向国际市场，是国家“一带一路”倡议的有力践行者，充分展示了新时代温州青年企业家开阔的国际视野和敢闯的创业精神。

四、温州创建新时代“两个健康”先行区的特点、方式方法

长期以来，温州在全国人民心中留下了充满活力、充满智慧且敢于挑战、敢于创新的印象。[①] 温州“两个健康”先行区创建有着特点鲜明、实操性强的方式方法。

---

① 诸葛隽．温州“两个健康”先行区的实践与思考［J］．财会研究，2019（05）：77—80.

▲ 2019 年 1 月 16 日，温州市召开企业家大会

▲ 2019 年 3 月 4 日，由专家学者、优秀企业家，协会（商会）代表组成的民营经济咨询团正式成立，成为温州市产业转型升级和民营经济健康发展的智囊团

（一）温州创建新时代“两个健康”先行区的五大特点

温州积极创建新时代“两个健康”先行区，主要呈现出以下五个特点：一是以政治引领增强企业发展信心；二是以礼遇尊重呵护企业创业初心；三是以创新赋能激发企业创造雄心；四是以制度供给坚定企业转型决心；五是以商会纽带增进企业奋斗恒心。

1. 以政治引领增强企业发展信心

牢牢把握加强党对经济工作的领导这一本质要求，毫不动摇地鼓励、支持、引导民营经济健康发展，坚决落实党中央、国务院的决策部署，在全国率先成立民营企业家新时代讲习团，精准宣传党的方针政策和地方各类惠企强企举措，引导广大民营企业家坚定信心、稳定预期，着力拓展党建强、发展强的“双强”争先新路子。

2. 以礼遇尊重呵护企业创业初心

大力弘扬民营企业家精神，在全国率先通过法定程序，把每年 11 月 1 日设为“温州民营企业家节”，创办民营经济学院，开设“亲”“清”政商学堂，实施重大涉企案件报告、参与政策制定、涉企软性执法、创新容错免责等一系列制度，真正给企业家以礼遇、以尊重、以荣耀、以实惠。

3. 以创新赋能激发企业创造雄心

坚持以科技创新引领经济社会发展，高起点打造国家自主创新示范区、环大罗山科创走廊等创新平台，高规格承办世界青年科学家峰会、国际工业与能源物联网创新发展大会等国际盛会，引导广大民企把握国家发展机遇，顺应外部环境变化，对接高端创新要素，拥抱数字经济浪潮，做精做大做强主业。

4. 以制度供给坚定企业转型决心

深化“最多跑一次”改革，聚焦企业准入、生产、经营、退出全周期，制定实施“两个健康”温州先行 80 条新政和 146 项任务清单，其中不少举措属于全国独创。温州努力以高效的制度供给、一流的营商环境，助力广大民企加快转型发展。温州通过支持企业上市、实施融资畅通工程、推广无还本续贷等措施，把融资的高山变为融资的高地；通过市场采购贸易方式试点试行有限度自由经营等举措，把市场的冰山变为市场的海洋；通过降本减负，实施“三上”计划、推动个人破产试点等举措，把转型的火山变为转型的火力。

5. 以商会纽带增进企业奋斗恒心

坚持把全国最大的商会网作为服务“两个健康”的重要阵地，积极深化工商联组织及商会协会改革，促进本地商会协会与异地温州商会互动发展，实现商会协会党建全覆盖。充分发挥商会协会在做强产业链条、攻克共性关键技术、加强信用建设等方面的重要作用，并牵头制定国家标准、行业标准和团体标准 120 多项，推动行业协会商会承接政府职能转移试点走在全国前列。

（二）温州创建新时代“两个健康”先行区的方式方法

温州积极创建新时代“两个健康”先行区，探索出很多行之有效的方式办法。构建强有力的组织架构和运行体系；把创建“两个健康”先行区 41 条意见和 80 条“新政”，细化为 146 项具体责任清单；率全国之先制定了“两个健康”发展评价体系；积极助力民营企业聚焦主业；助力民间资金“玻璃门”“弹簧门”难题取得实质性突破；建立常态化“理旧账破难点”机制；推出“首次不罚”清单；健全“三清单一承诺”制度；通过试行有限度自由经营区创建，给民营企业宽松的成长土壤；运用大数据管理手段，打造公平税赋的税收保障信息系统。

1. 构建强有力的组织架构和运行体系

温州市为更好推动“两个健康”工作稳步推进，将项目化管理的理念融入创建工作的各个环节，构建了强有力的组织架构和运行体系。坚持系统性谋划先行、“一把手”工程定位、实体化运作保障、制度化常态推动、清单式精准定责，努力在工作运行方面不断创新，搭建全过程全链条的有效推进机制。浙江省委常委、市委书记陈伟俊同志亲自挂帅，温州市市长姚高员任领导小组第一副组长，并在一开始就组建了“一办七组”的专班专人实体化运作体系，专门成立“两个健康”创建办实体化运作，配备一位市政府专职副秘书长主抓；建立了例会、工作流转、督查考核、信息通报和市县联席会议五大制度，及时协调解决工作推进中遇到的各种问题。温州列出了34类100多项工作和活动项目，努力实现“月月有举措、季季有亮点、半年有总结、年年出成果”。举办世界青年科学家峰会，6位诺贝尔奖及图灵奖获得者、102位国内外院士、来自37个国家和地区的233位海外嘉宾、16个国际科技组织代表应邀参会。“两个健康”全国论坛、首届“民营企业家节”系列活动在全国范围内产生了显著的影响力。

2. 发布41条实施意见、80条新政、146项具体责任清单

温州市“两个健康”先行区创建启动后，系统谋划了工作和政策体系。各级部门通过密集调研，深入研究温州民营经济发展的历史和现状、基础和潜力、优势和短板，形成了创建“两个健康”先行区41条意见和80条“新政”，这些工作举措和政策意见最终细化为146项具体责任清单，温州称之为“146清单”。同时，考虑到企业在发展中遇到的新情况、新问题，组织开展“推新政破堵点”系列行动，在“146清单”之外，建立了“146+X”与时俱进解决企业新问题的机制。

3. 温州创建全国首个“两个健康”发展评价体系

温州率全国之先制定了“两个健康”发展评价体系，紧扣民营经济健康发展的核心内容，分经济活力、质效提升、创新驱动、结构优化、底线能力五个维度，共35个指标。通过分别计算单个指标得分，再合成综合得分和五个维度评价得分，来评价民营经济健康发展实现水平及进程。“两个健康”发展评价体系均可从现行国家统计制度中采集梳理，便于进行实时监测分析，全景展现民营经济发展特点，全力打造可复制推广的“温州蓝本”。

4. 温州首创民营企业精力减负实施方案

很多民营企业反映机关单位“过繁”“过度关爱”的公务行为，如邀企参会和入企调研频次太多，给企业带来了相当大的精力负担问题。为切实解决民营企业呼声和诉求，温州市“两个健康”办牵头研究制定民营企业精力减负工作举措。2020年9月27日，温州市创建新时代“两个健康”先行区工作领导小组出台《关于规范涉企工作推进民营企业精力减负的实施方案（试行）》，

规范涉企工作推进民营企业精力减负 20 条措施，畅通社会监督渠道，组建第三方监督队伍，确保各项举措落到实处。[①]

5. 持续深化社会力量参与改革

温州持续深化社会力量参与社会改革，助力民间资金“玻璃门”“弹簧门”问题取得实质性突破。坚持政府引领、市场决定，进一步向民间资本敞开大门，联动推进社会力量办医、办学、办养老、办体育国家级改革。目前，温州民办教育承担了全市 1/3 的教育任务，民办医院占了全市医院的 2/3。雅加达亚运会温州 10 位获金牌的运动员当中有 4 名运动员由民办体育机构培养，国民共建格局在全国形成示范。

6. 建立常态化“理旧账破难点”机制

温州对因政府原因造成的企业历史遗留问题进行了全面细致的调查，全市共排摸了 227 个问题，化解销号 189 个，化解率 83.3%，按照“拆除一批、规范一批、提升一批”的要求，用多种方式保障企业发展空间，引导企业依法取得产权，让企业“有恒产有恒心”，企业发展信心和竞争力明显增强。通过这些办法，帮助有关企业卸下历史包袱，轻装上阵再出发。

7. 全面推行涉企柔性执法

2020 年，温州出台《关于全面推行涉企柔性执法打造一流营商环境的指导意见》，将“尺度”和“温度”相结合，全面推行柔性执法，按照“合理合法、主动服务、教育优先、非禁即允、简单公开”五个原则，实行执法事项提示、轻微问题告诫、共性问题约见、违法行为纠错，实现由监管型执法向服务型执法转变。深化、细化、清单化涉企柔性执法，让广大企业在温州放心投资、专心创业、安心经营。如在司法层面，统筹兼顾法治尺度与法治温度，坚持少捕慎诉，统一民营企业多发犯罪的司法标准，完善涉企案件不捕不诉工作机制。2017 年至 2020 年 6 月，全市检察机关对企业涉税犯罪案件不诉 923 人，其中对 19 家涉腾旭公司骗取出口退税案关联企业虚开增值税专用发票作不起

---

① 重磅：温州首创推出民营企业精力减负实施方案 20 条措施助企减负［N］. 浙江新闻，2020－09－29，https：//zj. zjol. com. cn/qihanghao/100969014. html.

诉案，使5000余名一线员工得以安心工作，年均人民币2亿多元的产值得以延续。

8. 推出“首次不罚”清单

除此之外，还创新推出“首次不罚”清单。目前，公安、综合执法、环保等部门已经共同梳理出3290项“涉企免罚清单”，对轻微违规行为实行“首次不罚”，目前已有200多个案例，接下来这个“免罚清单”还将进一步扩容。

9. 试点开展“有限度自由经营区”

2019年，温州通过试行有限度自由经营区创建，给市场主体宽松的成长土壤，有效激发培育了一大批创业者，成为浙江省第2个市场主体破百万家的地市，每天新设市场主体520家、企业150家。第四季度对8483家企业生产经营景气状况调查显示，全市企业景气指数为124.88，企业家信心指数为125.60，两项指数环比分别回升2.37点和2.61点，处于“较为景气”区间。

10. 创新实施“三清单一承诺”制度

温州健全“三清单一承诺”制度，推行政商交往“正面清单”“负面清单”和清廉民企建设“引导清单”，开展反对“挈篮子”承诺，着力规范政商交往行为，进一步提高市场透明度和开放化水平，形成“办事不求人”的社会氛围，形成更加融通的市场环境。

五、温州创建新时代“两个健康”先行区的成效、启示、推广价值

近年来，温州创建新时代“两个健康”先行区工作成效显著。作为全国“两个健康”唯一试点地区，温州不断开新径、辟新路，贡献温州经验和温州方案，对全国更好推行“两个健康”提供了重要启示，具有推广价值。

（一）成效之一：先行区创建工作取得六大成效

近年来，温州市委市政府始终把新时代“两个健康”先行区创建作为牵

▲ 2019 年 5 月 21 日，护航“两区”建设司法助企联动机制启动仪式

▲ 企业维权日活动

引性、全局性、龙头性工作来抓，在中央统战部、全国工商联和浙江省委、省政府的重视支持下，在社会各界特别是广大企业家的广泛参与下，率先开展一系列先行先试的探索实践，先行区创建工作取得了突破性、阶段性重要成果。2019 年，温州 GDP 重返全国 30 强；2020 年上半年经济呈现“V”字回升，主要有 6 个方面变化特别显著。

1. 市场主体迸发了量质齐升的新活力

实施“易企办”“百万双高”工程、“自由经营区”创建等激发市场活力的改革，在 2019 年市场主体突破 100 万家基础上，2020 年结构得到优化，企业数量突破 30 万家，月同比增幅已连续 4 年保持两位数以上增长。

2. 企业纾困减负实现了账实相符的新成效

深化“三服务”“万名干部进万企”行动，开展“破堵点推新政创亮点”活动，推出“渡过难关 28 条”“市场主体纾困 15 条”等惠企助企政策举措，2020 年 1—9 月累计兑现各类资金 362 亿元，远超 2019 年总和。

3. 营商环境取得了多方认可的新进步

温州跻身长三角 27 个中心区城市综合评价第 4 位。由中央广播电视总台编撰的《2019 中国城市营商环境报告》中，温州在经济活跃城市营商环境综合排名中位列全国第 7。

4. 科技创新进入迅速壮大的新通道

温州提出构建“一区一廊一会一室”创新格局，开创科学家、企业家、创投家“三界融合”的发展路径，国科大等 22 个高能级科创平台集中亮相，技改投资增速连续保持全省第 1 位，新引进顶尖人才、领军人才数量翻番，连续成功举办世界青年科学家峰会，全国首单技术产权资产证券化融资产品有望落地。

5. 政商关系构建了亲而又清的新格局

涉企柔性执法由点向面全面覆盖，企业家紧急事态应对等首创性制度涌现案例，“三清单一承诺”深入人心、成为准则，率全国之先实施民营企业精力减负20条，消除政府涉企行为对企业的羁绊与干预，让广大企业心无旁骛、轻装上阵。两届“民营企业家节”凝聚形成了“非公有制经济健康发展的前提是非公有制经济人士健康成长”的共识。

6. 企业家精神得到前所未有的新激扬

温州不断深化民营经济人士理想信念教育和工商联组织及商会协会改革，高质量办好“亲清政商学堂”“青蓝新学”等主体班次，全面激活新时代温商精神的巨大感召力，推动温州民营经济“精神传承”“事业接力”。特别是面对新冠肺炎疫情，温州企业家在承担社会责任等方面全球接力、捐款捐物，涌现出很多感人事迹。

（二）成效之二：温州民营企业发生四个变化

温州积极推动民营企业健康发展，着眼产业发展、金融、科技、上市、营商环境等方面精准推出系列举措，紧紧锁定温州民营企业发展现实难题，取得了四个明显变化。

1. 温州民营企业总体结构“更加健康”

全面实施百企上市、千企上规、万企上云“三上”计划，以个体工商户家族企业、股份合作为主体的民营企业，逐步实现向有限责任公司、股份有限公司、上市企业的转变，让更多市场主体早日走上规范化的现代公司发展之路。截至2020年9月底，全市在册市场主体总量达到114.8万家，同比增长11.6%，是全省第二个市场主体超百万家城市；新增企业4.9万家，在册企业达到31.6万家，同比增长20.3%。2019年，新增高新技术企业550家、科技型中小企业2213家。新增省级产业创新服务综合体7家、省级以上工业设计中心13个，增量均为全省第1。2020年以来，新增上市报会企业12家，其中上市4家、过会4家、成功申报4家，实现上市工作历年来同期最好成绩；工业企业“小升规”638家、新认定科技型中小企业1591家，累计达到10020家，新增数位列全省第3。

2. 温州民营企业金融血液输送“更加健康”

近年来，温州通过深化金融综合改革、加快“两链”化解、创新金融产品等途径，与民营企业风险共济实现了“稳过渡”。一方面，率全省之先建立政策性融资担保公司企业帮扶“白名单”，出台无还本续贷等金融服务实体经济 14 条，打通民营企业融资渠道；另一方面，组织开展政银企对接签约会、金融服务进民企、金融机构万人评议等活动，引导银行业做出降低利率让利民营企业“六不”倡议，全面营造“政府是企业娘家人”的良好氛围。截至 2020 年 9 月，全市银行业金融机构贷款余额 13301 亿元，同比增长 17%；企业贷款增长较快，新增 961 亿元，同比增长 19.5%。在相关政策引导下，民营、小微经济获得较多支持，民营经济贷款余额 5560 亿元，同比增长 19.5%，银行贷款不良率降至 0.78%，降至 2012 年温州金融改革以来最低水平。

3. 温州民营企业营商环境“更加健康”

温州“两个健康”创建工作开展以来，先后推出“深化改革优环境 11 条”“执纪监督治怠政 9 条”等铁律，开展“三清单一承诺”行动，引导清廉民企建设和铁腕治理的营商环境，获得社会各界充分认可。在全国率先推出跨境为侨服务“全球通”、惠企政策“直通车”、便民服务“瓯 e 办”，打响了温州“最多跑一次”改革海外版、企业版、民生版品牌。同时，通过开展“三服务”“万名干部进万企”等活动，目前已解决问题 2700 多个，为企业减负 150 亿元。这里有两个例子很有说服力：一是世界 500 强淡马锡控股的全资子公司新加坡丰树集团在温州汽车零配件先进制造产业项目，从开始洽谈到项目落地仅用了 3 天；二是国内数字经济龙头企业天心天思集团董事长夏艳明表示，将集团总部从珠海迁至温州，主要是因为温州政府的高效回应和优质服务让她深切感受到了被尊重、被需要的价值。

4. 温州民营企业内外互动融合“更加健康”

2019 年，温州在外的经济总量，即 GNP 超 6000 亿元，与同年 6606 亿元 GDP 相当，形成了“温州经济”和“温州人经济”并驾齐驱的现象。温州大力拓空间、建平台、引人才、优政策，召开世界温州人大会，建成投用世界温州人家园，实施“鸟巢计划”，收到了明显成效。如青山控股集团总部回归项目，按照每年在龙湾落地 1—2 个项目的速度，目前已投资 26.8 亿元，在谈 18 亿元，2019 年上缴税款超 1 亿元。此外，2019 年落地的 25 个温商总部回归签约项目，直接引进税源超 13 亿元。天津温州商会、深圳温州商会相继实现了“年会回归”。由此带动了“招大引强”工作的强力推进，2019 年招商引资到位资金 480.9 亿元，落地开工“152”工程项目 42 个，开工数居全省第 2 位。

（三）成效之二：温州民营企业家发生四个变化

温州积极推动民营企业家健康发展，着眼激励民营企业家心无旁骛创新创造、踏踏实实办好企业，积极引导广大民营经济人士加强自我学习、自我教育、自我提升，全面激发新时代温商精神的巨大感召力，取得了四个可喜变化。

1. 温州民营企业家价值追求“更加健康”

温州企业家精神，表面上看是“四千精神”，实质是爱国爱家和担责担当。温州大力弘扬新时代民营企业家精神、把对民营企业家理想信念教育作为“两个健康”的重要内容，增强了温州民营企业家的社会责任感。全国民营企业 500 强亿联控股集团董事长严立森，于 2019 年底在泰顺投资了 166 亿元的华东大峡谷项目，还在 2020 年初推动实现了天津温州商会年会的回归，未来还要将自己旗下的外地税源拉到温州来，在新一代温商中树立了榜样。

2. 温州民营企业家经营理念“更加健康”

在“两个健康”先行区创建中，温州不仅提出实施标准强市、质量强市、品牌强市战略，同时还坚持推进“8·8 诚信日”活动，不断完善民营企业、经营者“红名单”“黑名单”制度和信用档案。如育才控股集团坚持 24 年深耕主业，目前发展成为浙江省学前教育装备行业第一家拟上市企业。目前，温州企业家深悟到质量、品牌、信用、科技对企业成长的决定性意义，“科技创新是华山一条路”已经成为温州民营企业家的普遍共识。2019 年，温州新增高新技术企业 391 家，新增数居全省第 2 位，全市（R&D）研究与开发经费支出占比预计首次突破 2%，达到 2.1%。

3. 温州民营企业家培养路径“更加健康”

针对企业家群体，组织实施“121”企业家培养工程，创设“亲清工商学堂”，像抓干部教育培训一样抓企业领导人员教育培训；针对新生代群体，通过建立创二代挂职锻炼和学习培训制度，开展“青蓝接力”培养行动，帮助解决代际传承难问题，不断推动温州民营经济“精神传承”“事业接力”；针对创业者群体，大力探索有限经营模式，培育更多“章华妹式”（中国第一个工商个体户）的大众创业者，加快推动市场主体总量上百万，让不断涌现的市场主体成为温州经济最富活力的动力源泉。

4. 温州民营企业家生活生态“更加健康”

“两个健康”先行区聚焦聚力民营企业家生活生态的改善，为了给企业家更多荣誉感，确定11月1日为“温州民营企业家节”；为了给企业家更多获得感，将178个产业政策清理整合成5个新政策，实现政策网上“刚性兑现”；为了给企业家更多参与感，创新企业家参与涉企政策制定举措，充分尊重企业家的意见与智慧；为了给企业家更多安全感，建立企业家紧急事态应对机制、重大涉企案件报告制度，设立企业维权服务平台和“企业维权接待日”。这一系列创新做法走在了全省乃至全国前列，有力保障了温州民营企业家创新创造的激情与活力。

（四）温州“两个健康”创建创新实践的五点启示

作为全国唯一试点地区，温州在新时代“两个健康”先行区创建中不断开新径、辟新路，取得了阶段性重大成效，带来五点重要启示。

1. 凝聚政企共识是促进温州“两个健康”的思想前提

在先行区创建中，温州深入贯彻习近平总书记对民营经济的系列重要论述，系统学习社会主义初级阶段为什么要发展民营经济、发展什么样的中国特色社会主义民营经济，以及如何持续地发展民营经济等重大问题，动员全市上下认识一致、步调统一，迅速集聚起毫不动摇支持、促进“两个健康”的强大凝聚力。这是“两个健康”一系列突破性改革得以快速落地的思想前提。

2. “稳企必先安商”是温州“两个健康”取得实践成效的重要经验

民营经济健康发展的前提是民营经济人士健康成长。在民营经济承压的背景下，更要始终突出非公有制经济人士的生命线地位，解除非公有制经济人士的疑虑，引导他们做到政治上自信、守法上自觉、发展上自强。温州出台的涉企柔性执法、企业家紧急事态应对、“民营企业家节”、“亲”“清政”商学堂等关爱企业家健康成长的各项机制举措，目的就是让企业家能够秉持听党话跟党走的红心与初心，坚定守实业精主业的信心，心无旁骛谋发展、踏踏实实办企业。

3. 有效市场和有为政府市场的结合是温州“两个健康”成功的关键

温州“两个健康”成功推进叫好叫座的基本方法体现为：一是敢于科学厘清政府与市场的边界，敢于让企业放手发展；二是找到最佳结合点，形成政府与企业间的同频共振；三是俯下身子听意见、出好点子解难题、找准路子促发展，让改革举措“接地气”，切实回应企业所需所求。

4. 长期、稳定的营商环境是保持温州“两个健康”生命力的基石

由于市场环境的不规范，对于民企一般违法违规行为动辄用查封、扣押、冻结等措施，不利于民营经济的健康发展。温州“两个健康”法治领域系列举措，看似给企业提高了容忍度，实际上反而消除了“不按规则办事”“自由裁量权过大”等制度漏洞，净化了政商关系，稳定了发展预期，不仅降低了企业犯罪率，还让众多市场主体得以轻装上阵，焕发出更强大的生命力。

5. 各级政府强力支持是温州“两个健康”改革的坚强后盾

中央统战部、全国政协及全国工商联有关领导多次来温州指导工作；全国工商联连续 4 年制定内部工作要点，全力支持温州工作。中央财办、中央宣传部、国家发改委、国家统计局、国家市监总局、民盟中央等单位以及各类高端智库从各自角度推动温州“两个健康”的创建。浙江省委省政府将“两个健康”列为重大改革项目，省政府召开专题会议、写入省政府工作报告，帮助温州协调解决 11 个“两个健康”具体问题。这些举措，使温州一些难以突破的改革事项有了向上反映、争取解决的通道。

（五）温州创建新时代“两个健康”先行区的六大推广价值

温州能够取得今天的繁荣，源于对市场经济的呼唤，对民营经济的拥抱，

在于坚持市场化改革方向。[①] 党的十八大以来，习近平总书记从全局高度重视非公有制经济工作，明确指出：非公有制经济的健康发展和非公有制经济人士的健康成长，不仅是重大经济问题，也是重大政治问题。[②] 目前，全球经济疲软，经济不景气，我国民营经济发展艰难。[③] 温州创建“两个健康”先行区，贡献温州经验和温州方案，对全国民营经济更好地发展具有重要的理论意义和实践价值。

1. 有效提振民营企业家信心

近年来，不少民营企业承受着经济下行所带来的各种压力，甚至出现了“私营经济离场论”的杂音。2018 年 11 月 1 日，习近平主席在民营企业家座谈会上明确指出“否定、怀疑民营经济的言论是完全错误的”，强调清理废除一切妨碍统一市场和公平竞争的各种规定和做法，增强民营企业家的发展信心，以确保非公有制经济的持续发展。[④]

2. 构建“亲”“清”新型政商关系

“两个健康”构建“亲”“清”新型政商关系，有利于形成各尽其责、共谋发展的格局。“两个健康”为引领新常态下民营经济的发展举起旗帜，有利于厘清政府与市场的边界，营造公平有序法治的市场竞争环境，促进市场经济体制更加完善；“两个健康”有利于党风廉政建设，破解少数干部“为官不为”的问题，打造政治生态的“绿水青山”。[⑤]

3. 推广“融资畅通工程”

温州创新实施“融资畅通工程”，企业融资难、融资贵问题取得实质性突破。温州把发展有前景但暂时有困难的企业列入“白名单”进行帮扶，已成功帮扶 48 家“白名单”企业渡过难关。温州引导银行发起不盲目抽贷、不乱

---

① 杨平宇．温州“两个健康”实践为民营经济贡献新方案［N］．中华工商时报，2019－11－28（003）．

②⑤ 杨卫敏．全面贯彻落实“两个健康”重要思想［N］．浙江日报，2017－03－03（008）．

③ 刘亚林．民营经济当前发展面对的挑战和应对之策［J］．现代营销（信息版），2020（04）：84—85．

④ 贾亭．习近平关于非公经济领域“两个健康”思想研究［J］．天津市社会主义学院学报，2019（01）：40—43．

收费用等“六不”倡议，推出了“无还本续贷”、企业共有厂房按份额抵押贷款、融资担保基金、上市企业稳健发展基金等融资新政，建设“金融大脑”预判预控金融风险，一年来没有发生一起对银行盲目抽贷压贷的投诉，贷款余额和贷款利率实现了一升一降，银行不良率由最高时候的4.68%下降到1%，为近7年最低。其他城市可以效仿温州的做法，为民营中小微企业提供融资服务。

4. 推广惠企政策“直通车”

温州创新开发惠企政策“直通车”，政策兑现慢、兑现难问题取得实质性突破。温州开展史上最大力度的产业政策大清理，对不顺应发展趋势、不符合产业规律、不适应现实需要、不具备兑现条件、不明确兑付流程的五种情形条款全面清理，将原有178个政策重新整合成工业、农业、服务业和开放性经济、人才五个新政。温州开发了全市统一的产业政策网上兑现系统，实现了政策兑现的三个转变：从企业自主申报向政府主动推送转变，从企业上门办理向上网办理转变，从政策跨年度兑现向当年当季兑现，甚至实时兑现进行转变。截止到2020年10月，全市产业政策奖励兑现系统共受理申请7362件，已经兑付奖励14.3亿元。其他城市可以推广温州的惠企政策，真正让优惠政策落地，更好地帮助民营经济发展。

5. 推广高标准实施降本减负

温州高标准实施降本减负，进一步降低企业税费负担。温州加快推进涉企行政事业性收费零收费，进一步降低企业税费负担和企业用能、用工、物流、融资、用地成本以及涉企中介服务收费、制度性交易成本，今后3年年均减负（不含出口退税）100亿元。其他地区可以结合自身情况，降低辖区企业负担。

6. 推广涉企事务“最多跑一次”改革

温州持续推进涉企事务“最多跑一次”改革，企业事难办门难进问题取得实质性突破。围绕企业全生命周期中的商事登记、场地获得、员工招聘、生产经营、权益维护、清产注销6个阶段17件高频事项，全面梳理归集“一件事”改革，同步推行“帮企云”“易企办”，实现涉企事项“网上办”“掌上办”。创新推出企业开办一日结、企业注销便利化行动、涉企证照异地通办等措施，实现了一般企业投资审批“最多90天”。其他地区可以参考温州“最多跑一次”改革，真正做好职能转型，成为服务型政府。

六、温州及全国推进“两个健康”面临的挑战

温州在创建新时代“两个健康”先行区过程中取得了阶段性成效，受到方方面面的肯定，无疑，温州创建新时代“两个健康”工作取得了成功。但是，源于我国市场经济体制的不完善，我国的市场化水平亟待提升，温州创建工作在实际推动中遇到很多困难，或者说遇到很多问题。事实是，这些问题都源于两个创建工作在体制角度的超前性和机制层面的开创性，温州创建工作遇到的所有体制机制问题都具有普遍性。需要说明，温州在国内的市场化程度几乎可以说是最高的，这也是温州创建“两个健康”先行区的基础。因此，从这个层面讲，总结温州创建“两个健康”工作中遇到的问题，一方面反映了温州市委市政府求真务实的改革态度，另一方面更多是从宏观层面、从更高层面为在全国更广范围推进“两个健康”打下基础。

（一）温州创建新时代“两个健康”先行区遇到的困难

温州创建新时代“两个健康”先行区遇到的具体困难体现为以下几个方面：

1. 受中美贸易摩擦影响，温州民营企业面临挑战

由于中美贸易摩擦，民营经济遇到了严峻的挑战，对温州民营企业产生较大影响，不少中小企业被迫“洗牌出局”，实体企业经营困难。

一是外贸出口下降，流动性风险加剧。伴随着美国对华加税清单落地，影响对美出口额和部分原材料进口，近50%的企业认为，美国加税清单将使企业出口下降11%—33%。受新冠肺炎疫情影响，国外市场需求低迷、客户无力支付货款等原因造成的贸易纠纷增多，延期出货或限额出货时有发生。

二是中小企业承受不起价格战，规上工业亏损企业有所增长。温州市场主体数量庞大，但大多数企业规模较小。境内上市企业数量不足杭州的1/6、宁波的1/3。虽然五大传统支柱产业——电气、鞋业、服装、汽摩配、泵阀在全

国的市场占有率基本都超过40%，但多为低附加值，放在国际上只能算是中低端，特别是对美贸易的产品，缺乏市场话语权，被替代的可能性高，只能选择全部承担加征关税。

2. 执法“一刀切”，政策落地难

温州各级政府出台了不少优惠政策帮助民营企业发展，但一些执法部门习惯于“教条式”解决问题，影响民营经济发展。有些政策管理部门杂乱，民营企业不知该找什么部门对接。

一是部分执法人员习惯搞“一刀切”。执法没有从有利于企业健康发展的角度去考虑，给企业来了很多的“合理伤害”，导致企业无法正常运营和扩大生产；执法缺乏缓冲机制，导致企业谨小慎微，不敢做大。

二是政策虽多，部门管理杂乱。特别是涉及多部门管辖的问题，不知道从哪里入手。很多企业反映不知道有什么好政策，往往开会多次后才知道有财政补贴可以申请，迫切希望政府能主动推送、及时告知相关优惠政策。

三是政策落地难、兑现慢。因为政策执行“朝令夕改”，没有足够的延续性，导致企业对相关投入持怀疑、观望态度，影响民营经济健康发展。

3. 要素供给不足、新经济发展缓慢

目前，温州要素供给与经济的活跃度相对供给不足，新动能培育相对滞后，影响民营经济健康发展。

一是人才资源相对紧张，研发投入不足。据调查，51.5%的企业存在技术型人才不足的问题，其中科技型企业问题尤为突出，18.2%的企业表示人才制约已经困扰企业发展。重点区县研发投入不足。规上工业研发费用增速低于全省平均水平，部分重点县（市、区）投入不足，同比分别下降明显，拉低全市研发增速。

二是教育、住房等公共服务不足。义务教育等公共服务供给与需求的矛盾突出，无法满足企业员工子女就学，导致各类人才为了子女能够读书，宁可在外地少拿工资，也不愿意留温工作。企业职工“住”的问题亟待引起重视。现在，很多城市“大拆大整”后，一线产业工人宿舍被拆，住宿成本明显增加。温州这几年“大拆大整”“大建大美”力度很大，棚户区改造受到国务院激励表扬，但由此也带来了产业工人居住成本急剧升高，成为当前一项需

要急迫解决的问题。

三是有限土地资源错配。尽管近几年“大拆大整”拆出一批，“腾笼换鸟”腾挪一批，但温州的企业仍普遍反映发展空间不够，本质上还是用地效率低下、供需不匹配的问题。有限的土地资源存在错配。温州闲置土地量大面广，闲宗数和面积占全省较大比重，批而未供、供而未用、用而未尽、建而未投、投而未达的现象突出，宝贵的土地变成“沉睡”的资源。工业园区租赁和小微园建设呼声较高。温州地貌多丘陵，平原资源有限，加上国土资源政策限制，温州土地价格相较内陆多平原地区高，除个别龙头企业，本地企业普遍不愿意冒风险贷款一次性投入上千万元盖厂房，这对企业现金流消耗过大。

四是新经济发展缓慢。温州高新技术产业、装备制造业、战略性新兴产业、数字经济核心产业制造业等先进制造业与先进地区差距较大，2021 年 1—9 月四个行业增加值增速分别低于全省平均。先进制造业培育历史欠账较多，其中战略性新兴产业增加值占全省比重较低，数字经济核心产业制造业增加值占全省比重仅 6.8%。

4. 温州消费回升缓慢，民营企业投资增速下滑

对于政府出台的惠企政策，温州民营企业与企业家当然很欢迎，但他们更看重的是带来获得感、安全感的公平透明、稳定可预期的发展大环境。现实是，温州企业家目前投资信心不足，温州整体投资乏力。

一是所有制歧视依旧存在。民营企业缺乏和国有企业公平竞争的机会。绝大多数的政府采购项目或外包服务，特别是工程项目和设计规划类服务方面，还存在老旧思维，认为国有企业是好的，民营企业不靠谱，在项目条件设置上对民营企业有歧视，甚至直接不让民营企业参与，让民营企业失去和国企公平竞争的机会。

二是政府部门政策冲突。目前，温州扶持农业经济，搞乡村振兴，但是县一级有些突破性、引导性的政策没有考虑周全就发布出来，和上级规定还存在“打架”的情况，导致企业刚投资下去的项目被临时叫停，给企业家造成损失。

三是专项债券项目开工偏慢，落地进度有待进一步提高。2020 年全市发行专项债券的项目仍有相当部分未开工。按国家有关要求，2020 年已发债项目须在 2021 年 9 月底前全部开工。152 个项目落地率低于全省平均水平，部分

地区落地目标完成率低于 50%。

四是用地制约日益凸显。据统计，全市省重点建设项目 2020 年需农转用指标近 1.5 万亩，但仅争取到“戴帽”指标 4000 多亩，用地指标供需矛盾十分突出，个别重大交通项目受土地规划、土地指标制约严重，影响时序进度。工业用地储备不足，部分地方 2020 年需供应地块的农转用指标至今尚未落实，个别地方为了完成年度任务，供应未达净地条件的地块，导致后续用地单位不能按期开工，影响投资及时落地。

5. 温州房地产、金融风险存在隐患

最近几年，地方债规模过大、偿债率高、偿债时间长导致政府还债能力不足、城投债问题严重。① 温州也存在着金融、房地产的风险隐患。

一是温州房地产消费支出形成一定的挤出效应。2020 年 1—9 月温州市区新建商品住房成交均价 2.29 万元/平方米，同比上涨 9.7%；新建住宅价格指数累计上涨 4.55%，接近全年 5% 的调控目标。房价高企对消费支出形成一定的挤出效应。

二是温州现金流动性存在风险隐患。近年来，温州公共财政一直处于“紧平衡”状态，2020 年因疫情防控和复工复产需要，财政支出增长较快，加上财政政策性减收和经济性减收叠加影响，紧平衡压力进一步加剧，个别地方国库现金流动性存在风险隐患。

6. 改革权限制约温州发展，个人破产制度缺乏上位法支撑

目前，立法领域的核心是界定地方立法权限。地方改革受制于自身权限。② 在市场经济发展过程中，破产是不可避免的自然现象。个人破产制度在学界和企业中呼声较高，但我国破产法律规范只对企业破产进行了规制，个人破产制度缺乏上位法支撑。③

一是华商综合试验区需国家部委审批，省市层面权限较小。温州围绕

① 周亮，任静．我国地方债问题的成因及对策分析［J］．湖南财政经济学院学报，2020，36（05）：94—101.

② 肖冲．地方立法权限问题研究［J］．哈尔滨师范大学社会科学学报，2019，10（04）：43—47.

③ 郝金月．试论我国个人破产制度实施的困境与破解［J］．法制与社会，2020（27）：9—10.

“两个健康”制定了146项改革举措，全国工商联、浙江省等也予以协调支持，但仍有部分举措落地困难。如华商综合试验区等，需国家部委审批，省市层面主动权较少。

二是金融领域受限于管理体制，改革效果大打折扣。由于金融机构大多垂直管理，对地方政府并不“买账”，在具体实施过程中改革效果存在“打折扣”。如无还本续贷等金融创新举措。

三是个人破产制度受限于上位法，尚未真正破题。国家发改委、最高法等十三部门于2019年7月联合发布《加快完善市场主体退出制度改革方案》中首次明确提出，研究建立个人破产制度。同年10月，浙江温州法院通报了首例个人破产案件。但受限于上位法，我国《破产法》对该领域没有明确规定，导致温州企业家心存焦虑，无法真正轻松上阵。

（二）全国推行新时代“两个健康”面临的挑战

“两个健康”的核心是市场化改革的深入推进。目前，源于体制机制制约，全国推行“两个健康”面临诸多挑战，体现为市场在资源配置中的决定性作用有待提升，市场主体还没有真正释放潜能；民营企业在市场竞争中遭遇不公平对待，所有制歧视根深蒂固等深层次问题还有待破题；对民营企业和企业家权益尚需加强保护；要素市场流通不畅，市场准入门槛过高，融资难痼疾依旧没有得到解决。

1. 市场决定性作用有待加强，政府对微观经济干预过多

一是市场决定要素配置的范围有限。任何行政垄断都是对市场的伤害，也必将阻碍社会财富的增长。通过行政命令形成的垄断，必然滋生腐败，国民经济发展也因此遭受损失。①

二是政府对微观经济干预过多。“发挥市场在资源配置中的决定性作用”频频见诸官方文件，这句话看似平易寻常，实则是基于历史经验教训而得出的一个本质结论。有些地方口头上这么说，实际却存在忽视、轻视市场作用的现象，经常过度介入微观事务，手依然伸得过长。这种观念和作风亟待纠正，只

① 南云楼．打破垄断　发挥市场作用［N］．深圳特区报，2017－08－29（B11）．

有对市场怀有敬畏心，才能充分发挥市场机制的作用。①

2. 所有制歧视普遍存在，缺乏公平竞争环境

一是社会舆论仍存偏见。“民无商不活，国无商不兴。”可是，目前民营企业家缺乏安全感。从“原罪论”到“离场说”加剧了民营企业的焦虑。有关民营企业地位作用和性质的杂音、争论几乎没有停止。

二是“公私有别”现象普遍。在政府 PPP 项目招标中，中标的大多是国有企业，民营企业很难参与。表面上是政府有关工作人员在回避道德风险，实际是骨子里深深带有“国有制偏爱论”的烙印，是对绝大多数民营企业的轻视。②

三是民营企业缺乏公平竞争环境。民营企业的贷款能力相较国有企业处于弱势。③ 所有制歧视导致不同所有制的企业受到了差别待遇，从而使某种所有制的企业获得了相较于其他企业的优势，这种优势实质造成了一种垄断利润或超额利润，这就形成了不公平竞争或不完全竞争。

3. 民营企业缺乏专门法律保护，民营企业家信心不足

一是行政干预司法。一些地方产权保护失范，严重侵害民营企业利益，挫伤了民营企业家创业热情。④民营企业到政府办事要找人，不打点不给办。上届政府批的下届不给办，审批官员调走后继任者不给办。甚至，少数公检法机关滥用司法权力，在没有充分证据和法律依据的情况下，违反司法程序，低价拍卖或变卖民营企业涉案财产。⑤

二是民营企业缺乏专门法律保护。《企业国有资产法》《外资企业法》均已颁布，但到目前为止，我国尚无专门针对民营企业的立法。法律对民营经济的保护与民营经济是我国经济重要组成部分的地位不匹配。⑥

三是政商关系尚未厘清。“清”而不“亲”造成对民营企业家的诉求不关

---

① 罗云开．如何真正尊重市场作用［N］．环球时报，2019－01－10（015）．

②④ 刘文娟．关于完善我国产权制度平等保护各种所有制产权的探讨［J］．经济师，2019（07）：12—14.

③ 郑晓光，季玮涵．浅析我国信贷市场的“所有制歧视”［J］．商业会计，2016（12）：97—98.

⑤ 辛刚国．新常态下民营企业安全感研究［J］．中央社会主义学院学报，2019（01）：95—105.

⑥ 陈海燕．落实支持民营企业发展“新 28 条”研究——以健全平等保护的法治环境为视角［J］．福州党校学报，2020（03）：54—58.

心。许多干部奉行多一事不如少一事的原则，对支持民营企业缺少积极性，身份上依然“重公轻私”。[①]

四是政策落实难。一些地方政府“政策朝令夕改”和“新官不认旧账”。[②]民营企业在发展过程中受到不公平对待。相关职能部门的不担当、不作为直接影响民营企业营商环境，极大地限制了民营经济的发展。[③]

4. 要素市场体系还不健全，市场发育还不充分

一是城乡土地二元分割突出。目前，城乡土地二元分割特征依然突出。农村土地征收、集体经营性建设用地入市、宅基地流转改革需要加快，国有土地和农村集体土地同地不同权情况还比较明显。[④]

二是劳动力市场供需不匹配。目前，产业工人、生产性人员的巨大需求无法得到满足，高校毕业生就业形势依然严峻，就业需要政策和制度的引导扶持。[⑤]

三是金融市场功能尚不健全。直接融资与间接融资不协调的状况未得到根本改变。金融机构市场化退出机制和金融要素市场定价机制不完善，市场化约束机制和违约风险承担机制不健全。[⑥]

四是技术市场权责利不清晰。运行机制缺乏全面设定各类主体在技术转移中的权利、义务和责任的法律法规。职务科技成果的使用、收益、处置政策，以及激发科研人员创新创造动力与活力等亟待制度创新。[⑦]

五是大数据市场运行不规范。政府数据尚未完全打通和商业化应用。平台企业数据资源的产权、使用、责任义务等缺乏法律规范，大数据无法合理市场化。涉数据违法成本较低，个人数据隐私保护有待进一步加强。[⑧]

5. 行业垄断现象依然存在，市场准入障碍依旧

一是受计划经济思想影响，民营企业市场准入难。市场准入问题仍然是我

---

① 辛刚国. 新常态下民营企业安全感研究 [J]. 中央社会主义学院学报，2019 (01)：95—105.

② 刘文娟. 关于完善我国产权制度平等保护各种所有制产权的探讨 [J]. 经济师，2019 (07)：12—14.

③ 陈海燕. 落实支持民营企业发展“新 28 条”研究——以健全平等保护的法治环境为视角 [J]. 福州党校学报，2020 (03)：54—58.

④⑤⑥⑦⑧ 王微，王青. 加快要素市场化改革：构建高标准市场体系的关键举措 [J]. 中国经济报告，2020 (04)：9—15.

▶ 亲清政商学堂开班

◀ 温州民营企业家节议案获通过

▶ 2003 年，首届世界温州人大会召开

国民营企业发展遇到的一大难题。计划经济思想、政策等多方面限制民营企业，导致民营企业很难获得市场准入。①

二是行业垄断势力强大，“看得见进不去”。许多领域民营经济无法进入，使民营经济在与外商、国企展开竞争时，处于极不平等的地位。② 民间资本面临“看得见进不去”的尴尬境地。③

三是改革虽有提速，实际落地较难。依托政策支持，放开民营企业市场准入，诸多垄断行业改革提速落地，但实践效果并不理想。④ 新旧“非公经济36条”并不具备强制性，也没有对相关行业准入作出详尽的具体规定。⑤

6. 民营中小企业融资艰难，制约民营经济健康发展

一是受新冠肺炎疫情影响，民营企业资金压力愈发沉重。目前，民营经济的银行贷款仅占25%。⑥受新冠肺炎疫情影响，民营企业资金压力愈发沉重。⑦

二是金融市场不完善，民营中小企业贷款难。民营中小微企业很难获得股权融资和债券融资，而且对于获得贷款的企业在贷款到期后若没有“无还本续贷”业务则需要还旧借新，或借助民间借贷获得过桥资金。⑧

三是风险评估机构不健全，风险等级匹配融资工具缺乏。由于缺乏针对民营企业特别是中小微企业的第三方评估机构，国内一线信用评级机构评级成本高，不适用于中小微企业。⑨

七、对温州及全国推进“两个健康”的政策建议

针对以上体制机制问题，本部分从温州与全国两个层面对新时代推进“两个健康”提出政策建议。

---

①⑥ 刘亚林. 民营经济当前发展面对的挑战和应对之策［J］. 现代营销（信息版），2020（04）：84—85.

②⑤ 刘东涛. 法治视野下民营经济市场准入研究［J］. 人民论坛，2016（05）：91—93.

③④ 张国栋. 还需拆除民企市场准入“隐形门槛”［N］. 中国审计报，2020-09-21（006）.

⑦ 阙方平. 解决民营企业融资困境亟须制度突破［J］. 银行家，2020（08）：34—36.

⑧⑨ 胡恒松. 中国民营企业融资难融资贵问题研究［J］. 区域经济评论，2019（06）：82—87.

（一）深入推进温州新时代“民营经济健康发展”先行区的政策建议

为了更好地解决温州创建“两个健康”遇到的挑战，下面提出 6 条针对性政策建议。

1. 强化科技引领扩大开放，组建专业研究团队规避摩擦风险

一是强化科技引领，进一步扩大开放。引导温州轻工企业以消费升级为导向，在战略导向上要更加重视出口产品的质量、结构、效益，逐步实现出口增长方式由出口创汇型和数量型向出口效益型和质量型转变。①

二是关注风险来源，规避摩擦风险。面对供应商的信用风险，温州中小外贸企业应重点关注供应商层面的风险来源。全面了解客户的真实情况，并建立客户信用档案登记表，以便做到精细管理。温州民营企业应密切关注有关中美贸易的最新动向，聘请专业人士做好相关贸易政策的解读研究，积极运用国际规则来有效规避贸易摩擦。②

2. 提高公共政策的可执行性，保障政策有效落地

一是树立起以人民利益为导向的政绩观。对民营企业的健康发展，党员干部决不能做满足于当“太平官”，要结合实际，服务企业需求，更好地为温州经济社会发展做出贡献。③

二是规范执法流程，履行审批手续。进入民营企业的例行执法检查，执法单位要按季度制定检查计划，明确检查的依据、内容、对象、次数和时间安排等内容，并严格按计划实施检查，不能随意变更。处理投诉举报案件需进入企业执法检查的，要由执法部门主要负责人批准。进入企业执法检查要有登记、有记录、有报告、有监督。检查后应当认真填写行政执法检查工作记录，并由行政执法人员、被检查对象签字确认。④

---

① 张崇和．推动轻工业质量和效益协同提升［N］．经济日报，2018－11－08（014）．

② 王汝．中美贸易摩擦背景下我国中小外贸企业面临的风险及其应对策略［J］．经济研究导刊，2020（23）：85—86.

③ 孙达良．坚持以实治政 力戒形式主义［N］．益阳日报，2020－10－27（001）．

④ 樊金钢．对同一企业执法实行“一事不再查”［N］．黑龙江日报，2012－12－11（010）．

三是提高公共政策的可执行性，不断完善政策。制定政策要顾及各个地方的实施难易程度，保证政策能实行、可实行、易实行。在实施过程中应及时进行调整和完善，使之更加科学完善。

3. 改善要素供给，提升市场竞争力

一是完善土地市场主体地位，加强土地市场监管。应建立土地经营公司，成为土地市场卖方主体，主持招标拍卖挂牌等经营活动，按市场经济原则运营。明确政府与土地市场的关系才能保证土地市场健康运行。建议建立综合评标体系，如招标企业资质、企业性质、开发计划等来控制招标拍卖地价。加强土地市场监管，平衡土地供求。平衡土地市场供给和需求是关键。具体办法是增加供给，调整结构，节约集约。①

二是加强“补短板、强基础”。鼓励有条件的龙头企业或机构牵头建立一批产业技术创新联盟，整合优势创新资源。通过创新券等形式完善共性技术开发、推广使用机制，使技术成果加快转变为现实生产力。推动传统制造业企业与工程服务公司的紧密互动，重点支持有条件的传统制造业企业向行业数字化技改技术、设备集成供应商、服务型公司转型，促进技术积累和技术进步。②

三是注重“干中学、用中研”。鼓励企业更多引进、利用国际国内同行业先进技术，提高设计创新、工艺创新和产品创新的效率。顺应消费结构、消费理念、消费方式升级趋势，大力发展大规模个性化定制。③

4. 推进产权保护法治化，提高政策的连续性和稳定性

一是完善政府守信践诺机制，谨防公权力违约。严格兑现依法作出的政策承诺，认真履行各类合同，承担合同责任。加大对各级人民政府和公务员失信行为的惩处和曝光力度，追究责任、惩戒到人。④

二是完善新型政商关系，落实好干部联系企业制度。针对当下“清而不亲”、官员不愿与民营企业打交道的现状，要完善各级领导干部帮扶民营企业发展的制度，定期深入企业，了解情况、解决问题。落实好干部联系企业制

---

① 陈伯庚. 高地价的危害与地价控制［J］. 住宅产业，2013（09）：36—38.

②③ 陈王进，徐璐. 从新动能培育看浙江传统制造业改造提升［J］. 浙江经济，2018（18）：30—32.

④ 辛刚国. 新常态下民营企业安全感研究［J］. 中央社会主义学院学报，2019（01）：95—105.

度，督促检查优化营商环境等相关政策落地情况。[①]

三是提高政策的连续性和稳定性。在政策制定时，应更加关注不同时间的连续性和不同部门的一致性，同时要关注政策公布的时机，尽可能减少对市场的冲击效应。[②]

5. 建立责任清单，规范地方债发行

一是建立监管责任清单、经营主体清单、协同防范清单，消化经营风险。充分发挥信贷支持再贷款、再贴现、常备借贷便利、差额存款准备金等货币政策工具的作用，保持和增加必要的流动性。

二是建立金融稳定协调机制，完善金融风险防控应急预案。建立多部门联动应急处置机制、探索开展金融稳定应急演练等区域金融风险防范措施，借助政府之力分担和处置金融风险。[③]

三是市场参与搭建“多主体供给、多渠道保障”的住房保障体系。理顺各主体角色职责。对于房地产市场中的各参与主体，包括地方政府、房企和投资资金、个人购房者等，需要积极明确其定位，防范越位风险。[④]

四是建立风险防控机制，规范地方债发行。建立温州地方债信息网，从金融和公共管理视角，加强统计数据的完备性建设，建立系统性风险评估体系。在地方债的发债主体、种类、时间等各方面都要详细规定。[⑤]

五是健全官员考核标准，降低地方官员的举债冲动。将官员任职期间债务融资规模及风险指标纳入指标体系，建立长期的追责制度，降低地方官员的举债冲动。[⑥]

6. 建议扩容温州立法主体和立法权限，完善个人破产配套制度

一是扩容立法主体和立法权限，发挥地方立法的灵活性、积极性、主动性。将立法权逐步下放到地（市）、县级政权，增强立法的民主性和社会的

---

① 辛刚国．新常态下民营企业安全感研究［J］．中央社会主义学院学报，2019（01）：95—105.

② 雷霆，邓少微．民间投资增速下滑的成因及对策分析［J］．新金融，2019（03）：56—60.

③ 谢华军，陈涛．防范金融风险的“三张清单”［J］．中国金融，2019（14）：102.

④ 张永岳，严跃进．防范房地产风险，促进房地产业稳定健康发展［J］．上海房地，2019（07）：14—17.

⑤⑥ 周亮，任静．我国地方债问题的成因及对策分析［J］．湖南财政经济学院学报，2020，36（05）：94—101.

回应性，使地方治理问题以法治思维、法治方式予以纠正和解决。将立法资源从纯粹的事先立法权限划分转移到整个立法机制的构建上，激活对于地方立法的事后监督机制，在立法运行过程中才能发挥地方立法的灵活性、积极性、主动性。①

二是明确个人破产制度的破产主体，完善个人破产配套制度。为规避恶意逃债，可以将个人破产申请门槛设置一定限度，使得真正“诚实而不幸”的破产人通过破产获得重生，构建自由财产制度和破产免责制度。明确破产免责的条件。采用破产免责许可制度，同时制定破产免责程序。只有经过严格的程序才能对部分债务免责，而对不能免责的破产债务范围也应当详细列明，并且制定一定时间的监督期，在监督期中不符合法定条件的可以取消免责，让债权人积极行使权利的同时避免债务人滥用个人破产制度。②

（二）推进全国新时代“两个健康”的政策建议

全国推进新时代“两个健康”建设，要从市场化改革方向与丰富完善社会主义市场经济体制的制度供给方面着力提升。

1. 坚持市场化改革，理顺政府和市场的关系

一是坚持市场化改革方向，使市场在资源配置中起决定性作用。理论和实践都证明，市场配置资源最有效率。市场经济本质上就是市场决定资源配置的经济。要充分尊重市场经济一般规律，使市场在资源配置中起决定性作用。③

二是以“无形的手”提升实体经济供给效率，实现全要素生产率跃升。以市场机制助力实体经济加快实现高质量发展，从而实现价格机制引导要素高效配置，淘汰落后产能。竞争机制促进技术创新，实现全要素生产率跃升，降低实体经济供给成本。④ 政府提供良好的法治环境，保持宏观经济稳定，提供基本社会保障。⑤

---

① 肖冲．地方立法权限问题研究［J］．哈尔滨师范大学社会科学学报，2019，10（04）：43—47.

② 郝金月．试论我国个人破产制度实施的困境与破解［J］．法制与社会，2020（27）：9—10.

③ 彭森．推动新一轮市场化改革再出发［J］．理论导报，2020（05）：23—25.

④ 肖翔，贾丽桓．实体经济结构性供需失衡的三维治理逻辑［J］．理论视野，2020（09）：54—60.

⑤ 吴敬琏．产业政策面临的问题：不是存废，而是转型［J］．兰州大学学报（社会科学版），2017，45（06）：1—9.

三是以“有形的手”为实体经济提供环境保障，实现“新供给创造新需求”。政府应秉持规制中性的原则，完善公平竞争审查制度。只有公平竞争的市场环境，才能推动要素配置实现效益最大化和效率最优化。[①] 破除体制机制“中梗阻”，建立生产要素自由流通、产权保护得宜的市场环境。放松对企业的供给约束，营造适度宽松的创新发展环境。实体经济结构优化的关键是培育新动能，实现“新供给创造新需求”。[②]

2. 努力构建市场中性，促进民营企业公平参与市场竞争

一是构建市场中性的环境，扶持民营企业公平参与市场竞争。市场经济本身就是中性的，需要的是中性的发展条件。中性的发展条件就是三个中性：第一是产权中性，第二是竞争中性，第三是政府的规制要中性。这三个中性共同构成了市场中性。[③] 营造良好的市场环境，保障民营企业平等使用生产要素、平等享受国家政策支持，扶持民营企业健康发展，促进民营企业更好地参与市场竞争。

二是积极构建公平竞争环境，为民营企业发展创造充足的市场空间。只有健全公平竞争的市场环境，才能破解各种各样的“玻璃门”“旋转门”。在市场准入、审批许可、经营运行、招投标、军民融合等方面，给民营企业发展创造充足的市场空间。

三是积极减轻企业税费负担，减少企业交易成本。清理规范涉企收费，减轻企业的制度性交易成本，推进增值税等实质性减税，对小微企业、初创企业实施普惠性税收优惠。[④]

3. 加强对私有产权的保护，依法保护民营企业家权益

一是在宪法中明确规定私有产权的法律地位，提供坚实的上位法依据。细化私有产权的保护范围，土地产权、个体经济及私营经济等都应当被纳入产权保护的范围中。应准确界定产权保护的范围，为构建完善的民营企业产权保护

① 彭森．推动新一轮市场化改革再出发［J］．理论导报，2020（05）：23—25.
② 肖翔，贾丽桓．实体经济结构性供需失衡的三维治理逻辑［J］．理论视野，2020（09）：54—60.
③ 孔泾源．市场经济体制与基本经济制度［J］．中国经贸导刊，2020（02）：40—42.
④ 卢均晓，高少丽．实质竞争中立研究［J］．价格理论与实践，2019（06）：33—38＋174.

法律体系提供上位法依据。①

二是加强对私有产权的保护，清理存在法律歧视的相关条款。清理存在法律歧视的相关条款，如土地使用权、抵押贷款、市场准入限制、税费差别征缴等问题，增加特别保护民营企业免于法律歧视的条款。加快民营企业产权保护立法进程，为民营企业提供最有力的法律保护。设立专门的管理机构保护民营企业产权，针对民营企业家的产权保护作出专门化、具体化、差异化的立法规定。②

三是树立审慎理念，严格区分经济纠纷与经济犯罪的差别。把握企业正当融资与非法集资等界限，准确把握经济违法行为入刑标准，严防刑事执法介入经济纠纷；对涉嫌违法的企业和人员，依法慎重决定是否采取拘留、逮捕和查封、扣押、冻结等强制措施。③

4. 完善要素自由流动，激发全社会创造力和市场活力

一是推进土地制度改革，健全城乡统一建设用地市场。加快修改完善土地管理法实施条例，完善相关配套制度，制定出台农村集体经营性建设用地入市指导意见。充分运用市场机制盘活存量土地和低效用地，研究完善促进盘活存量建设用地的税费制度。

二是深化户籍制度改革，推动基本公共服务均等化。建立城镇教育、就业创业、医疗卫生等基本公共服务与常住人口挂钩机制，推动公共资源按常住人口规模配置，推动城镇基本公共服务覆盖常住人口。畅通劳动力和人才社会性流动渠道。健全统一规范的人力资源市场体系，加快建立协调衔接的劳动力、人才流动政策体系和交流合作机制。④

三是完善资本要素市场化配置，增加民营企业的金融服务供给。完善股票市场发行、交易、退市等制度。健全多层次资本市场体系，优化金融资源配置，放宽金融服务业市场准入，增加民营企业的金融服务供给。⑤

5. 健全市场准入负面清单制度体系，破除市场准入隐性壁垒

一是落实“全国一张清单”管理模式，完善清单信息公开机制。严格禁

---

①② 孙刚，王健铮．刍议我国民营企业产权保护立法［J］．企业科技与发展，2019（06）：194—196.

③ 齐素．依法保护民营企业家产权［J］．人民司法，2019（01）：34—40.

④⑤ 彭森．完善要素市场化配置体制机制［N］．经济日报，2020－04－14（005）．

止并持续清理各地区各部门自行发布市场准入性质的负面清单，建立全国统一的市场准入制度体系。建设全国一体化在线衔接匹配的政务服务平台，为实现清单措施“一目了然、一网通办”奠定基础，不断提升市场准入透明度和便捷性。①

二是破除市场准入隐性壁垒，放宽市场准入试点。按照“清单之外不得另设门槛和隐性限制”要求，及时发现各种形式市场准入不合理的限制和隐性壁垒，列出问题清单，制订分工方案，建立工作台账。②进一步放宽市场准入试点，多措并举推动市场准入门槛不断放宽。③

6. 优化民营企业融资路径，为民营经济高质量发展营造优良环境

一是成立专门机构，保障民营企业贷款。成立由工商部门、金融机构及民营企业代表组成的民营企业监督服务机构，解决民营企业在融资过程中信息不对称的问题。④ 形成行业间横向划分和不同政府层级纵向划分相结合的引导基金体系，同时最大程度撬动社会资金的参与。⑤

二是借助融资工具，进行多元化融资。发挥债券融资工具的功能，发行小微企业增信集合债。⑥将社保、工商等公共服务下沉到金融物理网点，为银行金融产品创新提供有利条件。⑦通过发行纾困债的方式弥补地方政府财政资金不足的问题，支持民营企业健康发展。⑧

三是落实政策措施，破除制度歧视。将地方民营企业政策落实情况、金融支持状况纳入政府考核机制，为民营经济创造优良的政策环境。⑨进一步改善金融产业政策环境。加大金融机构和金融中介服务机构引进力度，综合运用基金小镇等多种新兴模式服务地方金融与经济发展。⑩

（报告执笔：徐照林 贾存斗）

①②③ 郭丽岩. 健全市场准入负面清单制度体系是完善社会主义市场经济体制的重要举措［J］. 中国经贸导刊，2019（23）：6—8.

④⑥⑧⑨ 胡恒松. 中国民营企业融资难融资贵问题研究［J］. 区域经济评论，2019（06）：82—87.

⑤⑦⑩ 王剑锋，吴京，徐万肖. 小微企业融资难：合约逻辑、政策评析与完善建议［J］. 金融理论与实践，2020（01）33—40.

第三部分：

多元矛盾纠纷解决机制试点
“淄川实践”

基层社会治理是社会治理的关键支撑，是国家治理的重要基石。处于社会转型期的现代中国，各类基层社会矛盾纷繁复杂，矛盾纠纷出现类型多样化、主体多元化、内容复合化、调处疑难化、矛盾易激化等特点。[①] 目前，我国经济社会发展已进入新常态，如何有效化解社会矛盾已经成为社会治理的核心议题与重要任务。

以习近平同志为核心的党中央高度重视社会矛盾化解机制建设，党的十九届四中全会报告指出，“坚持和发展新时代‘枫桥经验’，畅通和规范群众诉求表达、利益协调、权益保障通道，完善信访制度，完善人民调解、行政调解、司法调解联动工作体系，健全社会心理服务体系和危机干预机制，完善社会矛盾纠纷多元预防调处化解综合机制，努力将矛盾化解在基层”。近年来，在中央政策方向的指引下，我国各级政府积极探索，采取有力措施，有效化解了大量社会矛盾，创造了行之有效的地方经验，促进了社会和谐稳定。其中，山东省淄博市淄川区在社会矛盾的治理体系、治理机制、治理措施等方面积极探索，形成了基层多元矛盾纠纷解决机制的“淄川实践”，为全国其他地区基层治理矛盾纠纷解决提供了可参考、可借鉴的“淄川样本”。

一、淄川多元矛盾纠纷解决机制试点创新实践背景

当前，我国基层社会治理呈现出社会治理重心向基层下移、基层自治共治有机融合、基层法治化水平有待提升的特征，面临着公共价值整合、多元主体协同、治理结构碎片化的困境，在此背景下，淄川区也存在着资源枯竭转型矛盾突出、产业发展不均衡、法治权威效力不足的治理困境。在中央高度重视、山东省全力支持多元矛盾纠纷解决机制建设工作的前提下，由于自身经济基础夯实、改革基础良好、文化底蕴浓厚，具备了建设多元矛盾纠纷解决机制的基础条件，淄川区瞄准矛盾调解的核心目标，建立了以诉讼服务中心、法官便民工作站、诉调对接网络“一个中心、一个站点、一个网络”为核心的立体化诉讼服务平台，围绕着“大党建”“大调解”“大联动”“大服务”四个重点工程展开工作，借助大数据信息服务，建立了纵横贯通的特色调解平台，将矛

---

① 郭志远．我国基层社会矛盾预防与化解机制创新研究［J］．安徽大学学报（哲学社会科学版），2014（2）：119—129．

盾化解在基层一线。

（一）当前我国基层社会治理的基本特征与发展困境

改革开放40多年来，我国的政府行政管理经过不同历史期不断的探索与创新，发生了全局性的、深刻的历史变革，从计划经济时期的“管控型”社会管理，到十七大期间的党政主导型社会管理，再到十八大期间的社会治理创新，如今正朝着十九大提出的打造共建共治共享的现代化社会治理格局目标不断前进。党的十九届四中全会提出，“社会治理是国家治理的重要方面，必须加强和创新社会治理，完善党委领导、政府负责、民主协商、社会协同、公众参与、法治保障、科技支撑的社会治理体系，建设人人有责、人人尽责、人人享有的社会治理共同体，确保人民安居乐业、社会安定有序，建设更高水平的平安中国。”

党的十九届五中全会通过的《中共中央关于制定国民经济和社会发展第十四个五年规划和二〇三五年远景目标的建议》（以下简称《建议》）进一步指出，“十四五”期间要努力实现“社会治理特别是基层治理水平明显提高”的目标，这是新时代新发展阶段我国社会治理的科学指引，是以习近平同志为核心的党中央总揽全局作出的重要部署。《建议》还提出了“向基层放权赋能”“推动社会治理重心下移”“提高基层干部队伍能力和素质”“为基层减负”“构建基层管理服务平台”“基层治理与市域社会治理联动”[①] 等一系列重要举措，形成了进一步为基层治理现代化创造条件的“组合拳”，充分彰显了中央重视基层、发展基层的决心和魄力。

1. 当前我国基层社会治理的特征

一是社会治理重心向基层下移。党的十九大首次正式提出“加强社区治理体系建设，推动社会治理重心向基层下移”的命题。党的十九届四中全会更明确强调，“推动社会治理和服务重心向基层下移，把更多资源下沉到基层，更好提供精准化、精细化服务”。社会治理重心下移来源于我国基层治理实践的推动，是完善我国社会治理体系、提高我国治理现代化水平的重要举

---

① 民政部副部长詹成付．努力为基层治理创造条件［N］．西藏日报，2020-11-11.

措。所谓社会治理重心下移是指坚持党的领导，确实转变政府职能，把更多的人力、物力、财力和精力下沉，实现公共资源向基层聚集、公共财政向基层倾斜、公共服务向基层延伸，从而充分调动基层治理主体的积极性，推动基层治理模式的创新，确实提高基层治理实效。社会治理重心下移可谓意义深远，就社会稳定而言，只有将治理重心下移，关口前置，扎实做好基层社会治理工作，才能从源头上化解各种矛盾，确保问题在基层解决，有效阻止风险扩散；就社会治理工作而言，重心在基层，创新点也在基层，社会治理重心下移能节约治理成本，提高治理效率和水平。①

二是基层自治共治有机融合。创新社会治理体制是推进国家治理体系和治理能力现代化的重要内容。基层社会涉及多元主体，需要社区自治与多元主体共治的有机融合。近年来，全国各地在党建引领下积极探索基层自治共治有机融合的现实路径。习近平总书记2017年参加全国两会上海代表团审议时提出，希望上海“在推进社会治理创新上有新作为”。上海市第十一次党代会提出：“以党建引领基层社会治理创新，增强社区自治共治、共建共享能力”，并提出要“构建党建引领的自治、共治、德治、法治一体的基层治理格局”。② 上海市通过在街镇层次形成多元共治的制度网络、在街区③层次推动“自治”与“共治”有效对接、在居民区层次实现自治活力的深度激发，形成了有效的城乡自治共治网络。④ 其他许多地方也针对居委会自治能力不足、社区问题不断增多、居民参与率低等问题，通过搭平台、建机制、试方法、育能力等途径，探索建立多元主体参与的共商共议、共建共享的社区共治机制，实现政府治理与社区居民自治的良性互动格局。

三是基层矛盾治理朝柔性调解方向发展。随着经济社会转型升级，各种类型多样、需求多元的社会矛盾随之涌现，而传统理念强调的硬性法治，一方面易导致人民群众对司法裁判过度依赖，大量纠纷积压在诉讼环节，造成诉讼效率降低，司法公信力下降，给社会安全稳定带来隐患；另一方面又过

---

① 陆继锋，陈庆道，赵辉．基于社会治理重心下移的社区治理有效性提升：挑战与对策［J］．山东行政学院学报，2019（05）：50—57.

② 张敬芬．创新自治共治机制 推进基层社会治理——上海嘉定马陆镇的实践与思考［J］．上海党史与党建，2017（12）：45—47.

③ 上海的街区指在街道之下，若干居民区之上组成的地理区域，在中心城区一般覆盖6000—8000户居民。

④ 黄晓春．党建引领基层自治共治：实践与理论思考［J］．党政论坛，2017（03）：17—20.

分强调以牺牲公正为代价的拖、压、瞒等“和稀泥”的处理模式，使人民群众对纠纷解决的体验和感受下降，造成历史和现实问题相互牵扯，使社会矛盾纠纷更加复杂。[①] 诉讼洪潮是经济快速发展和公众维权意识不断增强的产物，考验着基层法治化治理的能力和水平。在这种时代背景下，如何反思纠纷解决和社会治理的规律，追求非对抗、自治、效率、便利、参与、协商等价值的多元化理念促成了传统硬性法治机制向现代的转型以及大量新型纠纷解决机制的产生。

2. 当前我国基层社会治理的困境

一是公共价值整合困境。基层治理变革，首先需要回答“为了谁”的问题，这就需要基层政府在多元利益诉求中对公共价值进行整合。在我国的权力结构体系中，基层政府处于压力型体制的末端，不得不将大量精力和资源用来完成上级下派的各种事务和发展地方经济，自上而下的任务分解和考核的压力挤压了基层政府本应履行的社会责任。同时，基层政府作为国家政权在基层社会施行的代理人，往往成为民众利益诉求的最直接对象和民众不满情绪的最主要发泄对象。因此，当前基层政府呈现出明显的被动式治理特征，一方面，基层治理首要的是必须完成各类自上而下的任务安排；另一方面，也需要化解自下而上的各类问题诉求以回应上级对“稳定”的考核。[②] 在这种任务导向的被动式治理中，整合公共价值的现代治理理念与方式在现实中通常被简化为一种纯粹策略性的工具选择，其治理变革缺乏内在的动力机制和外在的保障机制，这无疑与治理现代化的要求背道而驰。

二是多元主体协同困境。治理主体多元化是治理现代化的最本质特征和重要价值所在，但不同主体间的能力差异以及政府主导与社会参与的非均衡是基层社会治理面临的又一困境。在如何面对不断成长的社会力量和不断增多的参与诉求上，一些基层政府明显能力准备不足，治理方式上重管制轻协调、重堵轻疏的现象仍然普遍存在。囿于长期参与实践的缺失和公民文化发展的相对滞后，公民的民主素质和参与能力也成为制约多元主体合作治理的重要因素。多元主体协同困境的另一重要表现形式是政府主导下的“选择性参与”问题，

① 陈辽敏. 创新型多元化纠纷解决机制的构建与发展——以浙江省杭州市西湖区人民法院为例 [J]. 中国应用法学，2017 (03)：79—88.

② 吴兴智. 破解基层治理现代化的三个困境 [N]. 学习时报，2016-2-22.

即社会参与的范围、广度和深度很大程度上由基层政府选择和掌控，在一些非重大事项上政府往往乐意大力动员社会参与，而在一些涉及地方重大利益分配，特别是有可能涉及官民矛盾冲突的决策事项中，社会的参与往往是不足的，从而难以真正形成多元合作的基层治理格局。①

三是治理结构碎片化困境。基层政府作为政府体系的基石，理应在推动国家治理现代化进程中发挥不可或缺的基础性和支撑性作用。然而，在当前中国深化调整和转型发展的现实情境中，基层利益关系多元变动、治理问题纷繁复杂，基层政府治理愈发显现出碎片化治理困境，严重影响了基层治理的整体效能。碎片化是一种部门壁垒造成的低效的行政状态，表现为政府部门内部各类业务间分割、一级政府各部门间分割以及各地方政府间分割，或治理主体彼此独立、治理方式相互排斥、治理行为难以互动，或因职能界定不清导致政府治理边界不明、各公共主体之间责任模糊化，难以形成合力，其基本特征就是各种治理组织均拥有独立的领域、目标、价值与行为规范。② 基层治理结构碎片化导致了政府内部横向联动性差、纵向衔接性差、人力资源稳定性差、政策关系互动性差等一系列问题，亟待更新基层治理理念、治理机制、治理方式等进行消解。

3. 淄川基层社会治理现代化面临的困境

首先，资源枯竭转型矛盾突出，可持续发展内生动力尚待激发。淄川区曾经资源丰富，煤矿、铁矿石、陶土产量在山东省名列前茅。十几年前，淄川工业产业结构较为单一，加之高强度的矿业开发开采，造成矿产资源急速减少的窘迫局面。淄川的煤井从 1990 年的 195 处缩减至 2010 年的 8 处。2011 年，淄川被国务院确定为第三批资源枯竭城市。2013 年，为推进全国资源型城市可持续发展，国务院印发了《全国资源型城市可持续发展规划（2013—2020 年）》。根据规划，到 2020 年，69 个资源枯竭城市要基本转型。近年来，虽然淄川城市转型取得了一定成效，但与一些转型顺利的资源城市相比，淄川的经济总值增速仍有待提升，其替代产业也亟待完善。2019

① 吴兴智．破解基层治理现代化的三个困境［N］．学习时报，2016 - 2 - 22.

② 金祖睿，金太军．基层政府治理的碎片化困境及其消解［J］．江汉论坛，2020（01）：48—53.

年，淄川区生产总值初步核算数据为460.2亿元，按可比价计算，比2018年增长5.68%。而早在2008年时，淄川的GDP就已达到299.7亿元，逼近300亿元。近十年来，淄川的生产总值仅增长了一半左右，根本原因还是淄川城市可持续发展的内生动力尚在形成中，城市替代产业发展缓慢，缺乏成熟的产业体系。

淄川特有的资源枯竭型城市转型矛盾较为突出，与人民群众日益增长的多元化需求不相适应，对人民生活福祉的提升较为有限，故人民群众要求解决矛盾的呼声愈发强烈，这对淄川区多元矛盾纠纷化解机制的建立既是压力也是推动力。

其次，产业结构发展不均衡，高能耗发展惯性带来系列社会问题。淄川是淄博市一个老工业区，多年来产业偏重且发展不均衡，产业结构以传统产业为主，高耗能行业、非金属矿物制品业、化工产业仍为工业经济的主要部分，高新技术等战略性新兴产业比重较低，服务业拉动经济发展的作用尚待提高。2018年淄川区规模以上工业企业共实现主营业务收入1051.41亿元，比2017年下降5.26%。规模以上高新技术产值占规模以上工业总产值的比重为30.5%，比2017年年末下降3.3%。为实现新旧动能转换，淄川区也在淘汰落后产能，培育接续替代产业。根据规划，淄川区准备重点培育汽车制造、生物医药、激光设备三大优势产业集群，发展以新装备、新材料、新医药、新能源为代表的四大新兴产业。然而，2019年，淄川六大高耗能行业实现工业总产值188.19亿元，占淄川区规模以上工业比重的51.39%，占比增长5.24%，高耗能产业又呈现“复苏”迹象。[①] 虽然经过近十年的转型发展，淄川也陆续培育了部分低耗能的替代产业，但由于自身条件有限，发展时间短，培育的替代产业大多处于雏形阶段，并未发展壮大，尚未打造出强势的支柱产业。

淄川区的产业结构发展不平衡，难以实现经济的均衡、高速发展，具体到基层社会治理层面，体现为生态环境脆弱问题、城乡分治问题、土地资源分配问题、传统产业工人就业问题等结构性矛盾，如何及时、高效、快速解决基层的矛盾纠纷成为淄川区发展改革必须思考的方向，建立一套行之有效的多元矛

① 澎野，刘蒙蒙．甩不掉“难题”，拾不起“好牌”，淄川怎么了？[N]．新浪山东发布，2020－5－28.

盾纠纷解决机制势在必行。

最后，法治权威效力不足，基层法治规范化水平有待提升。法治化是基层治理现代化的重要内容和必然要求，但在问题导向的基层治理实践中，依法治理的有效性往往面临着诸多挑战。在淄川的基层治理实践中，也面临着依靠人格化的权威、权力的监督和制约机制软化等全国基层治理领域的共性问题。特别是针对一些棘手的矛盾事件，一些地方政府以期在短时间内“高效”地处理社会矛盾，但却无法有效确立法治的权威性并将社会矛盾纳入制度化渠道，增加了基层社会治理和利益博弈的不确定性。[①]近年来，淄川区一直在探索强化社会稳定底线意识，构建信访维稳工作责任体系，但信访数量一直在高位徘徊，区以上越级上访的数量并没有明显下降，每年都维持在1000起以上。从信访的来源看，村居、城建、物业等领域问题仍是信访的主要源头，村居各项制度落实不力、城市监管漏洞较大、管理服务不到位、村居干部经济作风存在问题，是信访量居高不下的主要原因。

受制于人才、环境、制度等多重因素的影响，淄川区基层法治的规范化水平尚有待提升，信访维稳一直面临较大压力，若仅依靠法治化权威解决基层矛盾纠纷，则面临着无法有效化解矛盾甚至加剧矛盾冲突的挑战。在基层治理现代化的发展背景下，化强硬的“刚性治理”为韧性的“柔性治理”，将法治、德治、自治三种方式相结合，形成“三元共治”的柔性治理格局，推动多元解纷机制的形成，是推动淄川基层治理现代化发展的重要路径。

（二）淄川多元矛盾纠纷解决机制试点的目标与思路

1. 淄川多元矛盾纠纷解决机制试点的目标

淄川区构建多元矛盾纠纷解决机制的目标在于寻求基层群众因多元化利益诉求而引发的矛盾的化解路径，正确处理新形势下的人民内部矛盾，同时为民众提供诉求表达与政治参与的渠道，落实协商民主，构建共建共治共享的社会治理格局。淄川区多元矛盾纠纷解决机制的建立以人类社会价值的多元化为基本理念，把维护群众的切身利益作为出发点和着力点，强调非诉讼手段在纠纷解决中的作用，发挥民间和社会的各种综合力量在纠纷解决中的作用，为当事

① 吴兴智．破解基层治理现代化的三个困境［N］．学习时报，2016-2-22.

人提供多种可供选择的纠纷处理方式，以实现不同的价值，促进多元化纠纷解决机制及法与社会的协调发展。

2. 淄川多元矛盾纠纷解决机制试点的思路（见图1）

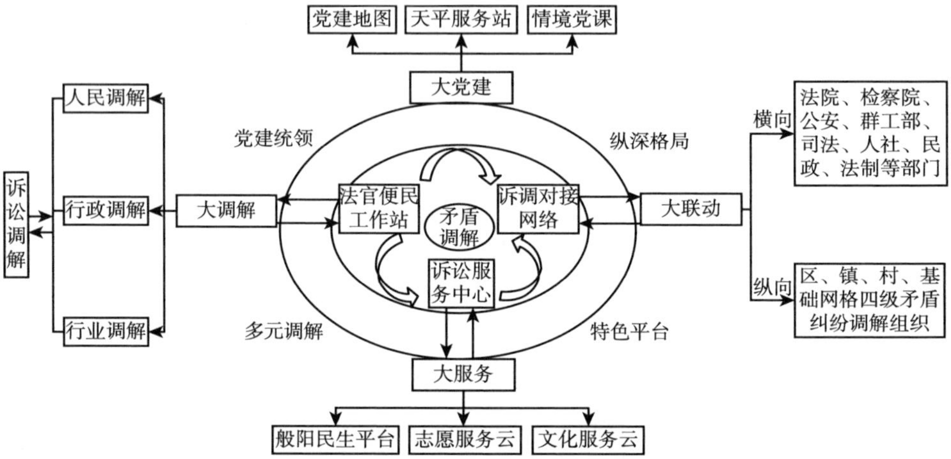

图1　淄川多元矛盾纠纷解决机制思路图

淄川区多元矛盾纠纷解决机制的总体思路在于聚焦核心、搭建平台、多元共治的“一三四”系统规划。瞄准“一个核心”，淄川区建设多元矛盾纠纷解决机制的核心在于矛盾调解，将纠纷化解在基层，注重从源头上预防和减少矛盾，为社会主体与当事人提供更多的、可供选择的纠纷处理方式，促进社会的协调发展。建设“三个平台”，淄川区在辖区形成了由区政法委统一领导、法院牵头主导、有关单位积极参与的基层矛盾纠纷化解一体化格局，建立了以诉讼服务中心、法官便民工作站、诉调对接网络“一个中心、一个站点、一个网络”为核心的立体化诉讼服务平台，加强诉讼与人民调解、行政调解、行业调解“三个对接”，实行法官与驻庭调解员联动、调解与裁判联用、社会资源与司法功能联合，全方位开展矛盾纠纷多元化解工作，实现解纷主体多元化、解纷方式多样化、解纷人员职业化。聚焦“四大工程”，淄川区多元矛盾纠纷解决机制围绕着“大党建”“大调解”“大联动”“大服务”四个重点工程展开。“大党建”方面，始终坚持以党建统领为方向，建立了一张“党建地图”，辐射涵盖多个“开放式组织生活点”，创建了“天平服务站”的党建品牌，创新开设了情境党课等，提高了党建统领的人员素质，加强了特色党员队伍建设；“大调解”方面，加强诉讼调解与人民调解、行政调解、行业调解、商事调解等有机衔接，形成程序衔接、优势互补、协作配合的纠纷解决机制，提高矛盾调解效率和速度，最大程度解决基层的矛盾纠纷；“大联动”方面，横向整合了法院、检察院、公安、信访、司法行政、人社、民政、法制等部门力量，纵向健全了区、镇、村、基础网格四级矛盾纠纷调解组织，建立了全区多元化矛盾纠纷解决多方大联动机制，提高对各类社会矛盾纠纷的化解能力；“大服务”方面，强化诉讼服务中心软硬件升级，推行“群众诉求零拒绝、案件流转零缝隙、调解确认零收费、矛盾纠纷零距离”工作方法，通过般阳民生平台、文化服务云、志愿服务云平台全面实行“一站式”大服务。

（三）淄川多元矛盾纠纷解决机制试点的机遇与基础

1. 中央高度重视基层矛盾纠纷协商调解机制

党的十九届四中全会提出的“完善正确处理新形势下人民内部矛盾有效机制”，党的十九届五中全会进一步提出“维护社会稳定和安全……构建源头防控、排查梳理、纠纷化解、应急处置的社会矛盾综合治理机制”，这为淄川建立和完善多元矛盾纠纷解决机制，努力建设全国基层社会治理范例指明了方向。我国对于多元化纠纷解决机制的确立也有相关的法律规定，《民事诉讼法》第 9 条明确规定，人民法院审理民事案件，应当根据自愿和合法的原则进行调解。2016 年 6 月 28 日，最高人民法院出台了《关于人民法院进一步深化多元化纠纷解决机制改革的意见》和《关于人民法院特邀调解的规定》，把平台建设、诉调对接、特邀调解、在线解纷等内容制度化、规范化。因此，深化多元化纠纷解决机制的改革迫在眉睫，既是全面推进依法治国的重要部署，又是人民法院司法改革的重要内容，还是提升社会治理水平、推进全社会多层次多领域依法治理的强大动力。[①]

2. 山东省全力支持多元矛盾纠纷解决机制建设

基于对党中央政策的理解与贯彻以及对淄川区发展水平与人民需求的评估，山东省委、省政府全力支持淄川区建设多元矛盾纠纷解决机制，积极落

① 赵赟，张蛟．关于构建多元化纠纷解决机制问题的探讨［J］．理论探讨，2017（05）：46—50.

实各项政策文件，成为淄川区基层治理建设改革的坚实后盾与牢固保障。2016 年 7 月，山东省十二届人大常委会第 22 次会议表决通过《山东省多元化解纠纷促进条例》，这是国内首部关于完善纠纷多元化解机制、促进纠纷多元化解工作的综合性省级地方法规，具有开创性意义。其明确了人民法院在多元化解纠纷工作中的职责定位，并提出了四个方面的要求：一是诉讼风险告知；二是先行调解；三是司法确认和审查非诉执行；四是诉调对接平台建设。山东省淄博市在矛盾纠纷多元化解工作方面也具有良好的进展，构建了“五制并举、多元共治”工作机制，突出在源头预防、责任体系、调处手段、调解渠道、依法控制上下功夫，建立健全了有政府法制机构牵头、相关职能部门为主体的行政调解工作体系，明确了行政调解范围，规范了调解的程序，[①] 为淄博市淄川区开展进一步的多元矛盾纠纷解决机制建设工作打下了良好的基础。

3. 淄川区具备推动多元矛盾纠纷解决机制试点的基础

首先，淄川区经济发展态势良好，为解纷改革奠定经济基础。淄川在明清时期就是齐鲁地区重要的商品集散地，如今以新星日日顺物流港、陶瓷总部基地、互联网大宗物资电商平台、服装新城等重点项目为引领，正在加速打造“鲁中商城”升级版。近年来，淄川农业平稳发展，工业效益稳定增长，服务业成为拉动经济发展的新增长极，投资、外贸、金融指标健康发展，财政税收保持稳定，人均可支配收入持续增长。2019 年，全区人均可支配收入为 35668 元，同比增长 8.3%，其中，城镇居民人均可支配收入为 42261 元，同比增长 7.3%，农村居民人均可支配收入为 19768 元，同比增长 9.4%；全区地区生产总值增长 5.7%，一般公共财政预算收入增长 1%，社会消费品零售总额增长 5%。[②] 淄川区经济发展态势良好，为多元矛盾纠纷解决机制工作的开展奠定了经济基础。

其次，淄川区有优良改革探索传统，助力于解纷改革实施。淄川区是第三批国家级资源枯竭城市，在多年的经济转型改革工作中，先后被评为全国科技进步先进区、中国工业百强区、全国投资潜力百强区、全国文明城市、国家卫

---

① 刘子阳．淄博健全矛盾纠纷多元化解机制［J］．法制日报，2016－5－7.

② 2019 年淄川区经济运行情况．淄川区人民政府网站，2020－2－21.

生城市和全省县域科学发展先进区等，连续两年位列全国资源枯竭城市转型绩效考核第二名。近年来，淄川区以习近平新时代中国特色社会主义思想和党的十九大精神为指导，认真学习贯彻习近平总书记对山东工作的重要指示要求，聚焦“五个转变”，以“生态优先、转型发展”为主题，主动走出“舒适区”，扎实推动老工业区转型发展、高质量发展，对基层社会治理的探索也一直处于全国前列，良好的改革基础有助于进一步推动多元矛盾纠纷解决机制的探索。

最后，淄川区文化底蕴浓厚，有利于多元化解纠纷。淄川具有浓厚的文化氛围，曾获得全国先进社科组织、全国弘孝示范城市、省级文明区、文化强省建设先进区、省级乡村文明行动示范区、全省“四德工程”示范区县、全省文化体制改革工作先进地区、全省社科普及示范区、全省未成年人思想道德建设工作先进区等荣誉。淄川自西汉建县，因南濒般河而古称般阳，保存有鬼谷子梓橦山传道授业、孟姜女哭长城、郑玄黉山书院著书育人、孝子王樵千里寻亲、增福财神李诡祖故里等历史文化资源，工艺美术陶瓷、鲁作红木、淄砚等文化创意产业独具特色，是世界短篇小说之王蒲松龄先生的故乡，淄川被誉为“聊斋名城”。东汉儒学大师郑玄（字康成）曾在淄川历史名山——黉山讲学。在儒家“仁政”治理的文化熏陶下，淄川更注重“以民为本”，提倡“学三法，倡四德，促五进”，这些思想为淄川区奠定了良好的文化基础。

二、淄川多元矛盾纠纷解决机制试点的主要做法

淄川区在党建统领的统筹协调下，建立了交互式的组织生活体系，构建了“1+N”联建模式，开发上线辐射全区的“党建地图”，创建了“红色党建·天平服务站”的党建品牌，并于党章学堂创新开设了情境党课、场景式培训；横向整合了政法、行政、综治等部门力量，纵向健全了区、镇、村、基础网格组织，建立了全区多元化矛盾纠纷解决多方联动机制；搭建了诉讼服务中心平台、法官便民工作站（点）平台、诉调对接网络平台，积极与基层群众进行良性互动；实行常态化走访以掌握社情民意，实施跟踪式服务以高效化解矛盾纠纷；开展全方位代办以提供高效便民服务，并依托大数据技术，建立了般阳民生智慧督查平台、志愿服务云平台、文化服务云平台，切实从群众诉求方面跟进督查反馈，通过志愿服务的方式为民众提供公众服务，以提供文化服务提升民众文化素质水平，从源头化解纠纷，将矛盾纠纷化解于无形中。

2015—2020 年，淄川区各级调解组织调处矛盾纠纷 2.32 余万件，调解成功 2.22 余万件；淄川公安分局受理有效警情、刑事案件发案率下降 5.7%、6.2%，命案发案率降至历史最低水平；淄川区法院立案登记制改革以后，受理行政及民商事案件数量下降 2.3%，得到了各级的肯定。2015 年，淄川区洪山司法所被司法部表彰为"全国先进司法所"；2016 年，淄博市多元化矛盾纠纷解决机制现场会在淄川召开；2017 年，在全省"分调裁"改革推进会上，被淄川区法院相关做法作为典型案例推广；2018 年，淄川区将军路街道被司法部表彰为全国人民调解工作先进集体，在全国法院基层社会治理研讨会上将淄川区法院相关做法作为典型案例推广；2019 年，淄川区法院被最高人民法院表彰为"全国优秀法院"，淄川公安分局般阳路派出所被评为全国公安机关首批 100 个"枫桥式公安派出所"。

（一）以党建统领为保障，统筹协调多元调解工作

党建统领是新时代"枫桥经验"的鲜明特征与根本保证。淄川区在建设多元矛盾纠纷解决机制进程中，始终坚持以党建统领为方向，在组织体系、党建品牌、队伍建设、阵地建设等层面加强探索实践，构建了"1 + N"联建工作模式，以"红色党建，天平服务"法院党建品牌及"心行动，馨服务"等支部微品牌创建为载体，实现"党务、业务、服务"全面统筹的良性互动，将司法服务向基层延伸，并从特色队伍建设入手，创新开设了情境党课，为多元矛盾纠纷解决机制建设打下了坚实的组织基础（见图 2）。

1. 开放互融，构建交互式组织生活体系

在组织体系方面，淄川区打破区域、行业、单位界限，通过整合辖区党员干部教育基地、党建工作示范点等六类党建资源，分领域建设开放式组织生活点，引入"互联网 +"理念，开发上线"党建地图"，构建起了"1 + N"联建新时代开放式组织生活体系，充分发挥党建在多元矛盾纠纷解决机制建设方面的统筹协调作用。"1 + N"联建模式，即建立一张"党建地图"，辐射涵盖多个"开放式组织生活点"，并通过分类搭建平台走活城市基层党建"一盘棋"。2019 年，淄川区"党建地图"荣获全国城市基层党建创新优秀案例。

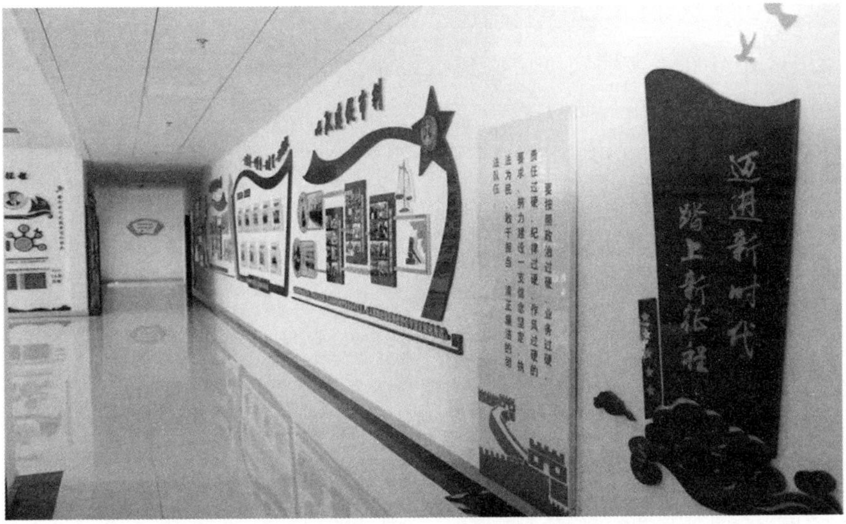

图2　淄川区搭建党建引领基层司法服务新平台

一是“因点施策”建设党建基地。在建设过程中，淄川区立足于不同领域特点和优势，坚持思维、路径、方式创新，将党建工作基础扎实、党员整体素质高、特色产业发展好的“两新”组织、农村、城市社区等领域党组织作为基地重点打造对象。一方面突出“党建+”的特色，在主题设计、项目设定、内容安排等方面充分彰显政治性、时代性、原则性；另一方面，完善基础设施建设，同步推动学习议事、教育培训、党建活动、为民服务、拓展体验等功能在基地集成，为统筹协调多元矛盾纠纷化解机制的建设提供场地保障。

首先，选点时，每年遴选一批党建工作基础扎实、党员整体素质高、特色产业发展好的党组织，通过挖掘提炼、系统总结典型做法，形成符合实际、彰显特色的党建品牌，纳入年度基层党建工作现场观摩点评点。

其次，打造时，突出党建示范点在主题设计、功能设置、项目设定、标识规范、内容安排等方面的政治功能、政治属性，统筹党校、老干部、广电等部门力量，做好主题党课策划、专题片摄制等工作，促进学习议事、教育培训、党建活动、为民服务、拓展体验等功能在党建示范点全面集成。

最后，定点时，区委党建办牵头召集组织、宣传、党校等部门组成联合验收组，对照准入条件，分别从硬件设施、辅导解说、设备运行、微党课四个方面进行现场评议。根据评议情况提出审批命名的初步建议名单，报区委党建领导小组研究确定。每年“七一”、国庆前后集中命名授牌，纳入“党建地图”，供基层党组织选择使用。截至目前，全区共投入运行开放式组织生活点 27 个。

淄川区还开展了文明实践中心建设，重点把握理论实践、政策实践、价值观实践、文化实践、新风尚实践“五项内容”，铸魂强农新思想工程、环境改善新面貌工程、移风易俗新风尚工程、家风建设新传承工程、文化惠民新文化工程“五项工程”。通过“五项内容”“五项工程”让党的思想、利民惠民政策、践行主流价值、丰富群众文化生活、推动移风易俗等内容走进文明实践站。

开放式组织生活体系从源头上打破了党建工作“体内循环”，通过跨区域、跨行业、跨单位联合开展，实现基层按需选点、按需“点餐”，更能够凸显组织生活中的党员主体地位，加强了矛盾纠纷化解的统筹协调工作力度，有助于各部门之间协调联动开展矛盾纠纷化解工作。

二是“个性菜单”满足多元需求。淄川区聚焦基层支部工作要求，量身定制组织生活“菜单”，科学确定佩戴徽章、重温誓词等六项“规定动作”，创设先锋故事会、党员生日会、专题党课等系列“自选动作”。同时，建立“基地列单、支部点单、党员用单”运行模式，突出实景代入、情境教学、现场交流、互动体验，这种组织生活形式新颖、内容丰富，让人耳目一新，感触更加深刻，能够唤醒党员意识，增强对党组织的归属感、责任感，对于党员开展信访工作、矛盾纠纷排查调处工作具有重要意义，利于矛盾纠纷化解工作的推进。

项目设置方面，科学确定佩戴党员徽章、重温入党誓词、诵读党章、交纳党费、学习研讨、情景党课 6 项“规定动作”，增强组织生活的仪式感和庄重感；分类创设诵读宪法、传唱红歌、红色生日会、微党课（专题党课）、老党员讲故事、党务天地、红色荧屏、民主评议党员、爱心驿站、党性体检、拓展（特色）体验、美丽乡村（社区）巡礼等 10 余项“自选动作”，由各开放式组织生活点结合实际灵活设置，更多地体现组织生活的自主性、开放性、互动性，更好发挥党员主体作用。

规范运行方面，设计开发“党建地图”，嵌入“淄川党建”微信公众号的综合服务项目，采取“平台列单、支部点单、党员用单”运行模式，实现全域分布、无缝覆盖。“党建地图”图文并茂展示各开放式组织生活点的具体信息、组织生活“菜单”等内容，同步提供在线浏览、活动预约、内容定制、交通导航等功能。

三是“网络平台”实现无缝链接。淄川区把组织生活传统优势与现代信息技术相结合，设计开发了“淄川党建地图”平台，嵌入“淄川党建”微信公众号的综合服务项目，实现全域分布、无缝覆盖，图文并茂展示各开放式组织生活点的具体信息、组织生活“菜单”等内容，同步提供在线浏览、活动预约、内容订制、交通导航等功能，通过这项“指尖上”的贴心服务，基层党支部只需点点鼠标、动动手指，就能全面了解各开放式组织生活点的基本情况、个性定制个性组织生活项目、获得准确到达现场的导航路径，实现线上“键对键”信息互联与线下“面对面”资源共享。截至2020年9月，全区累计参加开放式组织生活的党支部2078个、党员6.2万余人次。[①] 通过上线“党建地图”，以信息化手段助推组织生活创新开展，既提升了预约党组织的操作体验，实现了全程纪实留痕，还显著减轻了各基地的工作压力，更能及时、高效、有序指挥协调矛盾纠纷化解工作的开展，为多元调解主体、多元调解方式、多元调解平台的协调配合夯实了组织基础。

2. 双轮驱动，建设“红色党建·天平服务站”

“红色党建·天平服务站”是集党建共建、法律服务、普法宣传等多项职能于一体的服务平台，是深入实施市域社会治理精细精准工程，推动社会治理重心向基层下移、触角向社区延伸的有益尝试。工作中，淄川法院找准党建与司法服务的结合点，将职能、人员、服务进一步向基层下沉，把法院党建向社会延伸、向企业延伸、向基层社会治理延伸，有力促进了党建与司法服务的共融互促。“红色党建·天平服务站”的设立是淄川区人民法庭、法官便民工作站的延伸和补充，打通了服务群众的最后一公里。淄川区法院以“红色党建·天平服务站”的设立为契机，近距离、全方位、多渠道的提供为民、便民、利民服务，通过为群众提供优质的法律服务，依托服务站贴近群众的优势，及时了解社情民情，增强法律服务的针对性，全力维护群众合法权益。在“红色党建·天平服务站”加强法制宣传教育，并定期组织开展法律宣讲活动，目的在于引导群众树立正确、理性的纠纷解决观念，同时加大化解矛盾纠纷的工作力度，加强服务站与公安、司法等力量的协调配合，引导当事人选择多种途径和渠道解决矛盾纠纷，节约诉讼成本，减少社会对抗，夯实社会和谐稳定基础。淄川法院共设置了八个“红色党建·天平服务站”，以洪山镇“红色党建·天平服务站”为主会场，双杨镇、昆仑镇、岭子镇、龙泉镇、

---

① 开发“党建地图”构建开放式组织生活体系．中共淄川区委组织部内部资料．

寨里镇、西河镇及开发区分会场同步进行。[①]

3. 锤炼党性，“党章学堂”激发党员情怀

在队伍建设方面，淄川区以强化党员队伍教育为抓手，充分发挥党员模范带头作用，让党员成为促进乡村振兴的主力军，助力多元矛盾纠纷化解机制工作。龙泉镇投资兴建了在全国具有典型性的“党章学堂”。“党章学堂”位于龙泉镇台头村，总投资300万元，建筑面积2000平方米，于2019年5月25日启用，面向所有党组织和党员开放，被纳入区委组织部“党建地图”。在阵地建设方面，龙泉镇按照市委组织部提出了“四好一高”的标准要求，以“标准打造+亮点提升”两步走的方式，设立了综合代办区域，对全镇村级组织活动场所进行建设。

首先，创新开设情景党课。“情景党课”突出学做结合、教学相长，是推动党课从“说教式”向“体验式”转变的探索实践，旨在通过给相对抽象的理论培训加上“滤镜”，达到一种语境共创、实时互动的效果，有效提高党员对党课内涵的认知度和接受度，[②] 从而提升党员充分了解群众需求、切实为群众利益着想思想道德与政治素养，为党员下基层、信访、排查矛盾纠纷调处工作提供素质培训，更好地开展矛盾调解工作。

针对部分村居或党组织组织生活质量不高，形式内容单一缺乏吸引力，部分党员参加组织生活积极性不高，党员意识淡化及先锋模范作用发挥不足等问题，“党章学堂”紧紧围绕“学党章、用党章”主题，将党章发展沿革分为俄国十月革命、火种传播、星星之火等十个板块，生动展示《中国共产党章程》的“成长史”。开设“学党章守初心”情境党课，结合党章发展历程、原文解读以及先模人物学习践行党章的生动事例，全面展示党章内容，深入挖掘党章内涵。通过观看专家辅导、展板展示、现场讲解，综合运用图板、视频、实物、表演、互动交流等方式，生动展示党课内容，力求形式新颖、题材广泛、内容深刻，打破了“你讲我听”的传统教育模式，有效提高了党员对党课内容的认知度和接受度。自情境党课开课以来，截至2020年9月，全镇共有1700余名党员参加了情境党课，占全镇党员的85%。通过情境党课，进一步坚定了党员干部“跟党

① 淄川法院“红色党建·天平服务站”集中揭牌. 淄川区人民政府网站，2020-6-28.

② 淄川“情景党课”助力党员守初心［N］. 淄博晚报，2019-5-28.

走、跟党干”的决心和信心，为推动乡村振兴、高质量发展打下了坚实的基础。例如，台头村书记、主任冯珂通过“情境党课”更深刻地意识到党员对于一方发展的重要作用，牵头建立覆盖全村的“党员小巷”，党员主动承担环境整治等基层治理任务，各项工作均走在全镇前列，被评为“全市担当作为好支书”。

其次，率先开展场景式培训。场景式培训是将面向基层党组织成员的培训内容丰富化、生动化、具体化，以参与式互动的方式提高基层党组织成员的体验感，使党员可以更准确把握工作的流程、机制、职责。培训活动中，通过将各类党建示范点串点成线、连线成面，充分发挥先进典型的示范带动作用，从而整体上提升基层党建水平，引导党员干部秉持初心使命，在建设多元矛盾纠纷解决机制进程中主动担当作为，更具引导力和模范作用。

为了全面提升村居党建工作规范化水平，龙泉镇以“党章学堂”为载体，率先开展基层党支部标准化、规范化实训课程，组织所有村居参与。对接收预备党员、党支部委员会会议、党支部组织生活会等九个案例进行实训演练。场景式实训过程中，由参训人员实际扮演实训课程中的角色，从更加直观地角度理解各项工作的开展流程、要求。在课程推进过程中，可以实时提问，实训教师现场解答，将问题解决在现场，帮助包村干部、村党支部书记及党务工作者熟练掌握规定动作和工作程序。截至 2020 年 9 月，全部 19 个村居的两委成员、村民代表 150 余人、23 名党务工作者参加了实训。[①] 2020 年，淄川区打造上线了“淄川区党员干部思想政治体检馆”，并以此为龙头，探索建立全区思想政治体检体系。

最后，设立综合代办区域。在阵地建设方面，龙泉镇坚持“以用为主，以展为辅”的思路，结合“一次办好”的理念，在“党章学堂”设置专门的“一站式”综合代办区域（见图 3），推行党员干部为民代办服务，台头村全部代办人员入驻，辐射周边七个村居，有效改善了“一次办好”服务环境，拓展了服务内容，提升了服务群众效果，为矛盾纠纷调解工作的开展解决了场地问题。为了进一步满足群众的日常需要，台头村还利用闲置的原台头村小学场所，投资 500 万元（一期投资 150 万元）建设文体中心，内设篮球场、羽毛球场、乒乓球场、塑胶跑道、游泳池等各类运动场地。综合代办区域自投入使用以来，台头村共代办业务 3200 件，服务群众 3500 余人次，满意度达 100%。

① “党章学堂”凝聚乡村振兴党员力量．中共淄川区委组织部内部材料．

文体中心目前也已完成地面平整及硬化。①

图 3 “党章学堂”场景式培训

（二）以矛盾调解为核心，搭建多元特色调解平台

淄川区在法院设立司法调解中心，在法庭设立诉调对接工作室，通过搭建诉讼服务中心、法官便民工作站、诉调对接网络“三个平台”，加强诉讼与人民调解、行政调解、行业调解“三个对接”，实行法官与驻庭调解员联动、调解与裁判联用、社会资源与司法功能联合，并通过多种特色调解平台引导当事人以平和方式解决纠纷争议，最大限度修复社会关系，全力构建便民、务实、高效的多元化矛盾纠纷解决机制。2020 年 10 月，淄川区双杨镇人民调解委员会被评为“全国模范人民调解委员会”，体现了淄川区建设多元特色调解平台对于化解基层多元矛盾纠纷工作具有良好的示范效应。

1. 搭建诉讼服务中心平台

淄川区为了强化诉讼服务中心的枢纽作用，将诉讼引导、立案登记、财产

① “党章学堂”凝聚乡村振兴党员力量．中共淄川区委组织部内部材料．

保全、判后答疑、心理咨询、涉诉信访等业务纳入诉讼服务中心职能范围，并将其下沉至基层人民法庭。推行联署办公，除设置诉调联动工作办公室外，还创建了信访心理咨询室和诉讼辅导工作室，会同市心理卫生协会，专门聘请26名专业心理咨询师为当事人提供心理咨询辅导，积极邀请各类调解组织协助诉前矛盾化解，尽可能把说服、引导、教育工作向立案前、法庭外、裁决后延伸。强化诉讼辅导，实行诉讼常识、审判流程、诉讼执行风险“三告知”，向当事人发放“诚信诉讼承诺书”，从当事人的诉讼心理入手，着力解决当事人对诉讼一无所知、对法律理解错误、对诉讼预期过高甚至恶意诉讼等心理问题，引导群众理性选择权利救济途径。[①]

2. 搭建法官便民工作站（点）平台

在引入社会资源的同时，淄川法院还积极输出司法资源，依托六处基层人民法庭，在辖区未设法庭的乡镇设立了四处法官便民工作站，每周由法庭法官轮流值班，开展法律咨询、案件受理、指导民调等工作。主要做法有：一是深入践行“四心工作法”[②]，注重发扬落实好巡回审判、法制宣传等优良司法传统，为基层法庭配备巡回审判车，该车配有电脑、打印机等办公设施，能实现庭审同步录音、录像及车内外实时监控等功能，可随时随地就地开庭，相当于移动式智能化“流动法庭”。二是加强法制宣传，法庭专门印制法官便民联系卡、诉讼服务指南、“司法箴言小快板”等宣传小册子，作为法庭的名片分发给辖区老百姓及机关、企业等单位组织，积极引导纠纷多元化解。三是加大指导调解力度，开通法庭民情微信群，主要由调解法官、特邀调解员、乡镇司法所工作人员和人民调解员组成，借助微信“面对点”的特点，远程指导人民调解员调解或就某个案例的调解进行讨论，集思广益。同时，通过经常转发司法解释、经典案例等文章，帮助人民调解员提升自身业务素质，努力通过整合解决纠纷的各种力量，对纠纷多渠道进行调处和分流。2015年，该法官便民工作站共提供法律咨询228人次，化解镇、村诉前各类矛盾纠纷59件，指导民间调解组织化解纠纷48件，预警联动3次；共开展巡回审判21次，举办法

① 淄川法院搭建“中心、站点、网络”立体化诉讼服务平台推进多元化矛盾纠纷化解．中共淄博市委办公厅内部资料，2015－10－20.

② 注：“四心工作法”指接待当事人要热心，倾听要耐心，审判案件要细心，解决问题要诚心。

制讲座 7 期，深入企业提供法律服务 26 次。[①]

3. 搭建诉调对接网络平台

在诉调对接网络平台方面，淄川横向整合法院、检察院、公安、群工部、司法、人社、民政、法制等部门力量，纵向健全区、镇、村、基础网格四级矛盾纠纷调解组织，形成全覆盖的社会多元化矛盾纠纷解决网络体系。同时，在法院诉讼服务中心成立以立案信访局法官及各机关审判业务庭法官为主的调解法官队伍。淄川区还面向社会首批公开选聘了 12 名具有丰富调解工作经验的特邀调解员，常驻法院和人民法庭，协助调解法官专职负责诉调对接和矛盾纠纷的调处，充分发挥民间智慧和力量参与司法工作，在法院内部构建起了由调解法官和特邀调解员组成的诉调对接调解员网络。特邀调解员以理释法，着重与双方当事人谈人之常情、村规民约和社会习俗，引导双方缓和矛盾；调解法官则以法释理，给双方当事人阐明权利与义务的关系，实现了法官与特邀调解员的诉调联动，促进案结事了。2015 年 8 月至 2020 年 9 月该院寨里法庭 2 名驻庭特邀调解员共参与调解案件 1100 余件，其中 800 余件得以圆满化解。[②]

双杨俞某家属与李某、杨某损害赔偿纠纷调解案

2019 年 12 月，某镇甲村的杨某承包了乙村的李某在甲村经营工厂里的一项砌墙工程，随后杨某雇用了几名工人进行施工，就在工程如火如荼进行时，2020 年 1 月 5 日下午，其中的一名雇工俞某在给砌墙工程施工时，墙体突然倒塌，致使俞某身受重伤，紧急送往医院抢救，经抢救无效于当日死亡。死者俞某正值壮年又是家里的顶梁柱，他的意外离世，给家人带来了巨大的悲痛。面对突如其来的噩耗，俞某家属情绪激动，因俞某死亡赔偿事宜，俞某家属与杨某、李某发生争执，并向派出所报警。派出所了解情况后迅速和司法所对接，委托镇人民调解委员会进行调解。

调委会接到案件后非常重视，在征得某物业公司及俞某家属、李某、杨某同意后镇调委会对纠纷进行了登记受理，并指派经验丰富的调解员负责调处此起纠纷。本次调解指派的调解员是对处理此类案件有着丰富经验的“全国优

---

①② 淄川法院搭建“中心、站点、网络”立体化诉讼服务平台推进多元化矛盾纠纷化解．中共淄博市委办公厅内部资料，2015 - 10 - 20.

秀人民调解员”。在接到调解任务后，调解员便立即展开调查，首先从当事人的基本信息以及事发经过进行调查了解，并做了详细的调查记录。由于是涉及死亡纠纷的案件，调解员在调查清楚事实后，确定了纠纷的类型，并按照以往的调解经验制定缜密的调解方案，为后续调解工作奠定了良好的基础。

在调解前，调解员向当事人告知了在调解过程中享有的权利和承担的义务及调委会调解的性质、原则和效力。由于此次调解案件的被申请人涉及两方（即李某和杨某），为防止双方在调解过程中相互推诿、推卸责任，调解员在正式组织调解之前，找到甲村一名德高望重的老同志和镇上的一位“老司法”分别给李某和杨某做工作，从理、法、情的角度，告知他们都是需要承担责任的，实际承担责任的比例则根据具体的事实认定来确定，李某和杨某认可了该意见，并表示会积极配合调解。

李某所在厂方在得知俞某家属从外地赶来时，第一时间做了妥善安置，并安排人员一直宽慰俞某的家人，使他们的情绪逐渐平静下来，俞某家属在调解现场情绪相对比较稳定，为调解工作的开展提供了良好的基础。在第一次调解中，俞某家属认为俞某正值壮年，突然的离世让本就不富裕的家庭一下子断了生活来源，而且俞某的儿子尚未成家，对这个家庭的打击实在是太大了，因此提出了130万元的赔偿要求。李某和杨某对俞某的死因无异议，但一致认为死者家属提出的数额过高，超出自身的经济承受能力，也超出根据相关法律规定计算出的金额，第一次调解中双方并未达成一致。在此僵局之下，调解员提出，对于赔偿的数额和方式，法律都有明确的规定，既然对案件事实没有争议，那么最好的办法就是都以法律为依据，将调解从情理上升到法理层面来最终确定赔偿的数额，希望各方在此次调解后回去再仔细斟酌。

俞某的家人是从外地赶来的，他们在这里人生地不熟，希望尽快了解此案，让俞某早日入土为安，所以调解员连夜展开了第二次调解，同时也向俞某的家人提出，赔偿数额是有严格的标准和计算公式的，必须要在合法的基础上提出赔偿要求，因此劝其适当降低一次性赔偿数额。同时，调解员充分与李某、杨某协商，一是告知李某，其作为工程的发包方，对工程的施工建设有着不可推卸的安全管理责任，即便出于人道主义，也应该承担一定的连带赔偿责任；二是向承包人杨某释明，其作为工程的承包方，作为俞某的雇主，根据《最高人民法院关于审理人身损害赔偿案件适用法律若干问题的解释》第十一条第一款的规定，“雇员在从事雇佣活动中遭受人身损害，雇主应当承担赔偿责任”。雇主承担的是无过错责任，这符合我国民法的公平原则。因此，承包人杨某要承担伤亡者的主要责任。

本案调解过程比较繁琐，调解员始终保持足够的耐心，不厌其烦，反复沟通，寻找机会，用责任心感动双方当事人，赢得双方当事人的充分信任，并从专业的角度、理性的角度、感性的角度分析整个事件，摆事实讲道理，在缜密的法律规定下，调解三方都做出了退让，最终达成了调解协议。

经过多次沟通、连夜调解，双方达成了调解协议：

1. 李某、杨某共同承担俞某丧葬费、一次性死亡赔偿金、被抚养人生活费、精神损失费、家庭生活困难补助金全部费用共计人民币捌拾万元整，上述费用由李某全额垫付。

2. 双方自愿接受本调解协议书的约定，此事终结，双方不再以此事发生任何纠纷。在签订调解协议后，钱款直接转账至俞某儿子俞某甲的账户，关于俞某家属补偿资金的继承与分配问题，属于俞某方家庭成员内部问题，由其自行协商解决。

3. 关于李某和杨某之间各自应承担的赔偿责任，双方协商解决，协商不成通过诉讼解决。

该调解协议因双方当事人基于互相理解而达成，当事人双方并未申请司法确认。协议签订后，调解员继续跟进回访了解，当事人表示会按照协议履行，直至履行完毕。

这是一起人身意外死亡事故引发的赔偿纠纷，本案的纠纷因涉及多方责任，因此在调解过程中要综合考量各方情况，力求调解能够顺利进行下去。本案调委会调解员凭借丰富的调解经验，良好的法律素养，最终促使纠纷得以圆满解决，化解了矛盾，充分体现了人民调解在现实生活中的价值。为促进调解顺利进行，调解员找到了有威望、有丰富经验的“外援”一同展开工作，对案件的成功调解起到了事半功倍的效果，被申请方妥善安置死者家属、安抚家属情绪，也对案件的圆满解决起到了至关重要的作用。同时，调解员准确把握时机，以事实和法律说话，不偏不倚，保持公正，获得了调解多方当事人的信任。

每一起案件调解成功的背后都有调解员的不懈努力，对法律规定的准确把握和对调解工作的热爱促使他们废寝忘食，调解过程中，他们都表现出了沉着、冷静、耐心、细致的优良品质和高超的调解技巧。调解员从法律层面正确把握法律关系并以案释法，从道德层面开展说服教育，做到双方心服口服，从情理层面进行劝说引导，动之以情，晓之以理，实现了法理情的有机统一（见图4）。

图4　调解员主持调解，倾听当事人意见

（三）以多方联动为手段，构建“三联三心三精”体系

淄川区司法局为推动矛盾纠纷和谐化解、打通为民司法绿色通道、确保为民司法提质增效，构建起“三联三心三精”体系，即“三联”多元解纷、“三心”诉讼服务 、“三精”分调裁审。在调解主体方面，淄川区横向整合了司法、行政等部门力量，纵向健全了四级矛盾纠纷调解组织，建立全区多元化矛盾纠纷解决多方联动机制（见图5）。在调解机制方面，运用“信访听证 + 人民调解 + 司法确认”“双向交办”方式，即对初信初访信访事项进行双向录入，通过信访和矛调两个渠道交办，属于信访事项的按照信访程序办理，不属于信访事项的矛盾纠纷，启动多元化矛盾纠纷解决机制进行调解，实行“访调联动”，最大限度降低了越级访问的数量，实现资源共享、协调联动，多渠道解决群众诉求（见图6）。在调解方式方面，加强了诉讼调解与人民调解、行政调解、行业调解等有机衔接，形成程序衔接、优势互补、协作配合的纠纷化解机制，最大限度地方便人民群众。2020 年 1—10 月，淄川法院共受理案件 11026 件，审执结 10571 件，结收比为 96%，服判息诉率为 90%，审限内结案率为 99. 89%，实质化解纠纷数量占比为 85%，审判流程信息有效公开率为 99. 67%，网络司法拍卖率为 100%。[①]

① 调做“加法”诉做“减法”党建引领助力优化营商环境. 淄川区政府内部资料.

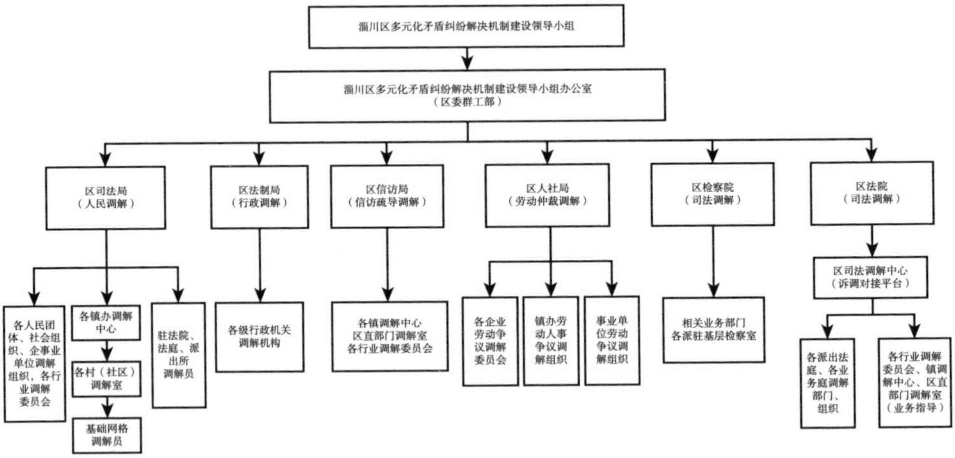

图 5　淄川区多元化矛盾纠纷解决机制组织结构图

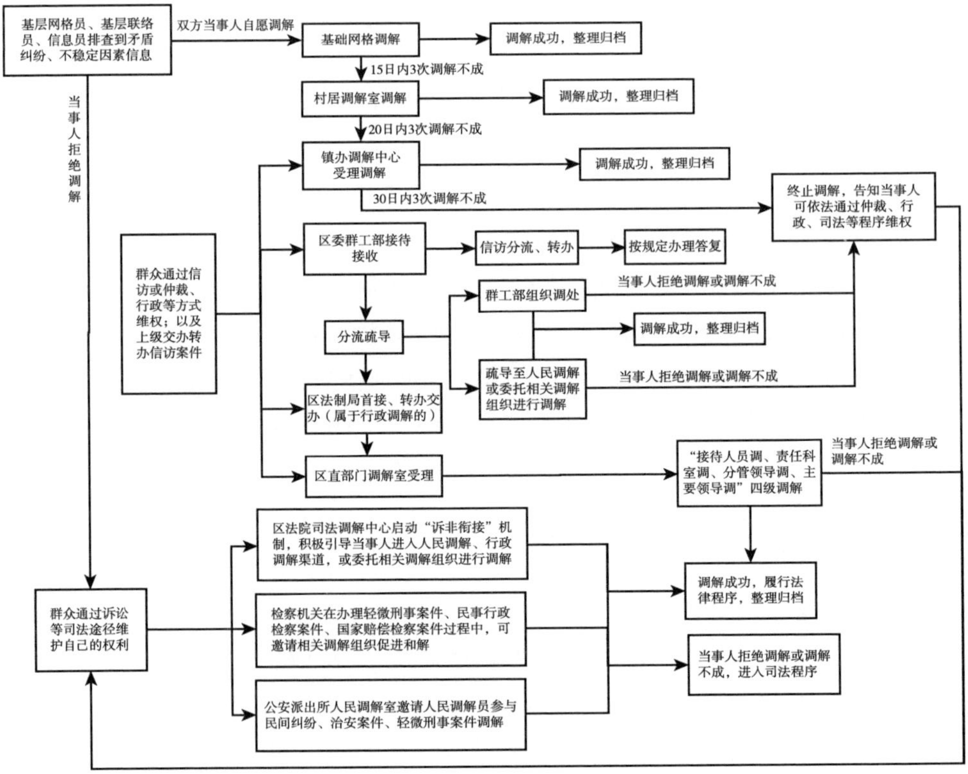

图 6　淄川区多元化矛盾纠纷解决机制工作流程图

1. “三联”多元解纷，推动矛盾纠纷和谐化解

诉源联合，就近解决问题。淄川区推动建立了全区层面的多元化矛盾纠纷解决机制，健全基层调解组织和调解队伍，配套相关经费保障和考核制度，对出现的矛盾纠纷，一律按照村民小组、村居、镇办“三三制”调解法，由基层调解组织逐级进行调解，从源头上就地预防化解矛盾纠纷。淄川区法院联合检察院、公安、信访、司法行政、人社、民政、法制等18个部门，印发《关于进一步健全完善非诉讼纠纷解决机制的实施意见》，完善矛盾纠纷多元化解机制，尽最大努力实现“小事不出村，大事不出镇，矛盾不上交”，促进社会和谐。

诉调联线，发挥专业优势。针对近年来行业纠纷大量出现、专业性强、易引发群体性事件等实际情况，淄川区先后主动与卫生健康、市场监管、司法行政、金融、工商联等部门对接联系，建立十余个行业调解组织，设置办公场所，并面向全区公开选聘由区财政全额保障的人民调解员，派驻到行业调解组织常驻办公，充分发挥行业组织参与纠纷调解的优势作用。

诉非联动，分流解决纠纷。淄川区积极推动区委区政府出台《关于推进诉讼与非诉讼相衔接矛盾纠纷解决解决机制建设的意见》等文件，明确规定诉与非诉相互衔接的工作制度和运转流程，对镇村调解组织和部门行业调解组织自行受理或法院委托的矛盾纠纷，调解组织按照工作制度进行诉前调解，调解成功的，制作“调解协议”，当事人申请司法确认的，由调解组织将有关材料流转至法院，及时立案出具“司法确认书”，2020年1—8月，淄川法院共办理由调解组织出具调解协议并申请司法确认案件87件。[①] 调解不成的，由调解组织制作“调解意见书”，载明当事人基本情况、纠纷事实、无争议情况、调解不成的原因等内容，移送法院依法进入诉讼程序，实现了诉与非诉的层次分流、有序衔接（见图7）。根据淄川区司法局的统计，2015—2019年，人民调解案件的成功率均在98%以上（见图8）。

2. “三精”分调裁审，确保为民司法提质增效

精准分流，门诊型诉前调解。淄川区法院在诉讼服务大厅专门设立诉前

① 淄博市淄川区法院打造“三联三心三精”体系着力提升司法公信．淄博市中级人民法院内部资料．

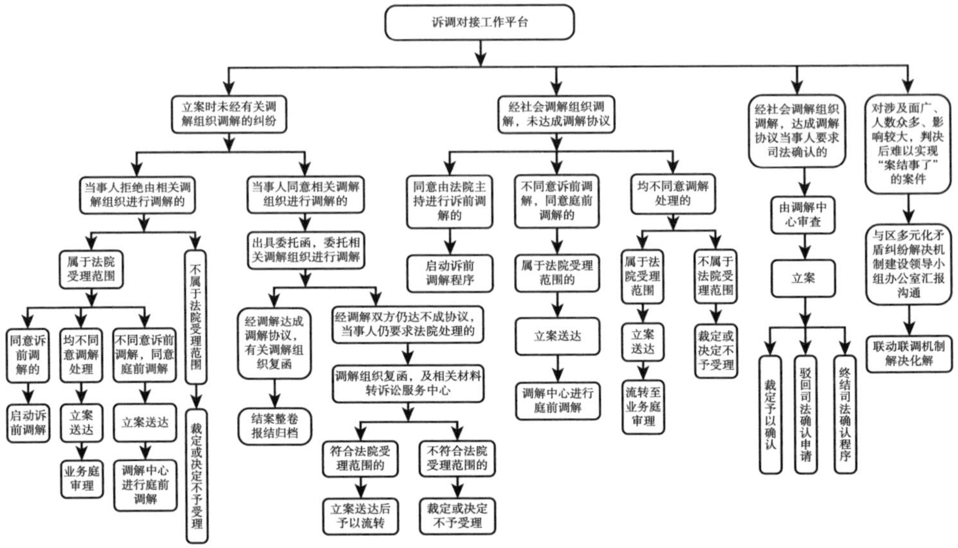

图 7　淄川区法院诉调对接工作流程图

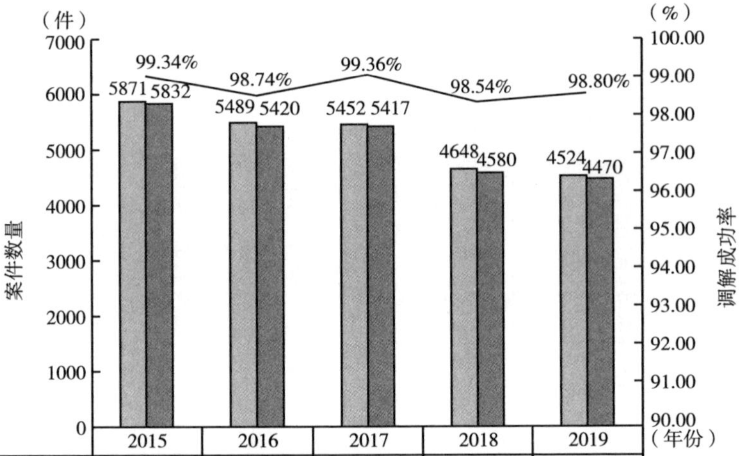

	2015	2016	2017	2018	2019
受理案件（件）	5871	5489	5452	4648	4524
调解成功案件（件）	5832	5420	5417	4580	4470
成功率（%）	99.34	98.74	99.36	98.54	98.80

图 8　淄川区司法局 2015—2019 年人民调解案件分析图

分流窗口和诉调对接工作室，在派出法庭设立诉前调解室，由速裁法官负责指导常驻院机关和 5 处派出法庭的 14 名人民调解员，对符合条件的先行诉前调解。2020 年 1—8 月，共诉前分流案件 1708 件，调解成功 695 件，调解成功率达40%。[①] 法院设立司法调解中心，专设家事、交通事故、金融、商事等专业化调解工作室，有针对性调解类型化纠纷。培育选树寨里法庭“热心大妈”刘伟调解室品牌，赢得辖区群众的高度信任和广泛赞誉，寨里法庭被最高人民法院表彰为“全国优秀人民法庭”。

精致管理，宝塔型审判执行。淄川区法院出台了《关于进一步加强民商事案件速快经团队建设及流程运转实施方案》，组建2个调解速裁团队、5个快审团队、3个精审团队，在5处派出法庭设立速裁法官，在执行局设立快执团队和执行和解中心，并对各专业化团队收案类型、案件分流、运转流程、工作衔接等作出明确规定，实行类型化管理、流水线办理。配套制定《案件节点管理、实现控制规定》《法官分类绩效考核办法》，加强对每一个审执节点的有效管理，确保每一个环节的高效运转，实现审执态势良性循环。改革审判运行机制，对交通事故、民间借贷、借款合同等简易案件全面推行要素式、表格式、令状式审判模式，使案件尽可能在最短时间内高效快速审结，减少当事人往返次数，减轻群众诉累。

精细用力，智慧型科技审判。淄川区对诉讼服务大厅诉讼服务区、移动终端、12368诉讼服务热线等科技化服务设施全面改造升级，在诉讼服务中心配置智能云柜系统方便当事人与承办法官材料收转、沟通情况，全面实行网上立案、网上交退费，为诉讼群众提供线上线下立体化、一站式服务。全面推进全流程网上办案系统应用工作，各个办案环节全部实行网上办理、线上流转、电子卷宗随案同步生成，积极建设科技法庭，实行庭审语音同步生成。主动加强与当事人、代理人的联系沟通，建立与律师、保险公司代理人等微信群，线上沟通交流情况，尽可能实现网络开庭、微信调解、线上执行，以智慧审判增强群众司法体验。

代位继承起纷争　人民调解巧化解

继承作为取得财产的重要方式，与人们的生产、生活息息相关，历来为人们所重视。现实生活中因遗产继承引发的纠纷也屡见不鲜，本案例就是一起因代位继承而引起的矛盾纠纷。

---

① 淄博市淄川区法院打造“三联三心三精”体系着力提升司法公信．淄博市中级人民法院内部资料．

2016年3月15日，钟楼街道人民调解委员会受区信访局委托，调解一起侄女小梦与大伯李某之间的宅基地继承纠纷。经了解，小梦的父亲于1998年去世，小梦跟母亲生活，2011年小梦的爷爷去世，留下一处位于经济开发区东山社区宅基地，面积312.09平方米，一直未明确分割，土地证由大伯李某拿着。小梦说，爷爷去世前曾对其承诺，房子（宅基地）由她和大伯一人继承一半，但由于种种原因未能做好分割。2016年，东山社区旧村改造，李某拿着土地证到社区签了挑房摸底表，并没有告知小梦。小梦要求对宅基地继承，防止大伯独吞这块宅基地。

2016年3月24日，钟楼调委会主任刘某、东山社区调委会主任张某组织双方当事人进行调解（见图9）。李某表示，父亲于2011年去世，其后事均由其兄弟姐妹4人（其父共有四子一女，小梦的父亲是四子已去世）办理，对于宅基地的分割，兄弟姐妹4人未曾听父亲承诺将宅基地分与侄女小梦，也没有任何证据证明。在办完父亲丧事后，兄弟姐妹4人经过协商，除李某外其余子女均放弃对父亲名下312.09平方米宅基地的继承权，由李某一人继承，但李某必须承诺对兄弟姐妹在旧村改造过程中以宅基地面积置换房产时的不足部分无偿出借继承的宅基地面积。同时，李某认为侄女小梦从小就跟母亲改嫁生活，户口不在李家户籍上，不应该继承其父亲的遗产。小梦认为，自己确实没有爷爷的书面遗嘱，但是自己对爷爷的财产仍有代位继承权，大伯不经过自己的同意就进行财产分配，如果大伯想独吞财产，那就起诉到法院，维护自己的合法权益。李某坚持认为，小梦没有赡养老人并且不是男丁不应该继承财产。双方就继承权问题争执不下。

调解员根据《继承法》进行了法律分析：在本案中，小梦的父亲先于其爷爷死亡，小梦有权代其父亲继承爷爷的遗产；而李某虽然与兄弟姐妹间达成协议，但在法律上仍应征求侄女小梦的意见。调解员耐心地对李某进行劝解，详细解释相关法律条文，最终李某同意与小梦调解协商。针对小梦，调解员首先支持其维护自身权利，但凡事可商量，不用非得闹到打官司，毕竟双方都是亲人，最终小梦也同意双方协商解决。

在协商过程中，小梦与李某就宅基地的分割方式存在争议，小梦想用宅基地面积换取东山社区旧村改造的房产，但李某不同意分给小梦宅基地面积，因在与兄弟姐妹协商时，他已答应在社区旧村改造时对面积不够的兄弟姐妹用此宅基地补齐短缺面积，如果分给小梦，会导致不能履行协议。就此争议，调解员对双方进行了调解：针对小梦的要求和了解到的社区旧村改造情况，调解员指出，小梦所分得的宅基地并不足以置换一套房产，剩余部分需要购买宅基地或者补齐差价，而小梦户口并不在社区内，宅基地使用权只允许同集体经济组织内部买卖，差价以市场价位补齐价格过高。调解员建议李某给予侄女小梦金钱补偿以取得全部宅基地使用权。最终，双方达成调解协议：李某支付人民币6万元给小梦，小梦不再就宅基地分配问题提出异议，至此双方握手言和，重归于好（见图9）。

图9 调解员调解现场

根据《中华人民共和国继承法》第十一条规定：“被继承人的子女先于被继承人死亡的，由被继承人的子女的晚辈直系血亲代位继承，代位继承人一般只能继承他的父亲或者母亲有权继承的遗产份额。”

3.“三心”诉讼服务，打通为民司法绿色通道

真心便民服务，清单化办理事项。淄川区法院出台《关于深化诉讼服务“一次办好”工作事项办理清单》，对诉讼服务中心所有服务职能一一列明办理清单，并向社会公示，实现让诉讼群众少跑腿、不跑腿、明白诉讼、减轻诉累。科学设置诉讼服务中心功能区，改建自助服务区，新建24小时法院，实现自助立案、查询、阅卷、打印等多种便民功能，并配备书写、饮水、充电、取款机、老花镜、便民伞等服务设施，满足不同诉讼群体的个性化需求，拉近与人民群众的距离，提升群众满意度。

用心高效服务，集约化辅助审判。淄川区法院将院机关所有民事案件送达保全工作交由诉讼服务中心统一实施，制定了《送达保全工作集约化实施细则》，方便当事人办理送达保全事务。创新送达保全模式，与杭州智法科技信息公司联合开发“智慧送达平台”，有效缓解“送达难”问题，减少公告案件数量，减轻当事人的诉讼负担。建立集约委托鉴定模式，全面实行网上委托鉴定，并对所有起诉时需要鉴定的案件全部实行诉前鉴定，大大缩短办案周期，方便群众诉讼。

诚心多元服务，社会化功能保障。淄川区法院在诉讼服务中心设立心理咨询室，从淄博市第五人民医院聘请四名心理学专家定期到心理咨询室坐诊，为诉讼信访群众提供人性化服务；设立律师服务工作室，由区司法局安排全区所有在册律师轮流值班，为诉讼群众提供法律咨询、参与调解、代理申诉等服务。淄川区法院与区公证处签订了公证参与司法辅助事项协议，由两名公证员常驻诉讼服务大厅，参与公正送达、保全、执行、调解等工作。[①]

（四）以民众需求为导向，畅通联系群众渠道

为切实解决好群众最关心的利益问题，用群众工作的理念、立场、方法处理群众诉求，淄川区按照市委关于固本强基维稳的总体部署，积极探索“网格化走访、网格化服务、网格化代办”的“三网”工作体系，健全了群众工作机构，拓宽了群众诉求的表达渠道，让群众的需求能够方便地进行反映，减少了矛盾的积累和上行。“三网工程”是淄川区在村居层面运用“网格+网络”机制探索实施的网格化社会管理服务模式，具体措施为在将居民居住区域按照三级网格划分的基础上，纳入与居民、企业、市场密切相关的服务项目，由街道和村居干部负责对挂包网格实行包走访、包代办、包服务、包平安、包稳定的“五包”政策，实现全街道社会管理服务的立体化、全覆盖。

1. 常态化走访，动态掌握社情民意

淄川区结合区委部署开展的机关干部下访活动，组织实施机关干部大走访，在村居层面以每 100 户左右居民为一个单位，划分 117 个单元网格，每个网格设立由一名机关干部和一名村居两委成员组成联合走访组，实现了大走访的

---

① 淄博市淄川区法院打造“三联三心三精”体系着力提升司法公信．淄博市中级人民法院内部资料．

全覆盖、网格化、制度化，动态掌握了社情民意，有助于从源头化解矛盾纠纷。

精心设计活动主题。为了突出“进村居、访万户、知民情、解民忧”这一宗旨，淄川区结合优化环境、创先争优、区划调整、村居换届等重要工作，每次走访确立一个主题，通过采取上门送文化、送政策等多种形式，宣传党的方针政策，收集社情民意，开展扶危救困，疏导社会情绪，切实拉近了和群众的距离。

突出走访重点对象。针对重点对象、重点环节和重点区域，淄川区实施“五重访一回访”制度，即对老干部、老党员重点访，困难户、低保户重点访，上访户、意见户重点访，失业群众和下岗职工重点访，社区矫正对象、思想极端人员重点访，坚持每月回访一次。通过走访发现部分弱势群体生活困难，在街道工委的倡议下，广大党员自发成立了全区首家“党员爱心基金”，善款专项用于改善这些弱势群体的生活条件。

落实包保责任制。淄川区要求网格干部实行包联系、包服务、包稳定的“三包”责任制，明确工作职责和目标任务，切实做好指导员、宣讲员、调解员和联系员。例如，柳泉湿地是全区城建重点工程，拆迁面大，涉及面复杂，通过网格干部深入到户、扎实细致的工作，顺利完成拆迁面积 2 万平方米。

2. 跟踪式服务，高效化解矛盾纠纷

畅通民情联动通道。淄川区依托网格化平台，工作重心下移，网格干部与居民建立“点对点”联系，每月拨打一个电话或发送一条手机短信交流回访。开通民情联动热线，创办《今日将军路》报纸，在街道有线电视开辟“民情联动”节目，建立街道干部“民情微博”，多渠道掌握群众所需所盼所想。

开展“五上门两必帮”活动。淄川区网格化建设要求网格干部做到群众家里有红白喜事要上门、重病住院要上门、突发事件要上门、身体残疾要上门、年老体弱要上门和家有困难必帮、重点服务对象必帮，为群众提供跟踪式、亲情化服务，以便能够及时发现问题，将矛盾解决在萌芽状态。

建立志愿者队伍。按照“自愿参与、社会动员、以奖代补”的原则，淄川区建立了党员、文化、治安调解、巾帼、绿色家园建设五支志愿者队伍，构建了维护稳定、促进和谐的志愿服务网络。

3. 全方位代办，高效提供便民服务

淄川区根据区委实行居民事务干部代办的部署，以走访网格为基础，建立

完善了“你说话、我来办”的代办网格。

完善代办网络，解决“谁来办”。淄川区按照“社区事务街道办理、居民事务干部代办”的要求，投资80万元在街道设立居民事务代办中心和群众诉求受理工作室，在村居设立居民事务代办站，在网格设立居民事务代办点，专门配备居民事务流动代办车，形成了三级联动、上下协作的代办网络。对下放三个办事处管理的2万户市区属破产企业人员，区里拿出500万元，新设6个居委会、20个简易物业，实现了社区和物业管理全覆盖。

明确代办内容，解决“办什么”。围绕代办类、诉求受理、便民服务等方面，淄川区确立了与居民工作、生活密切相关的4类36项证照、投诉等事项的受理、办理、调解工作。针对群众对社会保障的新要求，淄川区把社会保障代办作为重点，积极为群众提供相关服务。

规范代办流程，解决“怎么办”。淄川区推行网格代办“五个一”制度，即每个代办网格一张联系卡、一个意见箱、一部问询电话、一个联络邮箱、一个微博。每个代办事项，都逐一明确工作内容、工作流程、责任人和完成时限，群众有什么需求，只要打个电话，网格干部就会上门服务，切实把政府服务送到群众家门口。

贪杯共饮为尽兴 同伴丢命悔当初

中国酒文化源远流长。但是凡事有度，酒喝多了伤身又伤神，更可能给自己引来灾祸。

2020年1月18日，钟楼派出所民警接到“110”报警，该街道某社区许某在家中死亡，民警立即对案件进行调查取证。许某妻子称，1月17日晚许某与7名同事在饭店饮酒，许某喝得酩酊大醉后，一起饮酒的几人把他送回家中。第二天早上，许某妻子发现许某已死亡。死者亲朋好友四十多人聚到派出所讨要说法。由于该案属非刑事案件，为了社会稳定，防止事态扩大，派出所传唤当晚一起饮酒的7人到派出所协助调查，同时委托驻该所特邀人民调解员介入调解。

接受委托后，人民调解员与片区民警及时制定了调解方案。调解员首先向死者家属表明自己的身份，并询问其是否同意调解，死者家属表示同意。鉴于死者亲属人数众多，调解员要求死者亲属推选几名代表，参与调解。稳定好死者家属情绪以后，调解员又找到参与饮酒的7个人，征得其同意调解的意见后，展开调解工作。调解员从朋友感情、侵权责任承担等方面摆事实，讲道理，劝导参与饮酒的人积极地对死者家属进行赔偿。参与喝酒的几人表示愿意对家属进行赔偿，但是赔偿数额与死者家属的要求分歧较大。死者家属表示，如果对方不按照其要求的数额赔偿，就退出调解，用其他的方式来处理。调解陷入了僵局。

调解员及时将情况向镇调委会进行汇报，共同商量对策。在镇调委会的帮助下，根据《侵权责任法》的相关规定和死者直系亲属供养情况，算出死亡赔偿金数额，该数额远远低于死者家属的要求。调解员再次找到死者家属（见图 10），向他们详细讲解了关于死亡赔偿金的相关法律规定，并告知其如果走诉讼途径，所要求的赔偿金数额也不会完全得到支持，而且费时费力，希望他们重新回到调解上来。听了调解员的讲解后，死者家属的态度有了变化，表示愿意继续调解，并且把赔偿金额降了下来。调解员经过分别与各方做沟通交流工作，参与饮酒的 7 个人也增加了赔偿金额。

图 10　调解员和片区民警分别与当事人交流沟通

双方最终达成调解协议：参与饮酒的 7 人根据自己的责任大小总计赔偿死者家属 18 万元。双方当事人签了调解协议，并且一次性支付赔偿金。一场因饮酒贪杯闹出来的死亡赔偿纠纷终于圆满解决。

春节期间，在欢度佳节之时，亲朋好友少不了聚会饮酒。但饮酒要适量，过度饮酒不仅严重损害健康，也可能给自己和他人的安全带来隐患。在这里奉劝各位一句，美酒虽好，切莫贪杯！

（五）以信息技术为保障，建设菜单式信息化服务平台

淄川区以信息化水平为支撑，充分利用大数据技术，开发了“般阳民生”平台与志愿云、文化云菜单式信息化服务平台，三个平台各自发挥的职责功能相互协调统一，共同助力多元矛盾纠纷解决机制的建设。“般阳民生”平台的职能在于增强全区督查工作的严谨性，进一步倾听社情民意，并建立闭环的规范化大督查机制，为民众解决矛盾纠纷提供有力保障；志愿云平台的职能在于打造和谐人际关系，即通过云平台“点单式”志愿服务的手段为社会民众提供公共产品，志愿服务的内容囊括民众生活的方方面面，许多群众的需求得以通过这种温馨服务的方式解决；文化云平台的职能在于丰富群众文化生活，从提升人民群众的文化素质方面着力，践行社会主义核心价值观，从根源上避免矛盾纠纷的产生。

1.“般阳民生”智慧督查平台

淄川区在畅通社情民意渠道方面，设计开通了“般阳民生”平台，敞开倾听民意，合力解决问题，成为“群众身边的服务员”。后来，根据区委区政府关于“整合现有群众诉求资源，进一步畅通民意渠道，依托网络化、信息化、智能化手段，构建闭环大督查机制”的工作要求，淄川区对原有“般阳民生”平台进行优化升级提升，建立了“统一受理、分类督办”的“般阳民生”智慧督查平台。“般阳民生”智慧督查平台作为全区民生服务调度督查的数据处理枢纽，以淄博市12345热线、“般阳民生”网站、综治网格、区长信箱等受理渠道为基础，同时通过市信息共享交换平台与淄川区智慧城管平台对接，实现数据互连共享，拓宽民生诉求收集、夯实民生服务落地。

整合民意渠道，聚焦主要问题。“般阳民生”智慧督查平台整合了区各主要渠道的社情民意诉求，为区级以上人大代表、政协委员开通专门建议通道，形成全区社情民意“大数据”。平台还建立了大数据收集研判工作机制，对群众反映最集中、意见最大的问题及时跟进、紧盯不放，同时坚持以点带面、举一反三，梳理出阶段性、区域性多发、易发的民生问题，供领导和部门决策参考，便于提前介入、主动作为，不断提高保障和改善民生水平，实现“人在干、数在转、云在算”，形成了以民生诉求为导向的工作决策落实机制。自2019年2月平台运行至2020年9月，区领导批示点评共982件次，重点事项

推动区分管领导阅批206件次。平台分析推送夜经济、占道经营、石料破碎和私开滥挖、扶贫、危房改造、农村饮水、房地产、空气异味等问题专报102期，针对重点件、难点件，召开协调会302次、开展明察暗访92次、通过平台发布工作交办295次。①

跟进群众诉求，跟踪督查反馈。在运行方式方面，“般阳民生”智慧督查平台上的群众留言会实时生成电子工单，平台中心会将电子工单实时受理答复或转派交办至责任单位，由责任单位限时办理，结果限时反馈。群众可以对办件过程和结果进行满意度评价，区委、区政府分管同志也可对问题进行点评批示、跟踪关注，各镇街道、部门主要负责人也能及时对本单位的工作任务、处理进度跟进掌握，从而构建起“人民群众”与“区、部门、镇三级领导”在同一平台的直通式互动体系，实现了“从决策层到操作层”的快速响应。在督查机制方面，平台开辟了“工作交办”功能，对于领导决策、会议部署、上级交办的重点工作等，区领导及其团队、区委区政府办公室督查室可以通过平台“发起事项”，直达相关领导或责任单位，直接进行跟踪问效，同时及时对处置情况跟进督查、评价反馈，形成完整的工作“闭环”。这一做法彻底改变了原有流转环节多、传递速度慢、信息不对称的情况，建立起了扁平化工作新模式。平台自2019年2月运行以来，日均留言量200余条，事项的按期办结率始终保持在99%以上，截至2020年10月底已累计解决群众诉求110000余件，群众满意度从上线前的74.14%上升到了89.79%，提高了15个百分点。②

落实立体机制，完善考核体系。“般阳民生”智慧督查平台建立起了从受理发布、分派转办、处置办理、跟进督查、评价反馈的完整工作闭环，整个流程运作透明、办件情况实时查询、全程追溯，办件质量一目了然。同时，平台智能生成“办件量排行榜”“超期率排行榜”“退回率排行榜”“满意度排行榜”等榜单，通过“一网晒单亮责”，用数字显示工作成效，用“智能”评价补充“人工”评价。为进一步完善考核机制，淄川区还出台了《“般阳民生”平台工作考核办法》《“般阳民生”平台工作问责办法》，实行一月一考核，一月一通报，通过具体细则强化考核结果运用，进一步倒逼各单位狠抓落实，转变工作作风。

---

①② “般阳民生”平台运行情况．淄川区政府内部资料．

2. 志愿服务云平台

为提高新时代文明实践志愿服务的精准有效供给，淄川区创建了“淄川志愿云”网络志愿服务平台。“淄川志愿云”平台涵盖理论宣讲、社保知识、法律知识、文艺演出、红色电影、爱心理发等与百姓生活密切相关的内容，建立了党员、文化、治安调解、巾帼、绿色家园建设等志愿者队伍，采取百姓点单、志愿送单的方式精准对接群众志愿服务供给与需求。在“淄川志愿云”平台开设“百姓点单”栏目，由各村居实践站站长结合群众需求进行点单，区新时代文明实践服务中心组织各志愿团队接单、送单，推动新时代文明实践志愿服务活动精准化、常态化开展。“淄川志愿云”自2019年3月开始运行至2020年9月，已有2184支志愿者队伍、13.5万名志愿者注册，开展送单活动6.7万次，活动时长126.8万小时。

“为农村老人理发”志愿服务点单

老人年龄大了，腿脚不利索，出门理发不方便，有些老人一两个月都不理一次发。针对农村老人理发难的问题，西省村新时代文明实践站专管员张宝洲在“淄川志愿云”平台上，进行了“为农村老人理发”的百姓点单（见图11）。淄川区青年志愿者服务队看到西省村的这一需求后，主动接单、送单，温馨、细致的服务得到了老人们的交口称赞。

图11 淄川区志愿云服务

3. 文化服务云平台

淄博市以淄川区为试点，创新性打造推出“淄川文化云”公共数字文化服务工程，开辟了“公共文化服务+互联网”新路径，实现了公共文化服务供需精准、无缝对接。“淄川文化云”是山东省内第一朵区县级公共文化云，是综合运用云计算、云存储、大数据等技术，整合文化资源，统一提供“一站式”数字化公共文化服务的平台。群众只需登陆这朵“云”，就可以了解全区文化政务资讯、访问全区各类文化场馆、获悉所有文化活动以及参与各类文化项目，实现群众对公共文化服务“我要知道、我要参与、我要互动”的基本需求。

在“淄川文化云”平台上，淄川区坚持道德、行政、法治相结合，深入开展“学三法、倡四德、促五进”活动，既注重法律的硬杠杆，又注重道德的软约束，多管齐下推进平安建设（见图12）。“三法”指的是新的刑事诉讼法、民事诉讼法，交通、公路法规和老年人权益保障法；“四德”工程自2012年在全区开始，以“爱德、诚德、孝德、仁德”为主要内容，分别对应中央提出的社会公德、职业道德、家庭美德、个人品德；“五进”指促进法律知识的社会宣传功效，增强学法、遵法、守法、用法自觉性，主要目的是以社会主义核心价值体系为主线，以建立良好道德规范和构建共有精神家园为目标，凝聚道德力量，形成推动发展的思想保障和精神支撑。

图12　淄川区文旅新局汇报“淄川文化云”运行情况

三、淄川多元矛盾纠纷解决机制试点的方法与策略

淄川区在探索多元矛盾纠纷解决机制试点的过程中，十分注重经验的总结和方法的创新，从源头、机制、模式、队伍、品牌、保障六个方面入手，形成了一套破具特色的矛盾纠纷解决方法和策略。

（一）从源头入手，将矛盾化解在萌芽状态

淄川区从矛盾纠纷的源头入手，在排查社会矛盾信息、实行“三三制”人民调解法、研发“风向标”智慧维稳系统方面加大了工作力度，以实现将矛盾纠纷尽量化解于萌芽状态，做好矛盾纠纷的预防，避免矛盾的扩大化。

1. 全面排查社会矛盾信息

淄川区建立了党员干部公开接访、下访、约访和联系点相结合的工作制度，对热点难点问题和可能引发群体性上访的苗头性、预警性信息，村居、镇办加强信息预警并及时采取化解稳控措施，定期组织开展大排查大化解活动，及时了解群众诉求、化解各类矛盾纠纷。深入推进社会稳定风险评估机制、预警防范机制、应急处置机制建设，从源头上预防和减少社会矛盾，提高社会稳定工作的科学化、规范化水平。

2. 实行“三三制”人民调解法

淄川区实行矛盾纠纷层级量化管理，规定一般性矛盾纠纷，先由村民调解小组或中心户调解员调解三次；15 日内不能解决，则移交村（居）人民调解委员会协调基层法庭、司法所等各方力量再调解三次；20 日内调解不成功，再移交镇（街道、开发区）人民调解委员会，通过召开联席会议，在 30 日内对纠纷再调解三次。经过这九道调解防线，仍不能化解的，移送法院司法调解中心并出具“调解情况说明函”，由法院征求当事人意见后启动诉前调解或予以立案。淄川区通过实行“三三制”人民调解法，在区分矛盾性质、加强矛盾双方或多方沟通、缓解司法压力等方面起到了良好的效果，有效预防和阻止了基层社会矛盾的恶化发展。

3. 研发“风向标”智慧维稳系统

淄川区还研发了“风向标”智慧维稳系统，将全区重点人员、矛盾纠纷、不安定因素等涉稳信息全部纳入系统，通过内部“数据模型化分析”功能，对各类预警数据和重点人异常活动轨迹早发现、早处置，实现了对重点人员的实时预警、动态管控。先后开展治安要素、一标三实（标准地址、实有人口、实有房屋、实有单位）采集摸排，通过持续开展不安定因素排查化解、信访积案清零、重点场所管控、落实群防群治措施等工作，全面做实各项维稳基础。2017年，各级各类调解组织共调解案件5016件，调解成功4765件，成功率达95%，充分发挥了维护社会稳定的第一道防线作用。①

（二）从机制入手，打造“全流程”矛盾化解服务体验

淄川区从平台运行机制、诉讼服务机制、诉讼与公证协同服务机制入手，打造了“全流程”的矛盾化解服务体验，使得矛盾纠纷化解工作更具高效性、规范性、科学性。

1. 规范平台运行机制

淄川区制定了《诉调对接工作细则》《司法调解中心管理规程》《特邀调解员选聘管理暂行规定》等配套制度，建立了诉调对接工作流程图、无异议调解方案认可机制、无争议实践记载机制、行政案件协调和解机制、刑事和解工作机制、执行案件联动化解机制等，努力实现诉调对接的系统整合。在平台运行方面，明确规定了各个环节的操作规范和时限，确保了非诉调解与诉讼程序的顺畅对接，实现了诉讼调解与人民调解、行政调解、行业调解的三个“无缝对接”。在流程管理方面，对诉调对接案件的审查、登记、移送，案件调解期限、调解不成案件的移送、退回等期限做出明确规定，严格执行诉前调解、庭前调解、委派调解、委托调解、联动调解和司法确认的各流程节点要求，实行“一案一卷”。②

---

① 淄川区司法局2017年度工作总结及2018年度工作打算. 淄川区司法内部资料.

② 淄川法院搭建“中心、站点、网络”立体化诉讼服务平台推进多元化矛盾纠纷化解. 淄川区政府内部资料.

2. 深化诉讼服务机制

围绕着“大立案、大服务、大调解”，淄川区强化了诉讼服务软硬件升级，将诉讼法律咨询、诉讼辅导、诉调对接等除庭审之外的所有诉讼服务，全部前移到了诉讼服务大厅，强化了诉讼服务中心诉调对接协调管理职能，实现了辅助事务集约化、纠纷分流多元化、诉讼服务智能化。淄川区扎实推进了“一次办好”改革，加强了诉讼服务中心现代化建设，全面推行网上立案、网上办案、网上缴费，打造了“24 小时法院”，不断深化“分调裁”机制改革，巩固了诉讼服务在人民群众中的权威地位。

3. 建立诉讼与公证协同服务机制

淄川区创新引入了公证员参与法院司法辅助事务，建立了诉讼与公证协同服务机制，实现了法院与公证机构跨界合作，由司法局指派 2 名公证员入驻法院，接受法院委托、委派，在送达、保全、调解、取证、执行等方面参与司法辅助事务，实行诉讼与公证优势互补，使司法公信力与公证公信力产生良好的叠加效应，推动矛盾纠纷多元化解工作的协同发展。

（三）从时效入手，推进繁简分流简案速裁模式

为有效提高矛盾纠纷案件化解的效率，淄川区司法局改革了诉讼案件的办案模式，通过构建科学分案机制、加强速裁团队建设、实施公正裁判提速工程等一系列举措有效推进了案件的繁简分流，提升了审判质效。

1. 构建科学分案机制

淄川区制定出台了《案件分配及运行管理方法》，将分配案件的“权力”转变为分配案件的“规则”，保障案件准确进入繁简分流程序。与此同时，设立程序分流员，组建专门的立案审判暨诉讼服务团队，依托立案节点，加强对案件性质与难易程度的识别，实现了“甄别分流专业化、规范化”。

2. 加强速裁团队建设

淄川区大胆探索了多样化审执团队建设，把“繁简分流简案快办”作为

解决法院审判压力、提升办案质效的重要抓手，率先组建了立案审判暨诉讼服务团队、速裁团队、专业化团队、执行团队等 26 个特色化审执团队，实现“繁出精品、简出效率”。为提升民事案件办理效率，组建了民事综合速裁团队，按照“1 名法官 +1 名法官助理 +1 名书记员”的模式，成立了四个以法官个人名字命名的法官工作室，运用“多元调解 + 速裁”模式办案，实现简单民事案件快速化解。此外，也组建了刑事速裁团队，加大刑事速裁程序应用，全力服务法官多办案、快办案、办好案。

3. 实施公正裁判提速工程

为提升审判效率，淄川区夯实了庭前准备，压缩了程序性事项，推行类案快办，制定了《交通事故案件速调速审规程》《卷宗“塑身”改革规范》等制度，探索“简捷送达、联动调解、模板审判”的工作方式。对适用简易程序案件及经当事人同意的普通程序案件的庭审，将法庭调查与法庭辩论合而为一，实现简单案件集中审、简化审、快速审。近年来，淄川区院简易程序适用率在 85% 左右，一次开庭成功率在 90% 左右；民事速裁团队案件平均审理时限 30 天，案件调撤率达 62%；40% 的刑事案件 7 日内审结，服判息诉率达 98%。[①]

（四）从队伍入手，打造业务过硬的基层调解队伍

淄川区在矛盾纠纷化解的队伍建设方面，着力于建立调解员“大数据库”，建立调解员选任和培训制度和建立特色调解员队伍，打造了一支专业化、多元化、特色化的基础调解队伍，为矛盾纠纷化解工作的推进打下了坚实的基础。

1. 建立调解员“大数据库”

为充实优化人民调解员队伍，2015 年 7 月，淄川区建立了全区人民调解员“大数据库”，重点从网格管理员、退休干部（尤其是退休的法官、检察官、警察）、律师、法律工作者及“两代表一委员”（人大代表、党代表、政

---

① 坚持内外联动配合 强化调解速裁对接 全力推动矛盾纠纷多元化解．淄川区法院内部资料．

协委员）中选任人民调解员。其中，村居重点从有热心、威信高、群众基础好的人员中选拔人民调解员。淄川在全区 1240 个基础网格全部配齐人民调解员，实现了法官与驻庭调解员联动、调解与裁判联用、社会资源与司法功能联合，最大限度地修复社会关系。截至 2015 年，全区共有专兼职人民调解员 1810 名（其中镇办人民调解员 109 名，村居人民调解员 1680 名，行业人民调解员 21 名）。①

2. 建立调解员选任和培训制度

为提高调解员的业务能力和调解技巧，淄川区建立了调解员选任和业务培训制度。在建立全区调解员“大数据库”，向全社会公开，方便群众自主选择调解员的同时，配套相关经费保障和考核制度，为调解员提供必要的工作培训，让调解员熟悉掌握矛盾纠纷解决的方式方法，保证调解员队伍的专业性，赢得了民众的认可和支持。

3. 建立特色调解员队伍

考虑到一些调解工作的特殊性，淄川区还建立了婚姻家事纠纷人民调解员队伍等特色调解员队伍。婚姻家事纠纷人民调解员可由专、兼职人员组成，专职人民调解员由区法院会同区妇联统一向社会公开招聘或从设在婚姻登记处的婚姻家庭辅导中心志愿者中择优选拔，兼职人民调解员可在全区范围内的心理咨询师、婚姻家庭咨询师、律师等有专业资质的人员和热心公益事业的爱心人士中选聘，担任人民调解员必须为人公道正派，热心调解工作，并具有一定政策水平、法律知识、婚姻家庭知识。婚姻家事纠纷人民调解组织和调解员纳入人民法院特邀调解组织、调解员名册，由人民法院颁发标牌和证书。人民调解员任期 3 年，可连续聘用，当人民调解员不能履行职责时，由聘用单位解聘，并根据需要补聘。

洪某某与淄川区某医院医疗纠纷调解案

淄博市淄川区患者洪某某，女，73 岁，2019 年 11 月 24 日因“阵发性心慌 10 余年，加重伴心前区不适 10 余天”入淄川区某医院（以下简称医方）

① 淄川区多元化矛盾纠纷解决机制情况汇报．淄川区政府内部资料．

就诊。入院初步诊断：1. 冠状动脉粥样硬化性心脏病、不稳定性心绞痛；2. 高血压 2 级（很高危）；3. 脑梗死后遗症。收入心血管科住院治疗。患者洪某某在25 日行胸部 CT 检查，常规需要仰卧位双手上举越过头顶，由于患者左侧肢体活动不灵便未能上举，在检查结束后出舱时造成患者左上肢肱骨骨折。在医方骨科紧急会诊后予以石膏固定，并予以消肿对症处理。11 月 26 日转入骨科治疗并在臂丛麻醉下行左肱骨骨折切开复位钢板内固定术。术后持续进行对症治疗，病情稳定后出院休养。患者因行 CT 检查时出现左肱骨骨折，造成患者损伤，双方产生纠纷。洪某某一方申请淄川区医疗纠纷人民调解委员会进行调解。

2019 年 12 月 11 日，患者洪某某女儿宋某来到淄川区医疗纠纷人民调解委员会（以下简称医调委）进行咨询，因患者洪某某还在治疗过程中，医调委调解员对医疗纠纷的调解程序和可能出现的结果以及医患双方的权利、义务给予了详尽的解答。2020 年 3 月 20 日，洪某某向医调委提出了调解申请，同时医方也同意与患方调解处理，双方在向医调委交齐申请材料后，医调委于 2020 年 4 月 11 日受理该纠纷，组织双方进行了第一次调解听证会调查。患方称：我们是去医院治疗心脏方面的问题的，在做 CT 过程中出舱时导致胳膊骨折，医院应承担全部责任。医方回复称：属于我们医院的责任我们不会推脱，也会积极配合医调委及患方处理，但是进行赔偿需要相关依据支持，我们可以向医调委提出专家意见咨询或者做相关医学鉴定来确定我们院方是否存在过错及过错责任大小。听证会中患方向医方提出赔偿医疗费、院外护理费、住院伙食补助费、交通费、伤残赔偿金、后续治疗费、精神损害抚慰金等赔偿项目。患方选择向医调委申请免费专家咨询确定医方责任程度，但患方申请的院外护理费、伤残赔偿金及后续治疗费项目属于司法鉴定项目，医调委建议医方过错参与度可通过咨询专家确定，等专家咨询意见出来后再做院外护理费、伤残赔偿金及后续治疗费项目的相关鉴定，双方同意。

专家意见于 2020 年 4 月 19 日传达至医调委，专家评议结论：医方对患者洪某某的诊疗活动中未尽职履行谨慎注意义务，在医疗操作过程中疏忽大意，观察不仔细，造成患者损伤，医方在本次纠纷中承担全部责任。医调委向双方反馈后，医患双方表示同意专家意见。双方填写了延期调解（因调解时限为一个月）申请，办理了鉴定委托手续，确定了鉴定机构，由医调委委托本省某司法法医鉴定机构对患者洪某某与淄川区某医院医疗纠纷中的院外护理期限及人数、伤残等级及后续治疗费项目进行了鉴定。因该鉴定所就洪某某的伤、病无法作出正确结论，不能进行该纠纷中的相关项目的鉴定，该鉴定所将相关材料退回后，双方在医调委的协助下又于2020年6月12日再次确定了省内某鉴定机构并提交鉴定材料。

2020年8月21日，收到该鉴定机构发来的鉴定书后，医调委于9月3日组织双方进行了第二次调解。调解中医调委就鉴定书中第1—3项鉴定意见争取双方意见，双方同意鉴定意见。就在医调委调解员提出调解意见及相关计算方式后，患方又要求患者的住院天数应提高至痊愈的日期，并且精神损失费要求10000元的赔偿。因双方对赔偿额争议较大，本次调解再次暂停。

调解员综合考虑患者实际情况，提出后续治疗费医方承担最高上限12000元，关于患者住院天数经医方有关人员商定同意增加至100天，精神损害抚慰金通过调解员的解释：是根据患者伤残等级确定的，患方表示了解，经调解双方均作出让步，大的分歧基本消除。2020年9月7日，医调委组织医患双方进行了第三次调解（见图13），采纳双方当事人表示同意的司法鉴定意见，根据《中华人民共和国侵权责任法》《中华人民共和国人民调解法》和《最高人民法院关于审理人身损害赔偿案件适用法律若干问题的解释》有关规定，提出调解建议：从照顾患方的实际情况，医方按100%承担赔偿责任，按照有关规定和标准计算各项赔偿额。

图13　医疗调解委员会主持召开调解听证会现场

双方对医调委的调解建议和赔偿额计算表示同意，并自愿签订调解协议：

1. 医方一次性赔偿患方医疗费、护理费、住院伙食补助费、交通费、伤残赔偿金、后续治疗费、精神损害抚慰金、鉴定费共计人民币73454.28元。

2. 本协议签字后10日内履行完毕。

3. 以上款项履行完毕后，本纠纷即一次性处理终结，双方再无纷争。

该调解协议按照当事人意愿，未进行司法确认。调解协议书签订后医方积极办理了给付事宜。调解员对当事人进行回访时，患方表示调解协议内容履行顺利，非常感谢医调委同志为此付出的辛勤劳动，长达近一年的医疗纠纷圆满结案。

该案例患者为老年女性，患有粥样硬化心脏病、高血压及脑梗死后遗症，行CT检查符合诊疗常规。但医方在行CT检查前应详细阅读患者病理材料，观察患者肢体活动情况，充分了解患者病情对检查所带来的不便，根据检查的需要对患者采用适当的辅助装置，固定患处部位。因医方操作人员疏忽大意，在没有观察患者的情况下在退床过程中造成患者损伤，是双方产生纠纷的直接原因。

在组织双方进行的首次调解中，调解员主要了解了医患双方的诉求，质证了双方提交的医疗纠纷相关材料，敲定了双方确定责任的方式。在第二次调解中根据专家意见、司法鉴定意见书进行调解时双方产生了分歧，通过调解员对患方的单独解说，对法院相关执行标准的对比，和医方在此方面作出的让步，及纠纷产生以来患方亲属对医调委调解员工作的认同，为医调委第三次调解顺利结案做了铺垫。

调解中双方对鉴定结论表示认可，但在相关赔偿项目上有一定分歧，对此调解员一方面做双方调解工作，力求双方意见逐步接近；另一方面，在不超出标准前提下，结合鉴定结论提出一个合理的调解意见，在双方自愿的前提下努力促使双方最终达成协议，在整个调解过程中完全体现出了第三方调解公平公正的调解原则。

（五）从品牌入手，打造“标志化”创建成果

淄川区下辖经济开发区，般阳路、将军路、松龄路3个街道办事处，洪山、昆仑、双杨、罗村、寨里、龙泉、西河、太河、岭子9个镇。为尽量减少矛盾纠纷的产生土壤，淄川区重视基层社区建设，形成了以颐泽社区、赵瓦村为代表的和谐宜居社区和村庄，形成了良好的示范和宣传效应。安防体验馆等

特色体验场馆的打造，也在普及安全自救、防范诈骗等相关知识方面起到了积极的作用，形成了一批具有品牌效应的“标志化”创建成果。

1. 打造品牌社区，建设连心美好家园

颐泽社区位于淄川区将军大道东首，北临般阳河，南靠文峰山，是2012年新成立的社区（见图14）。颐泽社区自成立以来，坚持“党建引领、网格管理、立体服务”，努力打造在党组织引领下，社区居委会、物业公司、开发公司“四位一体”齐抓共管的“红色活力社区”。社区采取网格化党建的组织形式，在空间上把社区划分成网格来管理服务，在服务载体上搭建了“代办服务、党建连心、志愿服务”三个平台，在具体做法上开展十项连心活动（走访连心、代办连心、帮扶连心、敬老连心、结对连心、调解连心、助小连心、圆梦连心、文化连心、四德连心），形成“一网三平台十连心”的党建体系。在“一网三平台十连心”的党建体系下，颐泽社区营造了和谐、共助的社会氛围，大大提升了社区内居民的思想素质与文化修养，从源头上预防和减少了矛盾纠纷的产生。

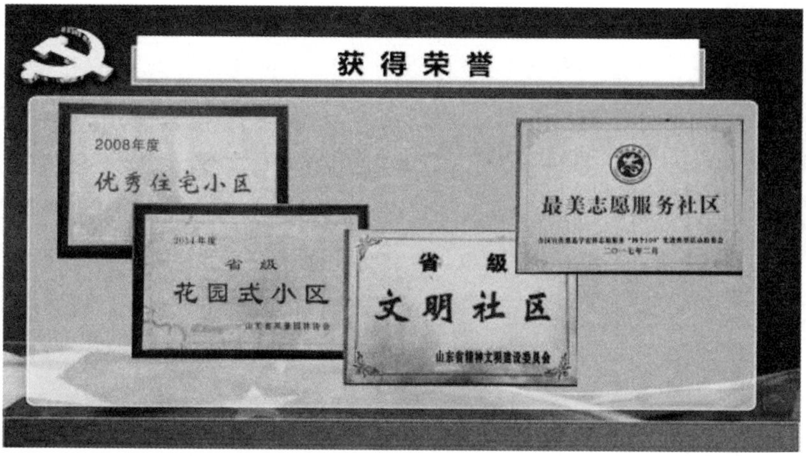

图14 颐泽社区获得荣誉

一枚金戒指

颐泽一枚金戒指的故事一直牵动着大家的心，它历经三年寻找失主，最后终于有了结果。

在2018年7月8日颐泽邻居节晚会上，主持人讲述了这个拾金不昧的故事后，再次引起了大家的关注，邻居们纷纷相互转告，帮忙打听戒指的失主。7月16日，也就是颐泽第三届邻居节结束后的第一天，失主孙先生带着当时购买戒指的发票找到了捡到戒指的张爱玲大姐，在详细核对戒指的式样和标识准确无误后，第二天一早，张大姐与失主孙先生一同来到社区居委会，经进一步核实后，大家共同见证了这感人的一幕。

2015年冬一场雪后的下午，这枚戒指静静地躺在小区丁香苑8号楼斜坡上的雪地里，被路过的张大姐捡到。张大姐捡到后的第一反应是，它的主人一定很着急，为此，她在雪地里足足等了半个多小时，但没有来认领的。也就是从那一天开始，张大姐见到邻居就问有没有丢戒指的，从此，这枚金灿灿的大戒指成了张大姐的心事。

2016年的春天，张大姐来到社区居委会，郑重委托居委会帮助寻找戒指的主人，还专门邀请社区高书记到家里查看了这枚戒指的“模样”，张大姐想法是：如果实在找不到戒指的主人，想委托居委会帮忙把戒指变卖，所得款项用来帮助困难家庭。之后，居委会专门在社区微信公众平台上发布招领通知，并通过开展活动不断进行宣传，但一直未果。

刚刚结束的邻居节晚会上，主持人讲述了张大姐拾金不昧的故事，并且现场邀请了驻社区律师进行失物认领上交相关法律规定的宣传讲解。根据法律规定，再寻找不到失主，将要把戒指交送公安机关。说来也巧，社区居委会与张大姐约好，就要在这天上午把这枚金戒指上缴公安相关部门的。

据了解，通过晚会宣传后，失主孙先生的邻居李大哥打电话问他有没有丢失过戒指，他说：“是丢过戒指，但已经是三年前的事了，不可能找回来了。”电话那端的李大哥说：“这就对上号了，这枚戒指就是我们邻居张大姐在三年前捡到的。”

三年以来，张大姐多方寻找，不断打听，丝毫不为这个天上掉下的“大馅饼”所动，终于让这个拾金不昧的故事有了个完美的结局。

2. 建设品牌村落，引领村庄精神文明

位于淄川区双杨镇的赵瓦村由于社会文明建设实践效果突出，成为淄川区的品牌村落。赵瓦村以党建为引领，以富民强村为目标，坚持依法治村、以德治村和村民自治相结合，在村容村貌、村风民风、文化事业、民生改善、产业发展等各方面都取得了显著成绩，先后荣获“全国文明村”“全国民主法治示范村”“山东省先进基层党组织”“山东省美丽宜居村庄”等百余项荣誉称号。

赵瓦村新时代文明实践站成立于2018年3月，现有新时代文明实践主题广场、文明实践一条街、文明实践礼堂等多处活动阵地，立足村民文化需求，开展了理论宣讲、知识讲座、文艺培训等形式多样的文明实践活动。例如，举行“赵瓦村新时代文明实践站文化器材发放仪式”；组织全体村民开展“新时代文明实践—赵瓦锣鼓培训班”，历时2个月成立了200余人的赵瓦锣鼓队；举办“赵瓦村新时代文明实践站——庆新春文艺晚会”等。自2019年4月2日开始，新时代文明实践站利用周一至周五的时间，为村民提供书法、声乐、戏曲、旗袍、太极拳等免费培训课程，极大丰富了人民群众的文化生活。赵瓦村的文明实践工作加强了村民对于法治、德治、自治“三元一体”共治格局的认同程度，有效强化了村民们对于预防矛盾、就地化解纠纷的理念认知，通过和谐村庄建设消解了矛盾纠纷的产生土壤。

3. 建立品牌调解室，发挥调解示范效应

淄川区于2015年出台了《关于推进诉讼与非诉讼相衔接矛盾纠纷解决机制建设的意见》，在区法院建立司法调解中心，选聘12名特邀人民调解员，常驻区法院诉讼服务中心和5处人民法庭，实行法官与驻庭调解员联动、调解与裁判联用、社会资源与司法功能联合。法院还创立了“热心大妈”刘伟（全国模范人民调解员）调解室、家事调解室、交通事故速赔调解室及金融诉调调解室、商会调解室、心理咨询室、司法确认室等特色调解室，实施“诉前调解 + 司法确认、诉前保全 + 诉前调解、证据交换 + 审前调解”等调解模式，努力让每一个流程环节都承载纠纷化解职能，逐层消化民事纠纷，不断满足人民群众多元化司法需求。

2018年2月，淄川法院在辖区内推动建立了全区第一家个人调解室——刘伟“热心大妈”调解室（见图15），并将调解室设在了淄川法院寨里人民法庭，充分发挥了热心大妈在驻地“人熟、地熟”的优势，有效化解了大量矛盾纠纷，并逐渐成为当地老百姓心中的“金字招牌”。抱着对调解工作的热爱，半路出家的刘伟大妈在长期的调解实践中，逐渐摸索、总结出了自己的“六心工作法”，即从事调解工作要“热心”，说服教育要“耐心”，分析矛盾要“细心”，释疑解惑要“诚心”，排忧解难要“真心”，评判是非要“公心”。以“热心大妈”品牌调解室为引领，由12名特邀调解员组成的调解“小分队”发挥了积极的调解作用，他们善用方言俚语拉近与当事人距离、活用乡规民约巧断“家务事”，成为协助法院化解矛盾的第一帮手，“品牌调解室+调解小分队”筑起了社会稳定的大防线。

图15 “热心大妈”刘伟调解案件

再婚夫妻闹不和 调解重结“连理枝”

近年来离婚案件不断增加，离婚率逐年上升，虽然折射了现代人思想观念的转变，体现了婚姻自由的社会进步，但是离婚给家庭和亲人造成很大的伤害。俗话说：“宁拆十座庙、不毁一桩婚”，让每一对离婚夫妻重新和好，重结连理，一直是人民调解员的期盼。

2016年5月的一天早晨，李某来到寨里法庭调解室，向派驻调解员刘伟、王艳华诉说她与丈夫之间的矛盾，想与丈夫离婚。通过了解得知，李某与张某两人在10年前认识并组成新家庭，双方均系再婚，李某与张某再婚前各有一个孩子现均已婚，两人结婚后前几年夫妻感情尚好，后来两人经常因家庭琐事发生矛盾，张某自己有辆大货车平时给厂里拉货，工作很勤快，能吃苦，就是脾气不好过于急躁，尤其是喝酒后经常对李某动手打骂，家暴行为时有发生。针对李某反映的情况，调解员从法律、家长里短等方面与其进行了沟通交流，最后李某决定先回家好好考虑，然后再做决定。

过了几天，李某还是向寨里法庭提起了与丈夫张某离婚的诉讼，受法庭委托，由派驻调解员进行调解。7 月 21 日，李某、张某来到法庭，争取双方当事人意见后，双方均同意调解处理。调解员分别听取了双方当事人的陈述，在与张某交谈过程，张某态度暴躁，非常不冷静，在调解员的耐心劝说下，张某承认错误，并称因为自己营运的车辆多次出事，生意不顺利，无人诉说，又得不到李某的理解，于是两人经常吵架，张某表示十分珍惜这段婚姻，之前张某得知李某起诉离婚时，不善表达的他一气之下，拿喝药自杀要挟李某，要与李某同归于尽。调解员对张某劝道："一日夫妻百日恩，百日夫妻似海深"，夫妻之间有点小摩擦是很正常的，遇到事情要学会沟通，夫妻两人属再婚，相互之间有个磨合的过程，在日常生活中要好好关心疼爱妻子，坚绝不能动手打女人，否则不仅违犯了《反家庭暴力法》，更是打没了夫妻感情。张某被调解员的劝说打动，表示以后好好过日子，夫妻多些包容，多多理解。随后调解员通过给李某讲述社会上存在的一些现实事例，离婚后无论是从身心方面、还是从经济方面对双方都造成损害，以后在生活中要对丈夫多关心照顾，丈夫工作辛苦，有事要多沟通商量，关心体谅对方的难处，家和才能万事兴。以后在想问题做事情上要学会换位思考，多为对方着想，从自身找问题和不足。

在调解员的调解下，张某在李某面前进行了自我检讨并承诺以后绝不再对李某动手，尽量少喝酒或不喝酒，遇事两人多商量，李某也同意改正自己的缺点，夫妻双方都意识到错误，决定和睦相处，共同经营好这个家庭。

夫妻相处，是一门学问，而再婚生活，更是一个再学习的过程。既然选择了跟对方过日子，并认为值得为此付出，就应与对方同甘共苦，用实际行动获取对方的信任和尊重，学会尊重和包容对方，以免造成家庭纠纷，导致家庭关系破裂。

4. 建立品牌安防体验馆，提高群众安防意识

随着经济的发展，当前淄川区大部分社区都实施了以视频、网络、社会面巡逻、人口房屋车辆等全面防控系统，社会治安防控体系有了一定成效，但社会安防问题仍旧是管理的难题，老年人受骗上当、电信诈骗现象层出不穷，为扎实推进社会治安工作成效、提升群众安防意识，淄川区建立了般阳路派出所安防体验馆。安防体验馆建成于 2019 年，建有防范电信诈骗、防范非法集资盗抢骗、交通安全、消防安全、食品药品安全、禁毒宣传六大展厅，吸引了社

会各界群众积极到馆体验，学习安防知识。基于疫情原因，2020 年 4 月，般阳路派出所创新突破，建立网上安防体验馆（见图 16），打破了时间和空间上的限制，通过 VR 技术 360°全景展示，有视频、有图片，还可以进行防范知识答题，体验者只需要一部手机，就能随时随地进行体验。

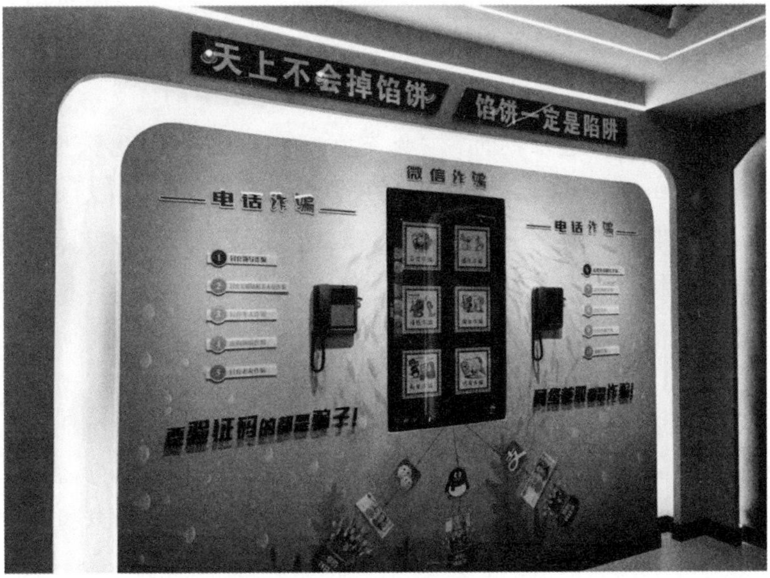

图 16　安防体验馆板块一角

（六）从保障入手，完善调解工作机制

矛盾纠纷调解工作不能仅依靠调解人员的付出和热情，淄川区从建立工作协调机制、经费保障机制、宣传培训机制、考核奖惩机制四个方面不断完善调解工作机制，推动了多元矛盾纠纷调解工作的可持续发展。

1. 建立工作协调机制

淄川区由区委政法委作为牵头部门，负责区多元化矛盾纠纷解决机制的总体协调调度，建立工作月例会、周通报制度，定期研究解决工作中存在的问题。在淄川区镇级层面，由镇办调委会召集法庭、检察室、派出所、司法所等相关单位，建立工作联席会议制度。在淄川区村级层面，由村干部或包村干部负责组织简易听证会，对群众反映的问题进行陈述、举证、辩论，就地及时化解矛盾纠纷。

2. 建立经费保障机制

淄川区、镇两级分别按辖区总人口人均不低于2元、1元的标准预算人民调解工作经费，列入区镇财政预算，对人民调解员调解的案件实行“以案定补”（国家公职人员除外），对特邀人民调解员采取“补助+奖励”的方法给予补贴。专门设立300万元的司法救助基金和100万元的见义勇为基金，对符合条件的涉法涉诉案件进行救助，对见义勇为的集体和个人进行奖励。在特邀人民调解员每人每月1500元固定补贴的基础上，根据数量和质量，按100—300元标准进行补贴。[①] 同时，为人民调解员购买意外伤害险，以消除调解员工作中的后顾之忧，激发工作热情。

3. 建立宣传培训机制

淄川区采取多种形式加大宣传，在淄川电视台新闻频道开设了《淄川政法》栏目，专题录制了多元化矛盾纠纷解决机制专题节目进行播放；在《淄川工作》每周一期刊登“我的调解故事”，以案释法，引导群众树立“有矛盾先调解”的理念，并将调解案例汇编成《案例剖析100例》《调解范例100》印发到镇办村居和部门单位，指导调解工作开展。

淄川区同时创新了宣传平台，在落实“一村（社区）一法律顾问”活动中，充分利用镇（街）政府的广播、电子显示屏、宣传栏或在村（居）显要位置设置的二维码等载体，公布法律顾问人员的姓名、照片、联系电话、服务内容等，及时总结法律顾问开展法律服务工作的成功经验、好人好事和先进典型，扩大群众对村（居）法律顾问的知晓率和影响力，提升律师在基层中的良好形象和社会知名度。还利用微信公众号、微博等新兴媒体，对非诉讼纠纷解决机制工作进行大力宣传，旨在让人民群众认识到和解、调解、仲裁等纠纷解决机制的优势，提高非诉讼纠纷解决机制的公信度，努力将传统的“有纠纷找法院”的解纷习惯转变为首选诉讼外解纷机制的方式，形成“社会调解优先，法院诉讼断后”的矛盾纠纷分层过滤解纷机制，营造了良好的社会环境。

---

① 淄川区多元化矛盾纠纷解决机制情况汇报．淄川区政府内容资料．

4. 建立考核奖惩机制

淄川区把多元化矛盾纠纷解决机制建设作为综治维稳工作的重要内容，纳入全区科学发展观年度目标考核。一是定期督导。区里成立督导组定期对各责任单位信访维稳工作进行督导检查，对重点案件做到随时调度，及时了解情况。二是严格考核通报。按照淄博市“十个新突破”（在市重大项目建设、工业强市建设、文化名城建设、生态淄博建设、园区建设、城乡一体化发展和新型城镇化建设、扶贫攻坚、优化营商环境、民生社会建设、干部作风建设十个方面取得突破）考核及信访工作年度考核要求，不断完善区信访工作考核办法，坚持每月通报越级访情况，按规定落实奖惩措施，强化考核问责机制对信访维稳工作的保障作用。

同时，将多元化矛盾纠纷化解工作列入全区行政执法检察监督体系，对不作为、乱作为等问题进行追责，根据代办事项的办结、回访、微博体现、群众满意度测评、经验介绍及宣传报道五个方面考核代办干部，对位次靠前的给予表彰奖励，落后的实行末位淘汰。淄川区严格执行“三个一”制度，即包网格的机关干部一周之内必须在网格工作一天；每月必须抽出一天时间，开展一次民情恳谈活动，登门约谈一部分重点户；每月必须抽出一天的时间，开展民意落实日活动，集中汇总网格内群众反映的意见建议或需要预先受理的代办事项。

四、淄川多元矛盾纠纷解决机制试点实践价值与普遍推广意义

淄川的试点实践作出了引导群众需求侧改革的积极尝试；试图建立矛盾纠纷化解工作的良性平衡，实现了从“管控”到“服务”的政府治理理念的转变；以满足人民群众的多元差异需求为工作目标，将法律的刚性治理变得更为灵活，构建了基层社会柔性治理的典型样本；强调以人民需求为解决问题的导向，充分发挥“最后一公里”基层治理的职责与功能；通过各类平台的沟通互动，丰富了基层协商民主的实践形式，对其他地区建立和完善多元矛盾纠纷化解机制工作具有较强的借鉴意义。

（一）实践价值

1. 引导群众需求侧改革的积极尝试

社会矛盾解决是一个伴随着社会主义现代化进程并适应着国家治理体系现代化要求的演进过程。[①] 党的十八届三中全会提出将有效预防和化解社会矛盾纠纷作为创新社会治理方式的重要内容，这为社会矛盾纠纷解决提供了创新思路。2020 年 12 月 11 日，中共中央政治局召开经济工作会议，首次提出“注重需求侧改革”，要求“要扭住供给侧结构性改革，同时注重需求侧改革，打通堵点，补齐短板，形成需求牵引供给、供给创造需求的更高水平动态平衡”。淄川区正是从群众需求侧改革角度出发，推动了政务服务的供给侧改革，追求一种纠纷解决的良性平衡，促进各类矛盾纠纷快速找到解决办法进而快速结案，全力服务社会治理，推进社会治理共同体和社会诚信体系建设。这种做法促进了多元解纷机制及法与社会的协调发展，对于全国各地基层治理实践探索具有积极的借鉴意义。

2. 重塑基层政府服务治理理念

在基层治理实践中，部分地方政府片面追求工具理性与效率至上，并没有真正将服务社会民众的多元差异化需求落到实处，过于强调“管控思维”，通过行政层级逐级下达指令的管理方式仍然较为突出，因此社会的多元矛盾面临层层信息传达，难以得到及时有效解决。淄川的实践体现出基层政府“以人为本”的人文关怀和“服务为本”的价值追求，以构建服务型政府为契机实现从“管控”到“服务”治理理念的转变，将人民群众视为基层治理的重要主体，以服务和满足群众的多样化需求为治理目标，强化基层政府的服务意识和责任意识，完善了政府的公共服务职能。

3. 构建基层社会柔性治理的典型样本

以人为本的柔性治理范式因其内在治理价值的前瞻性和创新性，是进一步

① 颜慧娟，陈荣卓．国家治理现代化进程中的社会矛盾解决机制建构［J］．江汉论坛，2017（01）：49—54.

深化基层治理转型的模式选择，引领着公共治理的潮流。权力、话语和技术构成了基层柔性治理的基本概念体系和逻辑主线，权力是基于柔性治理的政府角度，表明基层治理的“国家在场”；话语是基于柔性治理的对象角度，表明基层治理的“主体在场”；技术是基于柔性治理的手段角度，表明基层治理的“工具在场”。①淄川区通过多元矛盾纠纷解决机制建设，使得政府的权力不仅有权威性的一面，也增加了柔和性的一面；在治理对象上面，强调基层社会的主体性培育，充分调动各类治理主体的积极性；在治理手段上，方式更加多元、更加人情化，解决矛盾纠纷过程中强调“以民为本”，尊重群众的多元利益诉求，积极引导、妥善化解人民群众在不同领域的民生诉求及矛盾纠纷，全力推进和谐社会建设。

4. 坚持“最后一公里”问题解决导向

治国安邦重在基层，党的工作的坚实力量支撑在基层，城乡工作的矛盾和难题也在基层，必须坚持把抓基层、打基础作为执政兴国的固本之策。②习近平总书记2019年在上海考察时指出，“要推动城市治理的重心和配套资源向街道社区下沉，聚焦基层党建、城市管理、社区治理和公共服务等主责主业，整合审批、服务、执法等方面力量，面向区域内群众开展服务。”淄川区以到基层一线解决问题为工作导向，聚焦于保障和改善民生，深入推进完善多元矛盾纠纷解决机制建设，注重社会矛盾纠纷的依法治理、综合治理和源头治理，提升了人民群众的获得感、幸福感和安全感。

5. 探索基层协商民主的生动实践

党的十九大报告中，基层协商被列为与政党协商、人大协商、政府协商、政协协商等并列的七个类别之一，成为我国基层治理现代化的重要内容。基层协商是解决基层矛盾问题的有效路径，但是如何探索行之有效的基层协商运行机制却是地方政府面临的普遍性难题。淄川区的多元矛盾纠纷解决机制，广泛调动了各类社会主体通过自治或共治解决人民内部矛盾，推动了以往政府单一

---

① 胡卫卫，杜焱强，于水．乡村柔性治理的三重维度：权力、话语与技术［J］．学习与实践，2019（01）：20—28.

② 方彦．要去基层一线解决问题［J］．小康，2019（09）：66.

主导的权力运行机制转变为党委领导、政府民主管理和群众自治相结合的多主体协同治理的权力运行机制，使基层党委政府、民间社会组织及各个阶层的公民都能直接通过对话、沟通、讨论和博弈的协商机制解决社会矛盾，参与社会管理，增强了基层党委政府的政治合法性，无疑是我国探索基层协商民主多元形式的生动实践。

（二）普遍推广意义

1. 引领矛盾纠纷多元化解的制度建设

党的十八届四中全会将构建多元化纠纷解决机制作为推进国家治理体系和治理能力现代化的一项重要改革任务。2015 年年底，中共中央办公厅、国务院办公厅联合印发《关于完善矛盾纠纷多元化解机制的意见》，对推进多元化纠纷解决机制进行了顶层设计。[①] 山东省紧跟中央的政策与号召，出台了《山东省人民调解矛盾纠纷调处工作条例》《山东省多元化解纠纷促进条例》等政策文件。淄川区高度重视多元矛盾纠纷化解机制的制度建设，在中央、山东省、淄博市的政策指引下，淄川区委区政府办公室出台了《关于全面推进多元化矛盾纠纷解决机制建设的意见》，对多元矛盾纠纷化解工作的指导思想、基本原则、解决途径、组织体系、工作运行机制、组织保障等作出了明确的规定，并出台了《关于推进诉讼与非诉讼相衔接矛盾纠纷解决机制建设的意见》《淄博市淄川区人民法院诉调对接工作细则（试行）》《关于推行建立“代表委员调解团”参与人民调解工作的实施意见（试行）》《关于进一步加强行政调解工作的通知》《关于进一步加强劳动人事争议调解工作的意见》等若干配套政策文件，进一步对诉非衔接机制、诉调对接、人民调解、行政调解、劳动人事争议调解等工作进行了规定。淄川区关于多元矛盾纠纷解决机制的制度建设为其他地区开展矛盾纠纷化解工作起到了引领示范的作用并且提供了参考性的制度文本，对于推进基层打造共建共治共享的社会治理格局具有重要意义。

---

① 冯卫国．“大调解”体系建设的“枫桥经验”——完善多元化纠纷解决机制的新探索［J］．山东科技大学学报（社会科学版），2018，20（06）：36—43＋65．

2. 探索矛盾化解“三治合一”的实现路径

在群众矛盾纠纷呈多发、散发的态势下，基层政府面临着诉讼激增、司法机关不堪重负的局面，为了改变传统矛盾纠纷解决中对于司法诉讼的过度依赖，淄川区探索出了多元矛盾纠纷化解机制路径，实现了法治、德治、自治“三治合一”的融合发展。一是法治护航，化解纠纷。淄川区坚持对人民群众进行普法教育，打造普法阵地，设立司法行政工作室、人民调解工作室、法律顾问工作室、法律援助站、法律图书阅览室、法治专栏等法治宣传阵地，实行法律服务进家入户，提高了群众办事依法、解决问题用法、化解矛盾靠法的法治意识。二是德治育心，培养新风。淄川区在德治建设方面，主要从以规立德、以文养德、以评弘德等方面展开工作，通过制定规章制度、开展志愿服务活动、打造公益文化场所、开展道德模范评选活动等措施，凝聚了群众的道德力量，提高了人民群众的道德素质，减少矛盾纠纷的产生，从源头入手，化解矛盾于无形中。三是自治固本，凝聚民心。淄川区在自治建设方面，广泛征求人民群众意见民主决策，同时完善民主管理制度，设立调解工作委员会，实现人民群众的自我管理、自我服务、自我约束，并在此基础上实行民主监督，保障多元矛盾纠纷解决机制工作的高效性、科学性。[①] 淄川区对基层社会治理“三治合一”的创新探索具有显著成效，对于全国范围其他地区进行多元矛盾纠纷解决机制的探索具有较大的参考性。

五、淄川多元矛盾纠纷机制试点实践遇到的困难与面临的挑战

尽管淄川区建设多元矛盾纠纷解决机制试点改革工作取得了显著成效，但是在实践与制度层面也面临着一些问题与挑战。

（一）实践遇到的困难与挑战

在实践层面，淄川区面临着改革整合效应不足、理念认识不够、信息化程

① 双杨镇赵瓦村：“三治结合”育和谐新村．淄川区政府内部资料．

度不高、宣传效应不强、专业程度不深的问题，还需进一步从法律、制度、技术、媒体、人才等方面逐步加强建设与完善。

1. 改革的整合效应有待加强

目前，淄川区的纠纷解决系统由人民法院、人民调解委员会、仲裁机构和行政机构等共同构成，但矛盾纠纷多元化解工作还缺乏统一的协调和统筹，未能形成有机统一的整体。各纠纷解决主体的分工和责任不够明晰，部门之间缺乏整体合力意识，存在交叉性、重复性的工作，导致相互之间衔接运行不够顺畅，作用发挥不充分。在具体制度设计上，多元解纷机制主要是政策上的规定，缺乏相应的法律定位，加之社会资源配置不合理，仍然存在纠纷解决方式单一、僵化的问题，纠纷解决的满意度有待提升。

2. 改革的理念认识有待深化

诉源治理是当前社会治理机制的创新，具有系统性，覆盖非诉解纷组织、基层治理单元、村级组织、社区街道等，涉及人民调解、行政调解、信访化解及网格治理等工作内容。但在具体过程中，部分部门及领导对矛盾纠纷多元化解存在认识偏差，习惯于诉讼与非诉对立的传统二元解纷思维，对于法治思维与法治方式的认识仍有待深化和加强，认为法治思维和法治方式就是走诉讼渠道，参与非诉解纷的积极性不高，工作推动力度不强。

3. 改革的信息化程度有待提升

淄川区对运用网络信息技术建设多元矛盾纠纷解决机制进行了积极的实践探索，但在运作过程中，仍然存在线上线下融会贯通和有效衔接不到位、技术支持不够、在线平台建设经费投入不足等问题。淄川区创新建设的“一站式”多元解纷平台，对各部门各环节之间的无缝对接和数据共享提出了更高要求，需要更强的信息技术支撑和辅助。但目前，基层调解组织思想观念转变不到位、信息技术应用不强导致部分基础信息需要重复输入、诉调对接环节存在信息共享延时、线上调解适用率不高等问题。因此，需要加强信息技术手段的运用，给公众提供更具专业性、便捷性的解纷服务，为其自主选择作出有力的智慧支撑。

4. 改革的宣传效应有待扩大

淄川区多元矛盾纠纷解决机制取得了显著的实践效果，但其宣传推广不足且形式单一，未能完整体现改革的先进性、实效性与可推广性。随着多元解纷模式的推广，人们开始考量司法成本、解纷效果以及便捷性等因素，但淄川针对相关工作宣传的精准度不够，普通群众对诉讼外渠道的了解不多、对诉前非诉调解方式信任不够，尤其是线上解纷途径适用比例较低，有部分纠纷即使达成和解，仍需逐转诉讼程序出具司法文书，浪费了诉讼资源，增加了当事人解纷成本。因此，淄川多元矛盾纠纷解决机制的宣传效应还有待进一步扩大。

5. 改革的专业程度有待提升

矛盾纠纷多元化解需要根据矛盾性质、矛盾冲突程度等分类、分级实施，这对解纷人员的相关专业知识、调解技巧、对国家政策法律的了解、基层群众工作经验等都有不同的要求。目前，淄川区实际参与纠纷化解工作的基层调解人员，专职的多为各部门退休返聘人员，知识结构存在老化现象；兼职的需兼顾本职工作，在时间和精力投入上不够。像区法院寨里法庭“热心大妈”调解室调解员刘伟那样既具有丰富群众调解工作经验又热心，并具有较全面法律知识的调解员数量不多。淄川区也积极开展了相应的培训工作，但仍需进一步加强指导、培训和规范，进一步提升改革的专业性。

（二）制度层面的问题与挑战

目前，我国有关多元矛盾纠纷解决机制的相关立法相对滞后，与广大人民群众对矛盾纠纷的化解期待还有一定的差距，也在一定程度上影响了地方探索工作的推进。首先，现有关于矛盾纠纷化解的立法较少且零散，缺乏整体性、系统性。迄今为止，关于矛盾多元化解机制的规定主要有1994年实施的《仲裁法》、2011年实施的《人民调解法》等法律、法规。此外，一些部门法、部分司法解释对适用于各自领域的纠纷解决机构、程序也做了相应规定。但从整体上看，现有立法少且零散不具有号召力，立法机关应当对矛盾多元化解机制构建的整体性予以考虑，整合现有零散的法律规范，形成一部综合性的法律。其次，现有立法规定过于强调原则，对于制度的设置、运用、与法院诉讼的衔接等方面还缺乏具体详细的规定，尤其是在少数基层组织功能弱化、行政机关解纷职能懈怠的情形下，法律规定难以生根落地。再次，现有立法缺乏行政裁决、社会裁决等非诉讼纠纷化解机制方面的规定。以行政裁决为例，相比司法裁决，行政裁决具有主体专门、裁决专业、程序简化、裁判高效的优势，在矛盾纠纷解决方面有着不可替代的作用，但目前我国部分领域纠纷的行政裁决尚处于立法空白状态。最后，行政法规基于服务群众的功能定位，确定的诉讼费用门槛过低，部分诉讼成本低于行政调解、行政裁决及仲裁等纠纷解决方式，不利于当事人采取非诉化等纠纷解决行为，同时诉讼费用制度的设计还需要立法层面的认同与制定。[①] 因此，我国多元矛盾纠纷解决机制方面的制度建设还应当加强，以为地方相关工作的开展提供有力的制度保障。

六、进一步推进基层多元矛盾纠纷解决机制形成的对策建议

淄川多元矛盾纠纷解决机制试点创新实践无论在其实践背景、实践内容、实践成效，还是在实践推进中遇到的困难与问题，都具有广泛的代表性，因而其经验对推进我国基层社会治理现代化具有重要的阶段性实践价值与理论总结意义。为进一步深化基层多元矛盾纠纷解决机制，以下从淄川和其他地区两个层面提出对策建议。

(一) 对完善淄川区多元矛盾纠纷解决机制的建议

为进一步推进基层多元矛盾纠纷解决机制建设，淄川区自身应当继续从法治规范、协同发展、智慧治理、专业保障、非诉引导等方面加强建设，力争打造更具典型性、现代性、科学性的“淄川样本”。

1. 规范引领：法治化是必由之路

习近平总书记强调，凡属重大改革都要于法有据。社会矛盾纠纷解决作为法治建设的一项重要工作，应当优先尊重法治精神、遵循法治要求，地方

---

① 江苏省泰州市中级人民法院课题组，徐军．矛盾纠纷多元化解机制的实践困境与路径探析[J]．中国应用法学，2017 (03)：65—78.

政府所形成的社会矛盾非正式非诉化解机制同样需要引向规范化和制度化。目前，虽然全国层面关于矛盾纠纷化解方面的立法有待加强，但是山东省已经有了地方性的相关法规。淄川区要进一步发挥司法在矛盾纠纷多元化解机制中的引领、推动和保障作用，着力点在于准确把握法院在其中的功能和地位，一方面要挖掘法院司法内部程序潜能，打造过硬本领，进一步完善督促程序适用机制、行政诉讼简易程序等，发挥法院“一元”的表率作用；另一方面要“发挥组织协调与监督功能，为了私人的、公共的场所中所产生的交涉和秩序，提供规范的和程序的背景”①。具体而言，就是要规范司法职能，发挥法院对其他多元引领保障作用，在业务指导、推动非诉讼纠纷解决机制发挥功能、为非诉讼纠纷解决机制提供司法保障上加大力度，充分发挥诉讼与非诉讼纠纷解决机制各自的优势，合理有效地分配和使用解决纠纷的资源。

2. 整合发展：协同化是应有之义

纠纷解决是一项宏观、复杂的系统工程。淄川以初步建立已党建为引领、以多元服务为支撑的诉调对接纵深体系，但是对于如何培养壮大纠纷解决的社会组织，如何规范调解的程序，如何充分发挥调解、仲裁等纠纷化解方式的作用使各种机制之间的关系更加协调，如何从纠纷当事方或社会的利益需求的角度对各种纠纷解决资源进行合理优化配置，如何让纠纷化解真正实现社会利益的最大化和效益的最优化等问题②，需要更深层面的整体发展战略，依靠进一步加强制度建设和顶层设计，促进多主体、多方式、多途径的协同发展去解决。真正构建起由各级党委统一领导、各级政府大力支持、以法院为主导、各类组织积极参与，借助社会资源的社会矛盾纠纷预防、化解的层级联络机制，形成一个由当事人协商、和解、人民调解、行政调解、仲裁、诉讼等共同构成的相互补充、相互协调的多种纠纷解决机制，最大限度地满足社会主体对解决矛盾纠纷的迫切需求。

---

① 梁平．多元化纠纷解决机制的制度构建——基于公众选择偏好的实证考察［J］．当代法学，2011（3）：118—127.

② 陈辽敏．创新型多元化纠纷解决机制的构建与发展——以浙江省杭州市西湖区人民法院为例［J］．中国应用法学，2017（3）：79—88.

3. 数字治理：智慧化是必备手段

在数据化时代的背景下，应当积极探索现代科技手段在纠纷化解中的应用，利用互联网、大数据、远程视频、人工智能等技术，使纠纷化解机制更加符合时代要求和实践需要，提升智慧化治理水平。最高人民法院发布的《关于人民法院进一步深化多元化纠纷解决机制改革的意见》第十五条明确规定，推广现代信息技术在多元化纠纷解决机制中的运用，重点在于建立在线调解、在线立案、在线司法确认、在线审判、电子督促程序、电子送达等为一体的信息平台，实现纠纷解决的案件预判、信息共享、资源整合、数据分析等功能，促进多元化纠纷解决机制的信息化发展。淄川区应进一步加强矛盾纠纷一体化网络平台的构建，建立网上咨询、评估、调解、仲裁、诉讼为一体的在线矛盾纠纷化解平台，覆盖纠纷受理、分流、化解、反馈、处理等全过程，实现信息收集、材料传输、证据保存、卷宗整理、数据分析、风险研判、纠纷预警等资源的共建共享，进而推动矛盾化解工作朝着智慧化、民主化、体系化的方向不断发展。

4. 队伍保障：专业化是有力支撑

在多元矛盾纠纷解决机制的建设中，提升化解矛盾队伍的专业能力是关键。淄川区依据当地的实际情况，培养了一支由专职调解员与兼职调解员共同构成的调解队伍，为调解工作的顺利开展打下了坚实的基础，但是还应该进一步加强以下三类专业人才的引进力度：一是司法人才。应该通过“三官一律”（法官、检察官、警官、律师）进社区（村）等措施，鼓励和支持司法人才下沉到基层一线，参与社会矛盾化解。二是社会工作人才。通过政府购买服务等方式，鼓励和支持街道（乡镇）、社区吸纳和使用社会工作人才，让专业社工在基层一线化解社会矛盾中发挥积极作用。三是心理咨询人才。一些矛盾当事人存在不同程度的心理偏激现象，在矛盾调解中加强心理疏导能起到良好的效果，因此加强心理咨询人才的引进十分必要。[①] 此外，提高调解员的专业化水平，还可以对调解员进行分级认证管理，根据其调解水平的不同，认定为不同等级，形成调解员队伍积极学习进阶的良性机制。

---

① 朱力．如何构建社会矛盾多元化协同化解机制［J］．人民论坛·学术前沿，2016（12）：62—75.

5. 宣传引导：非诉化是高效途径

“和为贵”是中国几千年来的传统观念，习近平总书记也提出要“坚持把非诉讼纠纷解决体制挺在前面”。完善多元化纠纷解决机制，需要引导和培育群众树立健康理性的法治意识和法治思维，积极转变“诉讼全能”的观念。淄川区在多元矛盾纠纷解决机制方面投入了大量的资源，应当加大对非诉讼纠纷解决方式的宣传力度，结合法律知识的普及和推广，引导民事纠纷主体正确选择纠纷解决方式，高效、便捷地处理纠纷。要充分利用报业、广播、电视、网络、微信、微博等媒介的宣传功能，选择综合影响能力强、信誉度高的媒介，加大对调解、协商等非诉讼纠纷解决方式的宣传、引导和监督，让群众充分了解、自觉认同多元纠纷解决机制，主动选择高效、便捷、低成本的方式解决矛盾化解纠纷。①

（二）对其他地区实施多元矛盾纠纷解决机制的建议

1. 树立现代纠纷解决理念

人民法院受理案件的急剧增长是新时代伴随中国发展的“成长性”烦恼。在各类纠纷解决机制中，司法救济机制始终处于中心地位，在司法机制的引导保障之下，其他非诉纠纷解决机制应充分发挥各自的功能，从而形成一个复合性、开放性的纠纷解决模式。应当优化法院内外资源配置，努力在全社会树立“国家主导、司法推动、社会参与、多元并举、法治保障”的现代纠纷解决理念。充分发挥法院对非诉机制化解纠纷功能的导向推进作用，为公众适用调解、自行和解、选择仲裁等诉讼外纠纷解决机制创造便捷适宜的条件，强化社会公众自主选择非诉讼程序解决纠纷的意识和观念。②

2. 加强非诉解纷人才的培养和储备

人才的专业素质是制约非诉讼纠纷化解机制发展的重要原因。当前，一些地方存在部分调解员由于自身专业素质和能力不足，导致许多分流案件难以成

① 杨云虎．多元化民事纠纷解决机制的建立及完善［J］．人民论坛，2011（26）：90—91.

② 赵赟，张蛟．关于构建多元化纠纷解决机制问题的探讨［J］．理论探讨，2017（05）：46—50.

功调解故又返回至法院，增加司法部门办案压力与当事人不满情绪的现象。因此，应当建立一套科学合理的调解员培训体系，法院与司法行政部门、法学教育部门应当合力协作，加强综合性、实践性调解人才的培养，完善调解员职业道德规范和职业标准规范，打造一支适应新时代需求的职业化、专业化的调解员队伍。[①] 与此同时，也要加大对当事人的宣传力度，向群众大力宣传各种解决纠纷的方式，让更多的人民群众了解多元矛盾纠纷解决机制及优势，形成人民群众在发生矛盾时对于非诉讼方式的自觉选择。

3. 加强社会综合防控体系建设

创新社会治理体制，应加强社会综合防控体系建设。目前，我国社会综合防控体系建设仍不够系统，对社会力量的吸纳和应用不够，难以满足基层社会矛盾预防和化解的现实需要，具体可从以下几个方面加强建设：一是社会公共安全的预防和应急机制。为防止社会矛盾发生和激化，做到未雨绸缪，应对易引发社会公共安全的食品、治安、犯罪等问题作出应急处理机制和预案，防止矛盾升级，将事件处理在萌芽状态。二是建立网络式的矛盾纠纷化解机制。应在现有“信息员”报告制度和风险评估制度的基础上，进一步建立网格状的多元化纠纷解决机制，及时解决矛盾纠纷。三是多元化的社会救助制度。完备的社会救助制度有助于减少矛盾纠纷甚至是犯罪的发生。[②] 应当建立政府部门与社会组织、网络求助等相互衔接、互为补充的社会救助网络，使需要帮助的人在困难的时候得到及时救助，减少社会不稳定因素。

4. 改革干部政绩考核评价机制

在中国目前的行政管理体制下，官员的任免和升迁主要取决于上级对下级的政绩考核，使很多基层干部迫于上级的压力，耗费大量的人力财力物力应付与维稳相关的事项，而不是从源头上解决群众的诉求，一定程度上加剧了社会矛盾。这种维稳倾向的评价体系不利于基层治理的长远可持续发展。因此，建立适应科学发展观和法治内在要求的干部绩效考核评价机制，将“法治状况”

---

① 龙飞．“把非诉讼纠纷解决机制挺在前面”的实证研究——以重庆法院实践为样本［J］．法律适用，2019（23）：76—88.

② 郭志远．我国基层社会矛盾预防与化解机制创新研究［J］．安徽大学学报（哲学社会科学版），2014，38（02）：119—129.

引入领导干部绩效考核和选拔任用标准之中，科学评价政府和领导干部的工作实绩，让法治思维成为领导干部主动、自觉的惯性思维方式，有利于把化解社会矛盾纠纷转到法治化、规范化的轨道上，才能真正形成常态的社会稳定。

5. 推动多元解纷机制的协同发展

在社会利益格局多元化、社会纠纷频发常态化的背景下，推进诉讼内与诉讼外双重机制协同并举，让稀缺而宝贵的司法资源均衡配置于公力救济和社会救济领域十分重要和必要。应通过制度设计、资源供给、经费保障等措施，合理发展建设诉讼外纠纷解决机制，并强化其化解矛盾纠纷的功能和作用，使之与诉讼机制同向发力，切实增强多元解纷机制的感召力和公信力。[①] 首先，应当重视人民调解在多元化纠纷解决体系中的独特作用，强化行业性和专业性人民调解机构的作用，构建起全覆盖的人民调解网络组织，使人民调解焕发出新的活力；其次，应当注重充分发挥行政调解的作用和功能，强化政府职能部门在职权范围对矛盾纠纷应肩负的调解职责；最后，注重商会、行业协会、调解协会、商事仲裁机构、公证机构等社会团体和组织的作用，并对其进行制度化培育，鼓励其建立“独立第三方”专业调解组织，使之逐步稳健发展和壮大。

（报告执笔：耿云 贾存斗 张鸿颖）

① 赵赟，张蛟．关于构建多元化纠纷解决机制问题的探讨［J］．理论探讨，2017（05）：46—50.

第四部分：

红色传承助推社会治理现代化的“井冈山实践”

党的十八大以来，以习近平同志为核心的党中央，站在全球治理和国家治理的新高度，立足现代化政党的新视野，擘画了国家治理所涵盖的经济治理、政治治理、文化治理、社会治理、生态治理和党的建设“六大体系”蓝图，提出了国家治理体系和治理能力现代化这一重大课题，为我们深化社会治理规律认识拓宽了新境界。尤其在社会治理上，进一步明确了“系统治理、依法治理、源头治理、综合施策”的原则，提出了“打造共建共治共享的社会治理格局”新要求，充分体现了以人民为中心的执政思路，为新时代社会治理实践提供了根本遵循。

党的十九届全会报告指出，“坚持和发展新时代‘枫桥经验’，畅通和规范群众诉求表达、利益协调、权益保障通道，完善信访制度，完善人民调解、行政调解、司法调解联动工作体系，健全社会心理服务体系和危机干预机制，完善社会矛盾纠纷多元预防调处化解综合机制，努力将矛盾化解在基层”。

近年来，在中央政策的方向指引下，我国各级政府积极探索，采取有力措施，有效地化解了大量社会矛盾，创造了行之有效的地方经验，促进了社会和谐稳定。其中，江西省井冈山市通过各部门联合执法，促进社会治安综合治理，建立立体化防控网络，打造群防群治的志愿者队伍，把多元纠纷化解机制平台建设成治安“减压阀”，大数据赋能多维度社会治理现代化，基于在社会矛盾的治理体系、治理机制、治理措施等各方面的积极探索，形成了具有老区特色的基层治理“井冈山实践”。

井冈山的社会治理现代化实践是以传承红色基因为特色的基层综合治理创新工作，其精髓在于深入践行新时代群众路线，突出群防群控和共建共治共享，着眼构建实体化矛盾纠纷联合调处体系，坚持依靠群众、发动群众、组织群众，充分发挥群众自治自理的智慧和力量，推动基层治理无缝隙全覆盖，促进治理体系和治理能力现代化，为全国其他老区基层社会治理现代化提供了可参考、可借鉴的“井冈山样本”。

一、井冈山红色传承助推社会治理现代化的研究背景

我国的社会治理，是指以行政区域为基本治理单位，以城区为重点、覆盖农村、城乡联动，充分发挥政府层面主导作用，在行政区范围内统筹谋划和实

施的社会治理。社会治理是社会建设的重要方面，是推进国家治理的重要基础。党的十八大以来，以习近平同志为核心的党中央对社会治理规律认识逐步深化，提出了许多重要论断，不断丰富和创新社会治理理论。从党的十八届三中全会首次以“社会治理”代替“社会管理”，到党的十八届五中全会提出“构建全民共建共享的社会治理格局”，再到党的十九大报告提出“打造共建共治共享的社会治理格局”，无不体现着我们党对社会治理理论的创新发展。在此基础上，党的十九届四中全会从制度建设的高度，明确提出“坚持和完善共建共治共享的社会治理制度”，首次提出“建设社会治理共同体”，并将党委领导、政府负责、社会协同、公众参与、法治保障的“五位一体”社会治理体制，拓展升级为党委领导、政府负责、民主协商、社会协同、公众参与、法治保障、科技支撑的“七位一体”社会治理体系。党的十九届五中全会通过的《中共中央关于制定国民经济和社会发展第十四个五年规划和二〇三五年远景目标的建议》指出，“十四五”期间要努力实现“社会治理特别是基层治理水平明显提高”的目标，这是新时代新发展阶段我国社会治理的科学指引，是以习近平同志为核心的党中央总揽全局作出的重要部署。随着我国社会治理实践的深入发展，社会治理理念不断创新，社会治理体制更加完善，社会治理方式日益丰富。

（一）当前我国社会治理的基本情况

1. 基层是社会治理重心所在

基层是一个地域的概念，更是一个国家治理层级的概念。基层社会治理是指在党的领导下，运用包括政府在内的多种力量向基层辖区居民提供民生保障、公共服务、利益协调、矛盾纠纷化解、创造平安和谐舒适生活环境的活动。

基层社会治理与基层政府治理既有联系也有区别，共同点都是对基层公共事务的治理，不同点在于治理主体和治理对象有所差异。基层社会治理的主体强调的是社会力量，基层政府治理的主体是政府。基层社会治理需要政府的支持和引导，但更多强调的是社会力量的参与，而不是政府直接治理，更不是包办代替。从治理对象看，基层政府治理主要涉及政府职能范围内的事项，而基层社会治理主要是社会领域的事务，两者有交叉但侧重点不同。因此，基层社会治理具有很强的社会性和自治性，需要在党组织领导下实行自治、法治、德治相结合。

基层社会治理的特点是直接面对群众，事务琐碎复杂甚至艰巨繁重，是社会治理的基础和重心。基层社会既为人们生产生活提供地域空间，也为社会治理提供基础单元，人们的衣食住行、生老病死、文化娱乐等都发生在这里。随着城镇化和市场化深入推进，城乡人员流动、职住分离、各种利益关联交汇、多种服务需求旺盛，以党政机关和各类企事业单位为基础的社会治理模式很难适应社会发展的要求，城乡基层自然成为人们居家生活、公共服务的最基础平台，成为社会交往、利益关联的最前沿阵地，成为社会问题和社会矛盾预防化解的最源头防线。正如习近平总书记所指出的，“经济社会发展和民生最突出的矛盾和问题也在基层，必须把抓基层打基础作为长远之计和固本之策，丝毫不能放松”。

2. 目前我国基层社会治理的特征

一是社会治理重心向基层下移。党的十九大首次正式提出了“加强社区治理体系建设，推动社会治理重心向基层下移”的命题。党的十九届四中全会更明确强调“推动社会治理和服务重心向基层下移，把更多资源下沉到基层，更好提供精准化、精细化服务”。治理重心下移推动了社区治理模式的创新，这种以治理重心下移为核心的社区治理创新模式，是通过治理主体下移、治理资源下移和治理规则下移，最终达到社区服务下移的绩效目标。在统筹城乡的背景下，城乡社区治理成为我国构建社会主义和谐社会与建设现代国家的基础性工程。随着城市化进程的加快，城乡一体化建设的深入开展，传统村落逐渐走向解体，而以农民适度集中居住为基础的农村社区化和社区化治理已成为一个不可逆转的趋势。近年来，各地在统筹城乡的过程中，按照“三个集中”的原则和城乡一体化标准，本着自愿的原则，积极引导失地、少地农民进驻基础设施和公共服务更好的社区居住，进行社区化治理，并在涉农社区治理过程中因地制宜地进行机制创新，取得了较好的效果。

二是基层自治共治有机融合。创新社会治理体制是推进国家治理体系和治理能力现代化的重要内容。习近平总书记 2017 年参加全国两会上海代表团审议时提出，希望上海“在推进社会治理创新上有新作为”。上海市第十一次党代会提出，“以党建引领基层社会治理创新，增强社区自治共治、共建共享能力。”并提出要“构建党建引领的自治、共治、德治、法治一体的基层治理格局”。近年来，全国各地基层自治共治的实践取得了诸多成效，通过在街镇层次形成多元共治的制度网络、在街区层次推动“共治”与“自治”有效对接、在居民区层次实现自治活力的深度激发，形成了有效的城乡治理的自治共治网络。针对社区建设面临的居委会自治能力不足、社区问题不断增多、居民参与率低等一些亟待解决的问题，社区通过搭平台、建机制、试方法、育能力等途径，探索建立起了多元主体参与的共商共议、共建共享的社区共治机制，实现了政府治理与社区居民自治的良性互动格局。

三是基层法治化水平有待提升。随着经济社会转型升级，各种社会矛盾随之涌现，呈现出类型多样化、矛盾易激化、需求多元化等特点，而传统理念强调的硬性法治，一方面导致人民群众对司法裁判过度依赖，大量纠纷积压在诉讼环节，造成诉讼效率降低，司法公信力下降，给社会安全稳定带来隐患；另一方面又过分强调以牺牲公正为代价的拖、压、瞒等“和稀泥”的处理模式，使人民群众对纠纷解决的体验和满意度下降，造成历史和现实问题相互牵扯，使社会矛盾纠纷更加复杂。

在基层现实中，“城乡二元分治”的法律制度安排给基层社会带来了许多障碍和制约，如教育制度、医疗制度、社会保障制度等，成为引发基层社会矛盾冲突和不稳定问题的重要原因。基层党组织是基层党内选举产生的，其职责权限是党内法规赋予的，由于党内法规和国家法律法规的不衔接，造成基层党组织与基层群众性自治组织的法律关系界定不清楚，职责权限配置不规范，同时基层群众自治制度在现实中也表现出一些不够完善和不能适应基层社会发展需要的情况，如民主决策、民主管理、民主监督的具体程序规范还不健全。当前，我国关于基层社会领域的法律规范还不完善，需要加快和完善在矛盾纠纷化解等方面的立法。

3. 我国基层社会治理的时代困境

一是公共价值整合困境，即表现为既有权力结构体系下的被动式治理问题。基层治理变革，首先需要回答“为了谁”的问题。但在现有的压力型体制之下，自上而下的任务分解和考核挤压了基层政府本应履行的社会责任，基层政府不得不将大量精力和资源用来应对上级下派的各种事务和发展地方经济之中。同时，基层政府作为国家政权在基层社会施行的代理人，往往成为民众利益诉求的最直接对象和民众不满情绪的最主要发泄对象。因此，当前基层政府呈现出明显的被动式治理特征，一方面，基层治理首要的是必须完成各类自上而下的任务安排；另一方面，也需要化解自下而上的各类问题诉求以回应上级对“稳定”的考核。在这种任务导向的被动式治理中，现代治理理念与方式均成为一种纯粹策略性的工具选择，其治理变革缺乏自身动力机制和外在保障机制，这无疑与治理现代化的要求背道而驰。

二是多元主体协同困境，即不同主体间的能力差异以及政府主导与社会参与的非均衡问题。治理主体多元化是治理现代化的最本质特征和重要价值所在。但在如何面对不断成长的社会力量和不断增多的参与诉求上，一些基层政府明显能力准备不足，治理方式上重管制轻协调、重堵轻疏的现象仍然普遍存在。而囿于长期参与实践的缺失和公民文化发展的相对滞后，在基层治理中，公民的民主素质和参与能力也成为制约多元主体合作治理的重要因素。主体困境的另一重要表现形式则是政府主导下的“选择性参与”问题，即社会参与的范围、广度和深度，很大程度上由基层政府选择和掌控，在一些非重大事项上政府往往乐意大力动员社会参与，而在一些涉及地方重大利益分配，特别是有可能涉及官民矛盾冲突的决策事项中，社会的参与往往是不足的，从而难以真正形成多元合作的基层治理格局。

三是治理结构碎片化困境，即在当前中国深化调整和转型发展的现实情境中，基层利益关系多元变动、治理问题纷繁复杂，基层政府治理愈发显现出碎片化治理困境。碎片化是一种部门壁垒造成的低效的行政状态，表现为政府部门内部各类业务间分割、一级政府各部门间分割以及各地方政府间分割，或治理主体彼此独立、治理方式相互排斥、治理行为难以互动，或因职能界定不清导致政府治理边界不明，各公共主体之间责任模糊化，难以形成合力，其基本特征就是各种治理组织均拥有独立的领域、目标、价值与行为规范。基层政府治理碎片化体现为政府内部横向联动性差，结构功能碎片化，基层政府领导班子成员按个人权责划分部门分工的块状划分方式，直接导致了横向部门间职能分工不科学，权责归属不清晰，更造成了职能重叠、壁垒横生等治理乱象。

（二）井冈山红色传承助推社会治理现代化的现实背景

1. 井冈山市社会治理的基本情况

井冈山位于湘赣边界罗霄山脉中段。过去的井冈山是国家级贫困县，2013

年初贫困人口2.35万人，贫困发生率达21%，是全国平均水平的2倍。经过脱贫攻坚奋战，2016年贫困发生率下降到1.6%，2017年2月在全国率先实现脱贫摘帽。井冈山脱贫摘帽后工作不松劲，2018年贫困发生率进一步降到0.25%，脱贫攻坚战取得决定性胜利。

井冈山是典型的传统农业山区，“八分半山半分田，一分水路和庄园”。截至2018年末，农业人口11.99万人，占总人口的70%；林地面积158万亩，占土地总面积的85%；耕地面积12.6万亩，占土地总面积的6.3%。改革开放后，以日用陶瓷为主体的乡镇工业迅速发展，高峰时近6万人就业、产值占GDP的“半壁江山”。进入21世纪，特别是党的十八大以来，井冈山旅游业蓬勃发展，2018年旅游收入达150亿元，是2012年的2.4倍；第一、第二、第三产业比由2012年的9.61∶37.27∶53.12调整为2018年的7.03∶25.20∶67.77，服务业主导地位不断强化。

近年来，井冈山市坚持以习近平新时代中国特色社会主义思想为指导，全面贯彻党的十九届五中全会精神，贯彻落实中央政法工作会议和省市政法工作暨市域社会治理现代化试点工作会议决策部署，坚持以人民为中心的发展思想，紧紧围绕“基层治理最优”目标，大力弘扬跨越时空的井冈山精神，探索创新“红色传承推进社会治理模式”，走出了一条新时代基层社会治理的新路径。

井冈山是中国革命的摇篮，为中国革命作出了巨大牺牲和重要贡献。井冈山市集革命老区、偏僻山区、贫困地区于一体，经济社会发展相对滞后。井冈山市在努力发展经济的同时，还兼具了红色文化传播、红色培训、社会治理与维稳等多项任务。虽然，井冈山自身发展水平在全国来说相对较低，但在革命老区中条件较好，且十分具有代表性，井冈山的发展对其他老区有示范作用，应在体制机制中发挥红色优势，不断探索自身的红色资源利用模式。我们希望通过分析井冈山市社会治理的创新实践，总结其重要经验及现实启示，把这一根植于革命老区的伟大实践挖掘出来，为新时代社会治理理论创新提供充分的营养，也为其他老区社会治理提供一种新的思路和样本。

2. 红色传承助推社会治理现代化的历史背景和沿革

井冈山红色传承社会治理现代化，其核心要义正是“红色”二字。作为中国革命的摇篮，井冈山立足“红”的优势和特色，大力弘扬井冈山精神，践行新时代群众路线，紧紧围绕“政治引领、德治教化、法治保障、智治支撑、自治强基”的最新要求，传承红色基因、激活红色细胞、打造红色堡垒、筑牢红色防线、建设红色家园，推动“五红五治”融合发展，答好“平安之考”，亦是党的十九届四中全会“共建共治共享”精神在基层的生动实践。它的提出主要基于以下三个方面的考量。

（1）从历史维度——井冈山是一座“红色”的山、革命的山。这里有着深厚的红色基因，老百姓的血脉里一直隐含着忠勇信义的特质，也正是因为这种特质，依靠群众，我们党才能在这块土地上建立革命根据地，取得革命胜利。这条红色群众路线，也是我们新时期做好社会治理的“传家宝”。

（2）从现实维度——井冈山又是一座“绿色”的山、旅游的山。每年接待中外游客近 1800 万人次，特别是近年来红色培训事业如火如荼，驻地在井冈山的红色教育培训机构就有 268 家。其中，中央部委、省直单位、市直单位和本市驻山公办培训机构 29 家，其他民办培训机构 239 家，仅 2018 年共接待培训班 8720 期，培训学员 52 万余人，2019 年接待 7300 期，培训学员 43 万余人。往来人员之多、成分构成之复杂、维稳压力之大，带来巨大的社会治理的挑战。

（3）从地理维度——井冈山还是一座“特殊”的山、山中之山。井冈山位于湘赣边界的罗霄山脉中段，崇山峻岭，险峰叠嶂。2019 年，经省政府批准，泰和县碧溪镇划入井冈山市后，现市辖 8 个镇、6 个乡、1 个街道办事处、125 个村民委员会，现有人口 18.8 万人，占地 1462.4 平方公里，其中耕地 18.82 万亩，林地 186.6 万亩。山区广阔，人员分散，山上山下、诉求多元，光靠本山有限的警力多少会显乏力。再加上井冈山政治地位特殊、作用特殊、影响特殊，社会各级各界对这座山都有着特殊的期待。特别是 2016 年 2 月，习近平总书记第三次上井冈山考察时，深情地叮嘱井冈山老区人民“行程万里、不忘初心”，并赋予井冈山精神新的时代内涵；时隔 5 个月后，习近平总书记向全党郑重发出“不忘初心、继续前进”的号召，井冈山由此成为初心理论的重要源头。因此探索符合实际、行之有效的基层治理途径变得十分迫切和必要。

3. 红色传承助推社会治理现代化的内涵和精髓

井冈山红色传承社会治理现代化，其主要内涵就在于传承红色基因和优良传统，助推基层社会治理现代化，精髓做法就是推动“五红五治”融合发展。

一是政治上，传承红色基因，凝聚红色治理合力。坚持把政治建设贯穿社会治理全过程和各方面，发扬“支部建在连上”光荣传统，大力推进“党建+红色治理”项目建设，大力开展重温一次入党誓词、聆听一堂红色讲座、组织一次红色培训等红色主题教育活动，倾力打造集红色教育、政治教育、荣誉教育、警示教育为一体的励警室（荣誉室），让红色基因铸入灵魂、融入血脉、浸入骨髓。正是得力于长期的革命传统教育熏陶，不论是党员干部，还是普通群众，维护全山改革发展稳定大局已成为普遍共识和自觉行动，这也是井冈山公众安全感多年稳居全省前列的重要秘诀所在。

二是德治上，激活红色细胞，提升红色治理内力。将井冈山精神作为推进新时代德治的优势资源，紧密结合全国文明城市创建，建立完善市、乡、村三级新时代文明实践中心，大力开展“红歌大家唱”系列活动，创作推出红色革命历史题材小戏《旗罗坳》，编创推广红色歌谣为主的广场健身舞，设立红色主题展览，建设红色书屋，开展红色阅读活动，不断浓厚红色氛围，弘扬公序良俗，推进乡风文明。

三是法治上，打造红色堡垒，增强红色治理定力。始终秉承着“服务是最好的治理”理念，聚力优化法律服务、强化法治保障，扎实推进扫黑除恶专项斗争，不断深化“5+4”综合治理，全覆盖设立“110服务点”，大力实施“法律明白人”培养工程，开设乡村线上联合法治大讲堂，优化生态旅游法庭，完善生态检察室，建立民营企业法律维权服务中心，健全公共法律服务体系，有效构建“一分钟法律服务圈”，打通了服务群众“最后一公里”。

四是智治上，筑牢红色防线，激发红色治理动力。注重运用信息化、科技化手段来提升防控效率，全市共建有862个“天网”监控探头，112套电子围栏、WiFi特征采集点，1100余个智慧云眼，4300余个社会监控，实现了治安防控全覆盖、无死角，连续九年保持了100%景区景点和95%居民小区“零发案”。同时，主动适应“互联网+”新要求，提档升级市、乡、村三级综治中心，试点运行智慧乡村综合安防管理平台和“智慧云广播”系统，全面推行全科化网格管理，推广组建“指尖上的派出所”，精心打造智能型社区便民服务警务中心，推动智能治理深度应用。

五是自治上，建设红色家园，焕发红色治理活力。深入践行“群众路线”这一“传家宝”，全面推行“民警个个都是110、群众个个都是治安员”的经验做法，大力推进“三同五大”工作，推广“警民小栈”模式，不断密切血肉联系。同时，加强基层群众自治组织规范化建设，广泛组建“五老”金牌调解室(见图1)，因地制宜设立“群众说事室”“祠堂（圩场）说事点”，不断发展壮大“红袖章”义务巡防队，创新优化“五彩志愿服务”，有效实现把各种矛盾问题解决在基层、化解在萌芽，共建共治共享的社会治理新格局已基本形成。

图1　推广打造“五老”金牌调解室

4. 红色传承助推社会治理现代化的目标

井冈山市在市委、市政府的坚强领导下，不断探索完善红色传承社会治理现代化，传承红色基因、激活红色细胞、打造红色堡垒、筑牢红色防线、建设红色家园，加快推进基层社会治理体系和治理能力现代化，着力构建“五红五治”融合发展的社会治理新格局，推动市域社会治理现代化，力图打造具有全国影响力的老区社会治理“井冈山样板”。

在构建“五红五治”融合发展的井冈山“红色治理模式”的同时，应遵守以下四项原则。

(1) 坚持价值导向。强化政治引领，传承红色基因，将井冈山精神贯穿社会综合治理的始终，坚持党的领导，着力将党的政治优势和我国社会主义制度优势转化为基层社会治理效能，充分发挥党委总揽全局、协调各方作用，集聚资源要素，扎实推进红色治理。

（2）坚持目标导向。紧扣人民满意的奋斗目标，凝聚政府、社会、公众治理社会的合力，坚持系统治理、基层治理、综合治理、依法治理、源头治理，全面提升人民群众获得感、幸福感、安全感，确保公众安全感和满意度保持全省前列，为实现奋斗目标奠定坚实基础。

（3）坚持问题导向。把发现问题、解决问题作为推进红色治理暨市域社会治理现代化的出发点和落脚点，坚持因地制宜、对症下药，把问题找准找实，把整改落真落细，把治理做优做活，切实补短板、强弱项，加快推进基层社会治理体系和治理能力现代化。

（4）坚持创新导向。依托井冈山“红色元素”的优势，在抓好市域社会治理现代化试点常规工作的基础上，坚持创新驱动、学以致用，深入挖掘提炼基层特色做法，学习借鉴他地先进经验，探索创新基层社会治理新路径、新模式，不断完善红色治理思路。

井冈山市探索红色传承助推社会治理现代化的目标在于寻求服务老区群众的社会矛盾化解机制，为民众提供社会治理的诉求表达与渠道，落实协商民主，构建共建共治共享的社会治理格局。井冈山市红色传承助推社会治理现代化，是以突出红色元素与红色文化为基本理念，发挥政府和社会的各种综合力量在基层治理中的作用，提升基层法治观念，为老百姓提供多种可供选择的纠纷处理方式，提升司法效率，促进司法公平，运用多元手段将矛盾化解在基层，把维护群众的切身利益作为出发点和着力点，落实各项便民政策，提升民众的幸福感，促进社会和谐发展。

5. 红色传承助推社会治理现代化的现实需要

一是中央对老区的高度重视。近年来，为加快补齐革命老区这一关键短板，国家先后制定和实施了一系列支持特殊困难老区发展的政策措施。自2012年以来，国家相继出台了《陕甘宁革命老区振兴规划》《赣闽粤原中央苏区振兴发展规划》《大别山革命老区振兴发展规划》《左右江革命老区振兴发展规划》和《川陕革命老区振兴发展规划》5个跨省区重点革命老区振兴发展规划，形成了支持革命老区振兴发展的“1258”政策体系。2013年，国务院办公厅印发《中央国家机关及有关单位对口支援赣南等原中央苏区实施方案》，52个中央国家机关组成的支援单位对赣南等原中央苏区共计31个县（市、区）进行了对口支援工作。据初步统计，“十三五”时期，国家发改委安排重点老区的中央预算内投资超过3000亿元，约占同期中央预算内投资总规模的1/8。更提出依托社区，实施基层治理，保障民生，提升法制化水平，改善管理理念，提升管理水平。同时，党的十九届四中全会提出完善党委领导、政府负责、民主协商、社会协同、公众参与、法治保障、科技支撑的社会治理体系。中央这样的举措，为井冈山市完善“红色治理模式”，努力建设全国基层社会治理范例指明了方向。同时，我国对于基层治理中的纠纷解决有相关的法律规定，《民事诉讼法》第九条明确规定，人民法院审理民事案件，应当根据自愿和合法的原则进行调解。2016年6月28日，最高人民法院出台了《关于人民法院进一步深化多元化纠纷解决机制改革的意见》和《关于人民法院特邀调解的规定》，把平台建设、诉调对接、特邀调解、在线解纷等内容制度化、规范化。因此，井冈山市推出“红色治理模式”的基层治理办法，既符合国家对老区建设的殷切希望，也符合党中央全面推进依法治国的重要部署，又是人民法院司法改革的重要内容体现，还是提升全市社会治理水平、推进全市社会多层次、多领域依法治理的内在需求。

二是省市领导的全力支持。基于对党中央政策的理解与贯彻以及对井冈山市发展水平与人民需求的评估，江西省委省政府、吉安市委市政府全力支持井冈山市探索完善“红色治理模式”，积极落实各项政策文件，成为了井冈山市基层治理建设改革的坚实后盾与牢固保障。2019年11月21日，在“井冈山杜鹃别样‘红’——井冈山创新‘红色治理法’工作汇报”大会上，江西省政法委肯定了传承红色基因，创新基层社会治理的命题，并认为井冈山市的“红色治理法”打响了江西革命老区社会治理创新的品牌。吉安市委胡世忠书记、政法委刘兰芳书记在全市市域社会治理现代化试点工作会议上，肯定了井冈山市的平安建设，并根据《吉安市推进市域社会治理现代化试点工作的实施方案》及《吉安市推进市域社会治理现代化试点工作指引》制定了实施方案。吉安市政法委刘兰芳书记对井冈山市政法委一行赴浙江考察做了重要批示，给予肯定与鼓励。特别的，吉安市委书记胡世忠对中国经济体制改革杂志社社长、地方改革创新研究中心主任潘治宏率队，围绕吉安、井冈山市域治理现代化工作在井冈山开展的调研，做了重要批示。领导的关怀为井冈山市开展进一步探索“红色治理模式”的工作打下了良好的基础。

三是井冈山市自身的发展需要。改革开放以来，以促进经济增长为核心、快速实现城镇化为目标的国家现代化过程，在造就了经济高速发展与社会综合发展的结构性失衡的同时，也给基层治理带来了失序和冲突。总体而言，现阶段中国在社区人口构成、组织形式、阶层与价值观念等方面发生的变化，深刻影响并改变着传统基层社会管理的方式，使我国基层社会治理呈现出碎片化、分散化、矛盾化的特点，对基层治理适应能力建构与秩序重建提出了挑战。例如，传统的管理手段滞后，适应不了新形势要求；党建功能弱化，党委政府发动群众的组织力降低，基层党建与治理出现了“两张皮”现象，基层党委政府与基层群众出现了“断层”问题等，都对我国推进基层治理能力现代化提出了更高的要求。

针对当前基层治理的诸多难题，井冈山市制定了“红色最红、绿色最绿、脱贫最好，在全面小康的征程中实现高质量跨越发展”的奋斗目标，紧紧围绕“基层治理最优”的新目标，大力弘扬跨越时空的井冈山精神，践行新时代群众路线，积极探索创新井冈山“红色治理模式”，走出了一条新时代基层社会治理的新路径。目前，这套体系已经在井冈山全市域真正落地，并在重点工作推进、重大项目攻坚、联系服务群众、维护社会稳定、精神文明建设、基层社会平安稳定等中心工作中得到了实战检验。井冈山市基层治理实践，为破解我国基层治理难题提供了一个典型的系统性改革样本。

二、井冈山红色传承助推社会治理现代化的主要做法

井冈山市基层社会治理在党建引领下，积极构建现代化诉讼服务体系，建设推动矛盾纠纷源头化多元化解决制度，治安前置多触角维稳，司法全流程监管，打造共治共享的治理共同体，拓宽联系群众的渠道，探索出了老区特色社会治理的新做法与新路径。

（一）党建引领传承红色基因

立足井冈山“红”的优势和特色，传承红色基因、加强党的领导，充分发挥政治统领作用，把党建工作作为贯穿社会治理全过程的一条线。

1. 突出组织建设

注重发挥党组织在城乡基层治理中的领导核心作用。坚持发扬井冈山斗争时期“支部建在连上”的光荣传统，大力推进“党建＋社会治理”项目建设，

将全社会各类治理主体纳入党组织构架，将党支部或党小组建在网格上、嵌入基层社会治理组织，通过党员共管、活动共办、资源共享、事务共商等措施，把各方力量团结凝聚到平安建设上来，搭建基层共享治理平台，推动实现党组织“一呼百应”，群众呼声“有求必应”。打造推出乡镇“党建＋红色治理”示范点。

2. 强化思想建设

立足井冈山“红”的优势和特色，坚持弘扬跨越时空的井冈山精神，传承红色基因、加强党的领导，充分发挥政治统领作用，把政治建设贯穿社会治理全过程和各方面，确保红色治理始终沿着正确的方向前行。坚持政治建警、红色育警，狠抓政法队伍教育整顿，全员开展政治轮训，扎实开展警示教育，树立培育榜样标杆，发掘宣传先进典型，紧密结合“不忘初心、牢记使命”等各项主题教育，充分挖掘利用红色文化资源，不断深化以“唱一首红色歌曲、听一场红色讲座、踏一次红色足迹、看一部红色影片、读一部红色书籍、开展一次红色演讲、写一篇心得体会、组织一次红色培训、重温一次入党誓词、集中开展一次精准扶贫”等“十个一”为内容的“传承红色基因，永葆忠诚本色”系列教育活动，重点打造一批各具特色、富含红色元素的励警室或荣誉室，让红色基因真正铸入灵魂、融入血脉、浸入骨髓。

3. 加强队伍建设

将推动社会治理作为加强党员干部作风建设和纪律建设的重中之重，做足“防、治”功课。着力强化纪律意识，转变工作作风，创新开展“三会一书两公开”警示教育，即“召开支部处分决定宣布会、班子专题民主生活会、领导干部警示教育会，印发个人忏悔书，向党内公开有关案情，向社会公开整改情况”，大力打造集红色教育、政治教育、荣誉教育、警示教育为一体的励警室（荣誉室），始终保持惩贪治腐的高压态势，为红色治理提供坚强保障。

将推动社会治理融入基层党组织“三会一课”“主题党日”，深入开展形势政策教育、国情教育和治安宣传教育。利用红色讲习所、新时代文明实践站等平台，深入开展法治宣传活动，在 124 个村全面落实“一村一名法律顾问”。完善市级领导牵头的“每日接访”机制和包案化解制度，实施“百个支部结对共建”活动，推动 225 个机关等各领域党支部与 142 个村（社区）党组织进行共建，推进法律服务援助、党员志愿服务、在职党员进社区等工作，推动服务常态化、项目化、信息化。结合“身边好党员”“群众好声音”“新时代赣鄱先锋”选树学等活动，大力开展“平安守法家庭”模范评选，将在守法、普法中表现好的家庭纳入评选范围，以示范带动的形式激励广大群众尊法、守法、用法。

4. 夯实政治根基

持续巩固“不忘初心、牢记使命”主题教育成果，坚持不懈地推动习近平新时代中国特色社会主义思想进机关、进企业、进校园、进农村、进社区。大力加强“新时代文明中心”“红色讲习所”等基层宣传教育阵地建设，深入挖掘红色传统、讲好红色故事，浓厚红色氛围，不断深化群众感恩教育。坚持和发展“三同五大”群众工作法，定期深入农村、社区、企业、学校，与群众同吃、同住、同劳动，常态化开展民警大走访、治安大整治、矛盾大化解、困难大帮扶、信息大采集，不断夯实筑牢群众基础。

5. 构建“党建+基层治理共同体”

树立“党建+”理念，把社会治理纳入党建项目化品牌建设，健全完善党委领导、政府负责、社会协同、公众参与、法治保障的社会治理体制。积极发挥基层党组织的政治核心作用，以提升组织力为重点，突出政治功能和服务功能，把党的建设和党的工作覆盖到服务群众、凝聚人心、化解矛盾、促进和谐各项工作中。结合“一树两强”主题活动，不断强化平安建设人人有责的意识，实现党有号召，我有行动。

（二）构建现代化诉讼服务体系

井冈山市在法院设立司法调解中心，在法庭设立诉调对接工作室，通过搭建诉讼服务中心、一站式建设、驻村法官工作室、诉调对接网络等多个平台，加强诉讼与人民调解、行政调解、行业调解“三个对接”，实行法官与驻庭调解员联动、调解与裁判联用、社会资源与司法功能联合，并通过多种特色调解平台引导当事人以平和方式解决纠纷争议，最大限度修复社会关系，全力构建便民、务实、高效的多元化矛盾纠纷解决机制。

1. 一站式建设推动矛盾纠纷源头化多元化解决

一站式建设，是指一站式多元解纷机制和现代化诉讼服务中心体系建设。井冈山市法院坚持将非诉讼纠纷解决机制挺在前面，深化“红色治理”模式创新，设立了“左香云工作室”，邀请了全国人大代表左香云等 11 名调解员进驻诉讼服务中心参与诉前调解。联合乡镇街道、信访、司法行政、妇联、交警、劳动仲裁等部门构建多元解纷机制，建立了联合调处领导小组，及时化解婚姻家庭、交通事故、劳动仲裁等纠纷和信访隐患，推动矛盾纠纷源头化解、综合治理。还通过“法官驻村”工作，进村入户，化解矛盾，法制宣传，推动矛盾纠纷源头化解、综合治理。2019 年至今诉前调解纠纷 300 余件。

一站式建设优化了诉讼服务环境。全面推进诉讼服务中心现代化升级改造工作，完善司法为民举措，努力提高法院工作群众满意度。强化服务意识，充分保障当事人的诉权，注重司法礼仪，热情服务当事人，努力提升窗口形象。提供“一站式”诉讼服务，努力提供普惠均等、便捷高效、职能精准的诉讼服务。加大网上立案、跨域立案的力度，进一步减轻当事人诉累。加强诉源治理，推进多元纠纷解决机制，强化诉讼服务中心解纷功能，深化“分调裁审”机制改革，大力推进案件“繁简分流”和专业化审判，优化司法资源配置，提高司法效率。坚持院长接访、开门接访、带案下访制度，落实接访责任，保持申诉信访秩序良性运转。

2. 法官驻村活动为群众解纷争

井冈山市不少乡村位于山高沟深、较为偏远的地方，为了方便群众解决矛盾纠纷，2014 年以来，井冈山市人民法院坚持司法为民理念，主动延伸审判职能，探索建立“一村一法官”工作机制。连续多年在全省法院群众满意度测评中位于基层法院前列，切实增强了人民群众的获得感、幸福感、安全感。

井冈山法院设立驻村法官工作室，为 106 个行政村（社区）选配驻村法官（干警），邀请 106 名乡村、社区干部担任司法协理员，实现司法协理工作网络全覆盖。构建“以人民法庭为主导，以巡回审判点为枢纽、以驻村（社区）法官为基础、以司法协理员为辅助”的涉诉矛盾纠纷预防化解组织网络，为化解涉诉矛盾提供了支持和保障。安排 50 余名干警进驻 106 个行政村，做到“村村有法官，事事有调解”，通过开展走访、法制宣传和矛盾化解等方式，从源头消除矛盾隐患。同时运用“群众说事法”解决纠纷，驻村法官针对“群众说事”反映出的法律问题来讲解法律规范，依托村两委、调解人员参与调解，再通过公开评议促进纠纷解决。驻村法官在工作中建立详细台账，记录群众提出的法律问题并予以回复，搭建起与群众的连心桥，让辖区百姓知法、懂法，学会用法律武器维护合法权益。

3. 优化生态旅游法庭运行，打造专业化纠纷处理机制

生态旅游法庭主要对涉旅游纠纷进行调处，目的就是以最快的速度帮助游客化解矛盾。生态旅游法庭实行“三定、四就、一重、两免”的工作机制，“定期”就是在每年的“黄金周”期间和旅游旺季的时候到景区巡回办案，平时还在各辖区景点公布联系电话，当生态旅游法庭不驻点办案而游客有旅游纠纷起诉时，生态旅游法庭法官接到电话起诉后，即刻赶到现场调处；“定点”就是将生态旅游巡回法庭搬进“北山革命烈士陵园”“杜鹃山”“龙潭”“黄洋界”“八角楼”等游人较多的著名景区驻点办案；“定人”就是以茨坪派出人民法庭的审判业务骨干为主，并抽调院里其他审判业务部门骨干分组办案并开展法律咨询服务，“四就”，即就地立案、就地审理、就地调解、就地执行；“一重”就是注重调解；“两免”就是对小额旅游纠纷案件免收诉讼费和申请执行费。专业化队伍解决专业化问题是最佳化解纠纷的方式，近年来，生态旅游在维护井冈山旅游市场稳定上取得了明显成效，生态旅游法庭工作成为全省知名、全国都叫得响的品牌。

具体做法：

一是树立司法为民、便捷、高效的服务意识，践行公平、公正、公开的司法理念，做到快速立、审、调、结、执的工作模式。

二是实现常态化的工作机制，每天指派两名工作人员在游客服务中心旅游法庭诉讼服务中心值班。值班人员由茨坪法庭安排。

三是设置醒目标示牌、公开服务电话。在北山烈士陵园、龙潭、黄洋界、八角楼、杜鹃山等主要景点醒目位置设立标识牌，公布生态旅游法庭值班电话和生态旅游法庭工作人员电话。

四是生态旅游法庭承接各类生态旅游纠纷案件，办案适用简易程序，以调解处理为主要手段，实行就地立案、就地开庭审理、当庭裁决和就地执行的原则，及时快捷地保护旅游消费者和旅游企业的合法权益。案件结案后须形成卷

宗，以备查阅。

五是有案办案，无案宣传，接受咨询。接受游客来访、咨询、投诉，能够当场解决的应当场解决，无法当场解决的问题，在24小时内向当事人答复。每月至少一次（旅游旺季应增加次数）随机到景点进行法制宣传，发放宣传材料。

六是坚持在旅游旺季时段（每年4月上旬至10月下旬）到景点巡回办案，接受游客现场立案，为游客提供优质、高效的司法服务。

七是加强与井冈山市管理局景区行政执法处、井冈山市管理局风景名胜局、公安局、市场监督管理局等职能部门相互配合、共同协作，形成联动调解合力，构建多元化纠纷解决机制。

八是积极做好景区旅游法庭的宣传工作，积极向网站、媒体宣传景区旅游法庭的工作，接受媒体监督，构建井冈山风景区良好氛围。

助力寻回救命钱

2017年7月2日，李女士一大早带着锦旗和感谢信来到井冈山市法院旅游法庭，握着干警梁君的手说：“真要谢谢你，为我找回遗失款，救我女儿一命，万分感激。”

6月10日，正值星期六，“叮铃铃……”井冈山法院旅游法庭旅游服务热线接到了来自李女士的求助电话，旅游法庭干警梁君等人在10分钟内赶往现场，了解调查此事。

据悉，李女士及其丈夫系外地人，为筹集女儿的治病款来到井冈山市出售书法作品。6月9日上午8点，李女士陪女儿在井冈山市茨坪镇毛泽东故居门口候车，欲前往吉安市中心医院复查。由于乘车时太过匆忙，李女士将随身携带的8000多元现金落在了石凳上。给女儿治疗脑溢血的救命钱遗失了，李女士心急如焚。

根据李女士提供的线索，旅游法庭干警来到事发现场，但未发现有用的线索，考虑此事属于公安机关的职责范畴，且不宜耽搁应尽快处理，梁君立即与茨坪派出所取得联系，并带着李女士一同前往派出所调取监控录像，取得了拾物者的初步信息，经过几天对附近老百姓进行实地走访，终于成功锁定了拾物者汤某。

旅游法庭干警心系此事，6月24日，梁君主动与茨坪派出所取得联系，了解事情的处理情况。派出所民警反映，汤某声称8000多元钱已被自己赌博输光，无法立刻归还现金，并向李女士出具了欠条，致使派出所无法进一步开展工作，案件陷入了僵局。

据了解，汤某家境贫寒，不太可能在短期内将8000多元现金全部用于赌博，这极有可能是汤某拒绝归还现金所找的借口。梁君觉得此案疑点重重，因此决定寻找汤某，试图说服他归还钱款。根据派出所提供的地址，梁君等干警与李女士来到了汤某家中。汤某家徒四壁，其看起来体型偏瘦，肤色暗黄，梁君对汤某的家庭现状感到同情，也深刻意识到该案应充分考虑当事人的现实困境和心理特点，需融入更多的情感来释法析理，才能处理好案件。通过与汤某深入交流，梁君得知汤某平日里也是勤奋肯干的人，由于家庭确实不宽裕，汤某才以赌博为由拒绝将现金归还失主，这与梁君事前的推测完全契合。梁君安抚其情绪，鼓励其踏实干事，并将李女士遗失的钱款是用来给女儿治病的事实告知了汤某，经过梁君的耐心调解，汤某听后低下了头，立刻从家中拿出存折，与梁君及李女士去银行取出8000多元现金交还给了李女士。这一起案件得以圆满解决。

7月2日上午，李女士来到旅游法庭，将锦旗交给庭长刘诠和干警梁君，诚挚地表示感谢，遂发生了文章开头的一幕。

（三）维护稳定，打造平安井冈

井冈山市公安局充分发挥法治固根本、稳预期、利长远的重要作用，将维护稳定作为压倒一切的工作，积极履行新时代赋予公安机关的职责使命，确保治安形势持续稳定。

1. “三同五大”贴民心

结合井冈山实际，井冈山市公安局创造性地在每季度开展30天的“三同五大”群众工作方法。“三同”，即由局班子成员带领民警，深入农村、社区、企业、学校，与群众同吃、同住、同劳动；“五大”，即民警大走访、治安大整治、矛盾大化解、困难大帮扶、信息大采集。平时则由派出所民警进行常态化的走访，实现驻村民警公示栏张贴率、走访群众覆盖率、宣传资料发放率、征求意见到户率、收集问题整改率、采集信息录入率6个100%。

2. 巡逻防控“点线面”

井冈山市公安局将全市城区划分为48个网格，每个网格均全天候实行定民警、定巡防员、定任务、定奖惩，包片、包网格、包安全“四定三包”网格化巡逻防控模式。按照“四门落锁、结网封边”的要求，在各主要进出城路口精准化地开展“三点一线”巡逻堵卡工作法，将观察点、研判点、盘查点串成线，扎紧口袋，堵住源头，实现了对可疑人员、车辆的100%围堵、100%查获、100%监控。

井冈山市公安局为提高巡逻防控效率，于2009年成立了特巡警大队，大队积极创建“点上全覆盖、线上全设卡、面上全辐射”的立体化防控网络，创新工作方法，巡防工作取得明显实效，群众安全感和满意度得到稳步提升，刑事案件发案数持续下降，确保了三大城区95%的居民小区和100%的景点景区连续10年实现“零”发案。

3. 服务群众“零距离”

井冈山市公安局将全市划分为71个责任区，在自然村、社区、企业、学校，设立268个“110服务点”，由派出所民警包干负责，为群众提供预约服务、登门服务、错时服务、跟踪服务等一站式“零”距离服务。挂点民警承担接警处警员、调解员、情报员、防范员、服务员、宣传员“六员”角色，定期召开警民恳谈会，向群众汇报工作，广纳意见建议，实现警务进村、警察上门、警点前移。牢固树立“为人民服务”的宗旨，在开展小区巡防之时，还紧密走访联系服务群众。

基层警务工作就是将“为民思想”和“民本理念”内化于心、外化于行，坚持为民理念，将群众的根本利益作为一切工作的根本出发点和落脚点。井冈山市公安局的服务得到了广大群众的信任和支持，更感动了群众，使群众也自发成为巡防工作的“第二双眼”。目前，全市每个居民小区都有30多名群众自愿协助队员守护小区，编织出了一张群警结合、群防群治的“平安网络”。

井冈山市公安局出台奖惩制度，切实做到“握紧拳头防发案，伸出双手为人民”。2020年以来，共接待群众38万人次，为群众提供便民服务1.3万余人次，为群众解决实际困难600余件，做好人好事8200余件，提供法律咨询3000余次。

民警大走访，争做群众贴心人

“老乡，这是《平安井冈》季报，上面有防盗防骗安全知识和我们公安打击违法犯罪和服务群众的工作情况，您看一下，多了解一下公安工作”。“老乡，这里的治安状况怎么样？……墙上民警公示栏里的照片就是我，我是负责这片的派出所民警，您有什么困难和意见可以直接打电话给我们”。如今，走进井冈山市的大街小巷、村村寨寨，经常都可以看到公安民警进村入户的身影。

2020 年 9 月 25 日，黄坳派出所民警在下七乡杨坑村走访时，一位叫吴某海的老人向民警反映其多年前使用过“吴洋”的名字，其长子 20 多年前师范毕业后参军，在部队不幸牺牲，井冈山市教育局之后每年都会支付一笔抚恤金给吴某海。之前他在银行开的账户户名是“吴洋”，去年在银行变更为“吴某海”，结果井冈山市教育局在转账时转入不了。经过民警查阅资料，发现吴某海确实使用过“吴洋”的名字，情况属实。之后民警为其开具证明，为吴某海解决了当前的难题。老人家拿到证明后，直夸民警是群众的贴心人。

9 月 26 日，大陇派出所民警在大陇街一批发店内走访时发现，有一名中年妇女一直在店内徘徊且无法与人沟通，疑似有精神疾病。随后，大陇派出所民警将该名妇女照片拍下，发在辖区警民微信群里，不到一个小时就联系上该妇女的家属，得到了辖区群众的一致好评。

龙市派出所民警在走访坳里乡寨下村 81 岁的村民肖某时得知，其与两名肇事肇祸精神病患者的儿子一起居住，近期肖某发现其两个儿子有肇事肇祸的前兆，且不肯服药，有一定的反抗心理。肖某表示早就想将两个儿子送到精神病院治疗，但因年老体弱，所以一直没有办法完成。走访民警向所领导报告后便与乡政府及寨下村村部取得联系，并成立了一个工作小组，及时将肖某两个儿子送至其吉安市第三人民医院进行救治。9 月 27 日上午，肖某将一面印有“为百姓分忧，替百姓解难”的锦旗送到龙市派出所，感谢派出所民警对其家中给予的帮助。

4. 枫桥精神“新样板”

坚持“以人民为中心”的发展理念，结合井冈山精神，以“枫桥式公安派出所”——茨坪派出所为引领，丰富新时代“枫桥精神”内涵，让“矛盾不上交、服务不缺位、警民双满意”新时代“枫桥经验”精髓落户井冈公安工作实践，全市所有基层派出所掀起了以“多元化化解矛盾、全时空守护平安、零距离服务群众”三项工作为重点的创建“枫桥公安派出所”活动高潮，致力于打造党委政府满意、人民群众认可、所内民警幸福的“枫桥”新样板（见图2、图3）。

图2　井冈山市公安局茨坪派出所被授牌为全国首批枫桥式公安派出所

图3　井冈山特巡警大队获评全省“人民满意的公务员集体”称号

5.“工匠计划”育尖兵

在全局范围内创新启动“做工匠民警、创精品公安”为主题的“工匠民警”培养计划，搭建了“群众工作”“情报研判”“信息作战”“侦查破案”“治安防控”“规范执法”“反恐处突”“舆情宣传”等八大“工匠队伍框架”，全面提高民警个人素质和能力。

6. 禁毒创建“做示范”

推行“红色治理法”，通过构建“打、防、管、控、服”为一体的禁毒工作体系，实现了井冈山禁吸戒毒工作规范化、精细化、科学化发展。2018 年，井冈山市被江西省禁毒委确定为全省 25 个，也是吉安地区唯一的“禁毒示范城市”创建城市。目前，创建工作稳步推进，“四升四降”“五个不发生”的目标已经实现。

7. 警务前置“多触角”

为克服景点多、范围广、战线长、游客逐年增加但停留时间短等管理困难，在核心景区茨坪建设全吉安市首个集“咨询服务”“报警求助”“寻人寻物”“应急救援”等功能于一体的“南山路警务室”，并逐步在三大城区推广，打造了科技型、智能型、便民服务警务中心，切实将警务延伸至群众身边。

（四）全程司法监管，构建社会和谐稳定的“缓冲器”

1. 开展普法工作，做到前期防控

自 2018 年始，井冈山市司法局用 3 年时间在全山 141 个行政村培养了 3223 名农村“法律明白人”骨干和 12893 名农村“法律明白人”，通过“身边人影响身边人，身边人带动身边人”的理念，让法律走进了寻常百姓家，乡村群众逐步形成办事依法、遇事找法、解决问题用法、化解矛盾靠法的理念。这些“法律明白人”已成为开展基层法治宣传、纠纷调解、维护稳定等社会治理工作的能手，影响和带动身边村（居）民尊法学法守法用法，提升村（居）民自我管理、自我教育、自我服务、自我监督的能力和水平，助推基层治理能力提升。

厦坪镇构建“法律明白人”网络。厦坪镇共有900多名“法律明白人”，骨干有192名，不定期进行“法律明白人”培训，进行普法教育，“法律明白人”遍布了各村组，有效地提高了村民的法律意识，辖区内不稳定因素和矛盾纠纷明显减少了。

开展法律法规培训会，确保“法律明白人”户数占比超过50%；夯实筑牢宣传教育阵地，推进“五个一”达标创建活动，着力打造一批法治楼道、法治山水画长廊、法治景区等示范点，推出一批集休闲、娱乐、学习于一体的法治文化阵地；积极推广线上普法行动，用好用活“法治井冈”等新媒体平台，采取网络直播和录播的方式，联合律师事务所，实时宣传法律政策，讲解典型案例，强化普法宣传。

法治宣传范围扩大。红色法治文化公园、市民中心法治广场、法治山水画长廊、农村“法律明白人”示范基地、自行车赛道法治景区，高标准打造的法治文化宣传阵，传承了红色基因，传播了法治文明，群众在寓教于乐间学法。新时代文明实践普法志愿服务活动、法治助推乡村振兴联合普法行动、脱贫攻坚法治同行法治宣传活动，每年200余场线上、线下的普法宣传活动覆盖全山的每一个角落，近距离的法治宣传让群众法治素养全面提升。

2. 建设多元化纠纷化解机制平台

人民调解、行政调解、司法调解，多元化的纠纷化解机制平台建设，为妥善处理各类矛盾纠纷提供了有效途径。经验丰富的20名人民调解专家、受群众信赖的80名“五老”金牌调解员、十大领域行业专业调解员，每年都及时有效调处各类民间矛盾纠纷超300件，调解成功率超99%。

全市党政机关、社会团体、企事业单位等共聘请法律顾问124名，实现“一村（社区）一法律顾问”全覆盖，每名法律顾问每月至少为顾问单位提供法律服务16小时，每年开展法治讲座不少于3次，量化的服务时间，从法律层面有效地减少了纠纷的产生。2020年以来，全市法律顾问共提供各类法律服务咨询368次，开展普法宣传活动21次，化解矛盾纠纷78起，修订、完善村规民约、合同以及协议等26起。

实行法律援助案件“点援制”，制定全年度律师值班表，为特殊群体开启“绿色通道”，落实刑事案件律师辩护全覆盖，开展法律援助“一所一周一网格”活动。将因疫情防控引发的民事、行政纠纷纳入精准法律援助范围，积极为复工复产的困难职工和其他群众提供法律援助。标准化、精准化、人性化法律援助解决了群众的后顾之忧。今年以来，全市共受理法律援助案件 91 件。

3. 消除隐患，做到后期稳控

一方面，强化监管，提高刑罚执行质效。对刑满释放人员的帮教是司法行政机关安置帮教工作的一项重要职责。强化社区服刑人员管理，升级人脸识别、定位电子监管手段，积极开展社区矫正行为规范教育、集中教育学习和集中公益劳动三大活动，加强社区矫正工作督查和日常监管。2020 年以来共完成审前调查评估 28 人次，有效管控社区服刑人员 94 人。

井冈山市司法局、所两级司法行政部门紧紧依靠有关部门和社会力量对刑满释放人员进行非强制性引导、扶助、教育和管理活动。具体经验如下：一是按照属地管理的原则，督促司法所会同各地乡镇综治部门将刑满释放人员纳入重点监管对象，采取行之有效的办法加强监管。二是建立“双列管”制度。把刑满释放人员列为司法所和派出所双重管理对象，切实加大管控力度。三是发放生活困难补贴。对于生活困难，且在家待业的刑满释放人员，由本人提出申请，经乡镇司法所核实情况后，予以发放六个月的生活困难补贴。四是建立随机查访制度。由刑释人员所在地村（居）等人员不定期上门查访情况，密切掌握行踪，并采取有效措施，防患于未然，切实有效地降低刑满释放人员再犯罪的风险。五是推荐适合的就业岗位，适时组织参加各类培训，不断增强刑满释放人员适应和融入社会的能力。

另一方面，温情执法，唤醒弃恶从善的良知。社区矫正是与监禁刑罚执行相对应的一种非监禁刑罚执行制度，是“高墙外的监所”。严格落实刑满释放人员“必接必送”，规范刑释人员生活补助“一卡通”发放，畅通远程会见系统，试点“政府 + 社工 + 家庭”三位一体帮扶机制，联合新城夏一农业开发有限公司成立了社区服刑人员和刑满释放人员双示范基地。2020 年以来，安置帮教刑满释放人员 110 人，发放刑满释放人员接送及生活补助经费 11830 元，远程会见 9 次。

井冈山市社区矫正工作严格按照《中华人民共和国社区矫正法》《江西省

社区矫正工作实施细则》的规定对社区矫正对象进行监督管理。具体监督做法如下：一是严格落实“日点名登记、周走访记录、月考核建账”制度，司法所通过手机通话、定位抽查、当面报告等措施，实时掌握社矫对象的基本情况；二是对于重点人员采取“定位手环+手机监控”的双重监管办法，因人而异加大对特殊人群的监管力度；三是建立日常巡查越界、离线台账，及时记录社矫对象违规情况，对于情节严重、屡次再犯的人员采取个人诫勉谈话和集体教育学习的方法予以批评改正；四是每月对社区矫正对象进行考核，依据考核结果调整监管等级和分级处理，并做好相应工作记录；五是严格落实社矫对象“思想汇报、情况报告、外出请假、移居审批”制度及两个“八小时”教育学习和社区服务制度，在落实制度上不打折扣、不搞变通，以足够的工作实量保证工作实效，以实际的工作投入保证效能产出。

（五）救贫救急，全面开展司法救助工作

1. 将贫困户列为重点救助对象

自高检院统一部署“深入推进国家司法救助工作”专项活动以来，井冈山市检察院控申检察部门将贫困户等四类人群作为重点救助对象，全面开展国家司法救助工作。在对贫困户开展司法救助时，采用优先办理、快速办理的工作理念，让救助金真正救助贫困户。同时，建立健全与市扶贫移民办等部门的工作衔接机制，促进检察与精准扶贫工作深度融合，让贫困人口切切实实感受到检察的温度，最大限度地缓解了扶贫对象的经济压力，助力脱贫攻坚取得持续性成效。2016 年以来，井冈山市检察院共开展司法救助 7 人，发放救助金 40 余万元。

贫困户司法救助案例

被害人周某成因张某龙交通肇事，造成重伤二级，后病情恶化，医治无效死亡。井冈山市检察院干警主动到被害人家中走访调查，周某成治疗期间共计花费 30 余万元，但肇事方仅赔偿 2 万元，其妻谢某妹又身体欠佳，没有固定收入来源，家庭生活自此陷入困境。经核实，井冈山市检察院认为谢某妹符合国家司法救助条件，当即告知其可向我院提出国家司法救助申请。同时，认为谢某妹家庭因案致贫，符合建档立卡贫困户要求，遂根据我院与市扶贫移民办

的衔接机制，与市扶贫移民办进行信息沟通，协助谢某妹办理蓝卡贫困户建档立卡。通过贫困人口司法救助绿色通道，我院快速为谢某妹申请到10万元救助金。谢某妹专门送来锦旗，以表感谢。

2020年8月18日，井冈山市检察院专程对谢观妹进行回访，最高人民检察院官方微博进行了全程直播，阅读量高达4000万人次。

2. 积极服务非公企业经济

为帮助非公企业有效应对因疫情带来的复工复产难题，检察院积极开展企业走访活动，通过发放调查问卷、开展座谈会等形式，全面把握企业现阶段需求，为精准服务企业打下坚实基础。同时，结合当前疫情防控形势和要求，编印了《新冠肺炎疫情防控宣传手册》2000余册，积极引导和帮助企业正确应对复工复产相关法律和经营管理问题，提升企业在疫情防控期间的风险预防和经营管理水平。应市工商联邀请，检察院派员参加了江西省营商环境第三方评估工作（井冈山市）动员及座谈会，深入了解了百家非公企业对本市营商环境的认可程度，有针对性地提高了检察机关服务营商环境水平。同时，检察院由班子成员带队，在新城区、茨坪和龙市片区开展大规模法治宣传，扩大检察工作在人民群众中的知晓率和影响度。

3. 做好控申接待工作

依托12309检察服务中心，构建了“科室都是接待室、干警都是接待员”的“大控申”格局，来访群众只要走进检察院的大门，都能体验到热情的接访，最后怨气而来满意而归。针对井冈山“一城三区”、农村地广人稀的特点，通过“流动接访车”把接访窗口前移，进一步畅通检民联系渠道，检民鱼水情深的关系体现在每一项工作中，反映在办案的每一个环节上。2016年以来检察院先后被评为“全省检察机关文明接待室”和“全国检察机关文明接待示范窗口”。

（六）创新信访制度，通畅联系群众渠道

1. 推行风险评估“三步法”，源头预防信访问题

“图之于未萌，虑之于未有”，井冈山市公安局发挥“实事求是创新路”的

井冈山精神，将工作机制不断向源头拓展，建立了完整细致且极具可操作性的信访风险评估机制，概括下来简称“三步法”。第一步，要求有关单位定期上报重大问题情况反映，及时收集并掌握井冈山市可能出现的群体性事件、治安事件，定期汇总上报上级部门；第二步，结合所反映的问题，筛选出极易引发群体性事件的一些重大建设工程、治安事件，准确预测可能发生的信访问题的种类，特别是可能引发的矛盾冲突所涉及的人员数量范围；第三步，结合实际，主动对接相关部门进行信访风险建议。如2020年的下茅坪水库工程、S314拿山至碧溪公路升级改造项目，我们积极开展实地考察调研并给出建议。此外，针对可能引发的信访问题，设立应急预案和风险预警机制，将可能发生的信访问题扼杀在矛盾之前，有效控制信访增量。据统计，井冈山市2020年上半年来信总量、来访的批次以及集体访量分别比2019年减少了43%、33%、16%。

2. 建立步步联动机制，实现群众“最多访一次”

一是受理联动，畅通信访渠道。通过网上信访全覆盖，启动“1+3”信访稳控专班，建立常态化接访下访机制，畅通信访受理渠道，加快信访受理。二是接访联动，快速解决群众合理诉求。推行多部门联合进驻办事大厅接访，严格办理时限，让接访大厅、网上信访系统成为一站式化解矛盾的“信访超市”，让群众少跑腿，越级访大幅度下降，信访件一次性办结速度加快，有效降低信访重复率。三是加强督查督办，压紧压实信访工作责任。督查督办由市纪委牵头，信访、综治等多部门参与，对重点信访事项进行联合督查，督查结果由市信访联席办向市委、市政府主要领导进行专报。

井冈山市积极推行“最多访一次”的过程中，居民王某在网上信访投诉楼下餐馆油烟问题，社区综治网格员迅速通过网格渠道逐级上报至市信访中心，工作人员当天就将访情转交红星街道牵头环保、城管等部门处理。同时，由街道网格指导员张有梅负责信访代跑，问题代办。在多部门共同努力下，餐馆老板第二天就拆除了直排扇，按要求进行环保改造，并向居民致歉取得谅解，映山红社区王某的投诉就在短短48小时之内就得到了解决。

3. 整合信访工作平台，有效推动信访积案化解

将人民来访接待中心、综治中心、矛盾纠纷联调中心、司法救助中心等进

行有效整合，进行资源共享、互补、融合，合力共建信访、维稳、司法救助大服务工作平台，构建大信访工作格局。在原有的信访联席会议机制、阳光评议机制的基础上，与司法部门联合推行访调对接机制，成立信访事项人民调解委员会、红色调解队298支，成功化解疑难信访事项900余起。

4. 有效推进法治信访

规范信访秩序。一是牵头起草并印发了《关于依法处理在市本级信访过程中的违法行为的实施办法（试行）》和完善《党政大楼信访工作联动机制实施办法》，确保信访工作形成合力，依法维护秩序。二是对因上访违反治安处罚条例及相关法律法规的，其正当诉求应该按照相关政策合理解决，但对其违反治安处罚条例及相关法律法规与其反映诉求问题要区别对待，按照治安处罚条例及法律法规的一定要进行处罚。三是加大《信访条例》宣传力度，通过“线上+线下”的模式以群众喜闻乐见的内容进行宣传，制作法治信访小视频1个，宣传单页1000余份，进一步引导人民群众法治信访。四是进一步优化接访环境，提升信访服务水平，对接访中心进行再提档、再升级，设置了导航台、领导接访、联合接访、法律咨询、心理疏导、社情民意等功能区，进一步规范了信访服务标准和流程，实现了接访工作的一站式服务，全闭环管理。

推进阳光信访。一是通过设立法律援助工作站，专职聘请律师等方式，让法律援助融入信访工作。加强了法律援助与信访工作的衔接，充分发挥了法律援助在信访工作中化解矛盾、维护稳定方面的独特作用，通过聘请专职律师和申请法律援助相结合的方式，确保重大或涉法涉诉信访过程有律师在场，为来访群众提供法律咨询、法律宣传、依法疏导、法律援助和法律服务，让法律援助真正融入信访协调、处置、办理全过程。制度推行以来，律师参与协调信访事项100余起，参与接待群众近600人，较好地营造了依法信访的良性氛围。二是通过设立信访查询台，让群众轻松查询信访办理全过程。井冈山市公安局在接待大厅设有信访导航台，链接江西信访系统服务平台、井冈山市长信箱、吉安市长信箱等，群众可通过网络的方式轻松查询到信访的交办情况及回复情况，为群众提供标准化指引、智能化辅助、规范化检查，进一步提高信访工作质量效率和公信力，更好地服务人民群众（见图4、图5）。

图 4 “我为群众办实事”调解现场

图 5 2020 年 9 月 7 日，井冈山法院诉讼服务中心诉前调解了一起赡养纠纷，双方在调解协议上签字

三、井冈山红色传承助推社会治理现代化的方式方法

井冈山市以红色基因为特色，传承了老一辈革命先烈的精神，走出了一条具有自己特色的社会治理现代化新路径。井冈山市运用红色精神的传承，凝聚多方共识，多方面促进社会治安综合治理，构建共建共治共享的社会治理共同体，树立社会治理红色示范品牌，以信息化推进红色传承的社会治理现代化，探索分级联合调处新模式在社区发挥作用，构建和谐的井冈山居住环境，让老百姓生活更满意、更有安全感。

（一）构建实体化治安联合调处体系

1. 多方面促进社会治安综合治理

着眼形成共建共治共享新格局，用好用活红色资源，加强干部群众思想教育，团结凝聚各方力量参与基层治理。

一是坚持“党建+社会治安综合治理”。强化党组织在城乡基层治理中的领导核心作用，一方面，尽可能将全社会各类治理主体纳入党组织构架，通过党员共管、活动共办、资源共享、事务共商等措施，把各方力量都团结凝聚到平安建设上来；另一方面，充分挖掘运用井冈山厚重的红色文化底蕴，通过扎实开展“不忘初心、牢记使命”主题教育等规定动作，创新开展传承红色基因等自选动作，对全山广大干部群众浸润红色文化，不断强化平安建设人人有责的意识，把维护平安稳定变成全山普遍共识和自觉行动，形成党组织一呼百应、群众有求必应的新格局。

二是融合“法治+社会治安综合治理”。坚持依法治市，立足井冈山实际，聚焦非法融资、交易市场、征地拆迁和工程项目建设、城乡违法违章建设、矿产资源等经济领域以及“黄赌毒”“打伞破网”等其他重点领域，全力推进扫黑除恶“5+4”治乱部署；深入开展“法律七进、以案说法、以案释法”和“法律明白人”培养工程等法治宣传活动，着力健全法律服务体系，搭建法律服务平台，设立法律援助工作站，促进全民“学法、知法、用法、守法”习惯的养成，形成黑恶势力无处站脚、无缝可钻的新格局。

三是强化“考核+社会治安综合治理”。注重发挥考核指挥棒作用，与时

俱进整合优化平安建设工作督察和考核评价体系，将党政主要责任人和具体责任人的综治政绩与职务晋升、评先奖优挂钩，让干不好的坐不住、有压力，让干得好的有奖励、有动力，不断推动基层、行业、系统平安创建向纵深发展，形成平安重担人人挑，人人身上有指标的新格局。

2. 建设立体化治安防控网络

着眼织密立体化治安防控网络，切实筑牢社会治安综合治理的“第一道防线”，最大限度挤压违法犯罪空间。

一是变传统防控为立体防控。在坚持加强巡逻、打击犯罪等传统防控手段的同时，找准防控重点，注重运用信息化手段来提升防控效率，努力在以人防为中心、物防和技防为两翼的基础上，形成多元化、一体化、全方位的立体防控格局。如在传统“物防”“人防”的基础上，精准升级“技防”，精准布控250多个“天网”探头，精准纳入商铺、家庭等“地网工程”4300余个社会监控探头，实现重点部位视频监控全覆盖。并在茨坪博物馆、火车站等重点场所新增1100处带人脸识别的“智慧云眼”系统。

二是变被动应对防治为主动介入防治。坚持问题导向，建立治安风险台账，疏堵结合抓预防。一方面，防止“别人的问题”出问题。大力健全全时空、多层次的警情通报和预警发布机制，聚焦防骗、防盗、防抢、防事故，建立经常性的治安防范宣传和法制教育，着力提高公众防范意识和能力。另一方面，防止“自己的问题”出问题。着重关注重点特殊人群中矛盾突出、生活失意、心态失衡、行为失常及性格偏执的人员，加快推进社会心理服务体系建设，健全心理疏导和危机干预机制，让群众心理问题有处诉、“心结”有人解，严防个人极端暴力犯罪案件。

三是重专项整治更重部门联动。强化部门间联动协作，推动综治资源向基层倾斜，大力开展标准化、实体化建设。各乡镇、街道办建立完善综治服务中心，整合综治中心、矛盾纠纷联合调处中心、法律服务中心，资源实现平台“三合一”。以公众安全感测评作为检验综治成效的重要抓手，层层压实公、检、法、司等各参与部门责任，建立完善定期汇报、暗访通报和责任倒查机制，确保平安建设各项部署和措施落到实处。

3. 加强治安管理队伍建设

着眼打造一支过得硬的治安管理队伍，坚持弘扬井冈山精神，传承红色基因，以红色基因教育人、感染人，为基层综合治理提供坚强支撑。

一是锻造“快警务”。充分发挥信息化的快捷优势，搭建井冈山公安“两微一端”警务服务“微窗口”，即“互联网 + 微警务”的微信群，将派出所责任警员、户籍员、交通警员、巡防员、宣传员、乡镇驻村员、村（居、社区）委员会成员纳入其中，架起网上警民沟通连心桥，群众只要“指尖动一动”，反映诉求和困难，相关人员就能及时回复、及时服务，实现“服务键对键”。现已建立公安微信群 206 个，实现村村全覆盖，为群众提供“微服务”达 3.6 万余次。

井冈山市公安局特巡警大队坚持教育训练工作常态化。为确保队伍“平时素质看得出，关键时刻拿得出”，大队提出“训练就是战斗力”的口号，制定了队员“四个一”训练计划，对队员进行定期的军事训练与应急救援等业务培训，以增强队员的体能素质和应变能力及整体协调调度能力。

推行应急响应工作机制。为了处置应急事件效果最佳。公安局特巡警大队制定了《应急响应预案》，将紧急集合力度由低至高划分为三级、二级和一级，各中队接到紧急集结信号时，应立即组织队员在规定时间内赶到指定集结地点。2015 年 4 月 3 日中午，井冈山厦坪、黄坳等乡镇相继发生森林大火，火情就是命令，大队队员 8 分钟集结完毕，先赶到厦坪火灾现场扑灭山火后又转场投入到黄坳森林火灾的第一线，连续战斗 10 余个小时。2018 年 4 月，井冈山市降水出现 30 年最低，新城区自来水供水出现极度紧张现象，在打好水源保卫战的攻坚战场上，大队民警、队员奋勇争先，坚决执行各项攻坚克难任务，充分发扬“特别讲政治、特别守纪律、特别能吃苦、特别讲奉献、特别能战斗”的“五特”精神，为缓解人民供水问题作出突出贡献。2020 年面对突如其来的疫情，疫情就是警情，防控就是命令，特巡警大队负责井冈山人员、车流量最多的拿山高速口卡点防控，确保井冈山疫情期间没有一例新型冠状肺炎病例。

二是锻造“优警务”。以群众满意为标准，深入践行党的群众路线，长期坚持“三同五大”（每季度由局领导带领民警，深入基层，与群众同吃、同住、同工作，广泛开展民警大走访、困难大帮扶、治安大整治、矛盾大化解、信息大采集等各项工作）群众工作法，将访民情、解民忧、调民争、护民安、惠民生进行了有机融合，及时“察民情，解民忧，办实事”，不断密切和谐融洽的警民关系和干群关系。

井冈山市公安局特巡警大队以维稳处突为第一要务，锻造“优警务”，始终坚持以情报信息为主导，更加注重矛盾纠纷源头发现、源头化解，积极预防和妥善处置各类突发事件，有力维护了井冈山市社会治安大局持续稳定。

突出强化情报信息收集研判，不断提高情报主导、全面收集、深度研判、实战应用水平，制定了《警情研判工作机制》及《社会治安信息员物建实施方案》，规定每名巡防队员每年物建社会治安信息员不得少于3人，并实行矛盾纠纷信访周报制，努力收集研判内幕性、行动性、预警性和源头性情报信息，用以指导开展矛盾纠纷引导工作，确保维稳工作有效开展。自2019年以来，大队共编发《矛盾纠纷信访信息周报》393期，物建发展社会治安信息员1000余名。2018年7月，新城区某小区居民李某因不满在小区附近修建垃圾集中处理站，发动小区居民计划到市政府进行联名上访，经小区信息员及时反馈情况后，大队连夜组织民警到小区各家各户走访处置，有效扼制了一起群体性事件。

突出强化疏导引导各类矛盾纠纷。牢固树立“稳定压倒一切”的意识，认真采取措施、积极化解不稳定因素，妥善处置各类群体性事件，为井冈山社会经济发展营造了良好的社会环境。近年来，大队及时制止各类集体访、非访、缠访事件，积极为各类上访人员进行疏导和引导，确保了党政大楼的正常办公秩序，有力维护了全市社会治安稳定。

三是锻造“全警务”。注重培养“全科警察”，做到每一个民警都能为群众提供多种警务服务。大力推广“民警人人都是110”服务新模式，将警务进村、警察上门、警点前移，将全市划分为71个责任区，并在自然村、社区、企业、学校设立268个“110服务点”，由挂点民警承担接警员、调解员、情报员、防范员、服务员、宣传员“六员”角色，为群众提供一站式、“零距离”的全警务服务，切实提高工作服务效率。

（二）社会治理促成共建共治共享

井冈山的社会治理模式是以传承红色基因为主导的基层综合治理创新工作，其精髓在于深入践行新时代群众路线，突出群防群控和共建共治共享，着眼于构建实体化矛盾纠纷联合调处体系，坚持依靠群众、发动群众、组织群众，充分发挥群众自治自理的智慧和力量，推动基层治理无缝隙全覆盖，促进治理体系和治理能力现代化。

1. 以志愿者队伍建成群防群治体系

井冈山市公安局建立完善以公安治安队伍为主、基层巡防队伍为辅的群防群治体系，先后组建乡村治安巡防队伍 131 支，招募群防群治队员 800 余人，让一个个红袖章义务巡防调处队，变成一群“管住每一事、管好每一天”的治安“大管家”。

井冈山茨坪镇西林小区根据“地缘”（相同区域）、业缘（相同行业）、趣缘（相同兴趣）的实际情况，组建了以五种颜色命名的五支服务队伍，即红袖章义务巡防队、蓝领巾医疗保健队、紫兰香文化宣传队、绿之源环境保护队、青之稞家政服务队。以“五彩服务”志愿服务队为载体，发挥五彩服务队的作用，彻底打通服务群众“最后一公里”。在西林小区防盗网整治、城区人居环境整治、蓝色彩钢棚整治、老旧小区改造整治等集中整治行动中，面对矛盾比较突出、邻里纠纷比较多、居民意见比较大、一时半会儿还不理解的状况，五彩志愿者服务队根据各自的不同任务，分别提供了不同的服务。例如，红袖章义务巡防队主要提供巡防防盗和当场调解的服务；紫兰香文化宣传队主要以自编自导自演的形式，表演一些居民喜闻乐见、容易接受的节目，宣传党的方针政策和镇党委政府的一些中心工作；绿之源环境保护队主要是发动居民自发地参与小区的环境卫生保洁；青之稞家政服务队主要是通过给一些居民提供必要的家政服务的机会，拉近与居民之间的感情，让居民感受到温暖。同时根据实际情况，建立以社区为中心的“十分钟”服务圈，开通了一个在居民和游客中反响很好，名气很大的党建 + 15580 服务热线，提供 24 小时服务，真正做到一个电话服务到，一支队伍服务好的目标。热线开通以来，据不完全统计，共建立“百姓服务档案”5000 余份，解决热点难点问题 300 多件，开展志愿服务 300 多次，服务人次 2 万余人。

井冈山市红星街道坚持和发扬“群众路线”这一“传家宝”，特别是发挥志愿者队伍在社会治理中的有益辅助作用，广泛组建“红袖章”义务巡防队等群众自治组织，大力扶持指导各类志愿者服务队伍的建设，打造维护社会治安和社会稳定的重要力量，有力地提升了社区居民的获得感和满意度。

严格把关自我挖掘，选优“红色先锋”。要发挥“红袖章”义务巡防队的作用，首先要把好入口关，而由社区“主人”管理社区，无疑是最有效的方式。为此，红星街道立足社区自身挖掘潜力，通过党员认领、自主申报、居民推选等方式，着力把那些思想觉悟高、群众基础好、热心公益、在群众中有一定威信的人选出来，特别是那些在社区有口碑、有责任心、有能力的党员志愿者和热心人士，以及关心支持社区发展的机关事业单位党员干部，最后由街道、社区党组织层层把关，分类培训，主动接受居民评议监督，确保选出的人素质好、能力强、热情高、作风硬，形成强有力的自治团队。

发挥优势多点联动，搭建“红色桥梁”。聚焦推动群众自我管理、自我服务、自我教育、自我监督，注重将“红袖标”巡防员作为连接社区与居民之间的纽带。一方面推动下情上传，发挥他们人头熟、情况明的优势，通过“线上+线下”“脚板+信息化”等方式，配合街道社区开展入户走访，摸查诉求，协助收集社情民意，当好群众意见诉求的表达渠道。另一方面协助化解矛盾，赋予他们多重身份，将他们同时编入小区网格巡查队、志愿服务队、文明劝导队等不同团队，利用他们的影响力开展方针政策宣传、便民服务代办、文明新风倡导等工作，充实基层群防群治队伍，促进基层设施共建共享、矛盾纠纷共商共调、治安秩序共治共管，切实把各种矛盾问题化解在萌芽。

融入日常做大做强，激发“红色活力”。始终把“红袖标”巡防队参与社区治理作为一项长期工作来做。为此，着重调动这支“编外”队伍的积极性，从长远着眼，在鼓励激励上做文章，积极弘扬推广志愿服务精神与无私奉献情怀，不断将这一队伍做大做强。一是开展亮牌践诺，街道统一发放红袖标、工作牌或红马甲，突出先进个人、党员的标识，设立巡防队工作岗，并在社区内进行公示，让每一名队员主动承诺，亮出服务宣言。既让巡防员在服务居民的过程中，感受到成就感和荣誉感，又自觉接受群众的监督。二是及时创先评优，建立巡防队工作责任清单、工作领域和评价体系，定期由街道干部、社区居民当“裁判”，积极选树一批党性强、干劲足、成效好、口碑佳的红袖标巡防队员典型，并将评选结果报送队员所在单位，让“守望相助、暖心服务”蔚然成风。

井冈山市茅坪镇基层治理同样依托于广大人民群众的智慧和力量，已构建起“1+3+N”（“1”即一支城管执法队伍，“3”即红袖章义务巡防队、“五老”调处队和志愿者服务队，“N”即广大群众）的群防群治模式，在共建共治共享中构筑起一条坚不可摧的“综治长城”。以“解决群众诉求，让群众满意”为目标，持续加强各类矛盾纠纷排查调解办理力度。接到投诉案件后第一时间向领导汇报，及时派发至各村组网格；案件办理时认真审核把关，并呈相关领导阅示，全面提高了政务服务工作质量和效率。2020 年以来，已处理疫情期间小区管控、土地纠纷、邻里纠纷等矛盾纠纷 14 件，办结率、回复率均达到 100%。

井冈山厦坪镇组建了一支由 167 人组成的平安志愿者队伍，构建了平安志愿者网络。主要由镇干部、村干部、村民组成，每月组织开展 1—2 个平安志愿者活动，志愿者们都能积极报名并完成活动，活动取得良好效果。同时志愿者们可以随时随地将身边发现的问题和事件一键上报，起到群众监督的作用。

2. 把多元纠纷化解机制平台建设成治安“减压阀”

在市政法委指导下，成立了以“老干部、老法官、老检察官、老律师、老教师”组成的“五老”调解理事会，在群众自家门口就能把矛盾纠纷调解清楚，打造了全省闻名的“金牌调解室”，受到了上级部门和辖区群众的广泛好评。

在村（居、社区）及治安较复杂的自然村、小区、企业等指导组建“治安调解理事会”298 个，充分发挥“五老”（老干部、老法官、老检察官、老律师、老教师）熟悉当地风土人情、身份受人尊重、说话有分量、处事有办法的独特优势，有理有利有节地调处好群众之间的各种矛盾纠纷，为社会治安综合治理工作有效“减压”。指导组建一批交通事故、劳动争议、医疗纠纷等专业性调解机构，争取打造一批在吉安市乃至全省具有一定影响的特色调解品牌（见图 6）。

图 6 “弘扬井冈山精神　把支部建强在律所上”“江西律师公益集结号”挂牌仪式

警务人员驻村长期坚持“三同五大”，广泛开展民警大走访、矛盾大化解、信息大采集等各项工作，将访民情、解民忧、调民争进行了有机融合，将警点前移，每个民警都是“110服务点”，由挂点民警承担调解员、防范员的角色，为群众提供一站式、“零距离”全警务调解。

法院发挥“左香云工作室”效用，努力做好诉前调解，诉讼服务中心联合乡镇街道、信访、司法行政、妇联、交警、劳动仲裁等部门构建多元解纷机制，建立了联合调处领导小组，及时化解婚姻家庭、交通事故、劳动仲裁等纠纷和信访隐患，推动矛盾纠纷源头化解、综合治理。

人民调解、行政调解、司法调解，多元化的纠纷化解机制平台建设，为妥善处理各类矛盾纠纷，提供了有效途径。经验丰富的人民调解专家、受群众信赖的“五老”金牌调解员、十大领域行业专业性调解员，每年都及时有效地调处了各类民间矛盾纠纷，调解成功率超99%。

（三）树立社会治理红色示范品牌

着眼树立一批叫得响、立得住的社会治理红色示范品牌，从项目化、专业化、示范化方向着力，推动平安建设理念和成效不断升级。

1.“项目化”手段推进社会治理品牌建设

坚持问题导向，在破解难题中找准发力点，以“项目化”手段推进，全力推动公共法律服务实体、网络、热线平台融合发展，完善线上线下并行的服务机制，推行“人民法庭+巡回审判”模式，实行法律援助案件“点援制”等，在攻坚破难中树品牌，形成“越是有难题越要求创新”的工作追求，促进一线工作水平不断提升。如井冈山市法院以“项目化”的理念，创新成立全省首个生态旅游法庭，荣获“全国法院先进集体”称号。

2.“专业化”服务推进社会治理品牌建设

坚持“专业化”理念，以基层协商推进基层自治，集聚源头治理正能量，针对性建立了一批交通事故、劳动争议、医疗纠纷等行业性专业性调解组织，因地制宜设立了一批“群众说事室”“祠堂（圩场）说事点”，做到“小事不出村，难事不出乡，大事不出市，矛盾不上交”。

以“红色精神”融入“枫桥经验”。深化新时代“枫桥经验”，坚持和发扬“群众路线”这一“传家宝”，围绕“警务围着民意转、民警围着百姓转”两个理念，以“红色精神”深入群众、发动群众、依靠群众。

坚持源头治理，做到“矛盾不上交”。把“枫桥经验”调解矛盾纠纷的精髓融入每一起警务中。坚持以人民为中心这一根本立场，通过在每一个治安较复杂的自然村、小区、企业等组建由当地德高望重的“五老”组成的“治安调解理事会”，向群众传播“红色精神”，讲解“红色故事”，健全完善多元化矛盾纠纷化解机制，真正做到“小事不出村、大事不出镇、矛盾不上交”。

坚持以防为主，做到“平安不出事”。秉持“警力有限、民力无穷”的理念，发扬“民警人人都是110群众个个都是治安员”警务工作模式，深化社区警务战略，实现“一社区（村）一警（辅警）”。建立多员联动机制，以1支公安队伍为基础，统筹组织不同行业、领域群众成立“红袖章义警队”“五老调解队”“志愿服务队”“微警务队”等4支群防群治队伍，广泛吸纳清洁工、快递员、广场舞大妈等N支社会力量组建信息员队伍参与治安防控，形成“1+4+N”（1支公安队伍+4支群防群治队伍+N支社会力量）多员叠加的网格治理模式，构建警民共治共建共享的基层社会治理新格局。

坚持服务为先，做到“服务不缺位”。不断创新发展“微警务+指尖上派出所”等科技服务手段，全面推行“一村一群，一群七员”微信创建法，每个自然村建立一个微信群，加入派出所责任警员、户籍员、交通警员、巡防员、宣传员、乡镇驻村员、村委会成员等七员，为群众提供“微”服务，实现了“让数据多跑腿、让群众少跑路”的满意成效。目前，共建立公安微信群318个，实现村村覆盖，群众关注3.6万余人，为群众提供“微服务”和“微办理”达5.3万余次。同时，率先在全吉安市推出“警务工作站”，融合“接处警”“巡逻防范”等八大职能，切实将警务延伸至群众身边。警务站驻警以来，为群众提供服务1500余次，群众满意率达100%。

3.“示范化”引领推进社会治理品牌建设

坚持以平安景区示范创建为引领，积极拓展茨坪至拿山旅游等三条平安示范带，着力打造大陇、茅坪、柏露红色旧址平安示范圈，聚力建设平安陶瓷产业示范区，力促“三带一圈一区”发挥示范效应。大力开展“民主法治示范村”创建工作，重点打造了菖蒲、拿山、文水、茅坪、光裕等八个“民主法治示范村”，以点带面推动创建工作，其中菖蒲村被授予“全国民主法治示范村”。以“平安小区”建设为抓手，加大投入力度，对市中心城区老旧小区的“三改三通三进”、道路、照明、消防、安全监控等硬件设施进行全方位综合提升，争创一批“红色家园”小区示范品牌，发挥红色治理引领作用，不断提升全山公众安全感和群众满意度。

通过整合资源，社区达到“五个一”（一个单位牵头、一名领导挂点、一万元帮扶、一次志愿活动，一户贫困户认领）为主要内容的共驻共建活动。同时，推进辖区派出所、巡防中队、交警中队、检察室、法庭等形成信息共享、协同推进的共治体系。一方面，强化监管，提高刑罚执行质效。强化社区服刑人员管理，升级人脸识别、定位电子监管手段，积极开展社区矫正行为规范教育、集中教育学习和集中公益劳动三大活动，加强社区矫正工作督查和日常监管。另一方面，严格落实刑满释放人员“必接必送”，规范刑释人员生活补助“一卡通”发放，畅通远程会见系统，试点“政府＋社工＋家庭”三位一体帮扶机制，联合新城夏一农业开发有限公司成立了社区服刑人员和刑满释放人员双示范基地。

（四）以信息化推进社会治理现代化

数据赋能社会治理现代化是现阶段社会治理的新趋势。井冈山市编制“智慧服务”机构网，大力推进智慧法院、智慧检务、智慧公安、智慧司法建设，不断深化“放管服”改革，推行“互联网＋政法服务”模式，构建线上线下一体的智能化政法公共服务平台，重点推进一站式多元解纷机制、一站式诉讼服务中心“两个一站式”建设，12309检察服务中心建设，“数字法治·智慧司法”工程建设，以及“枫桥式派出所”建设。不断创新发展特色亮点，推广“指尖上的派出所”，推行“一村一群、一群七员”微信工作法，提供“五微”平台服务（微交流平台、微走访平台、微服务平台、微防控平台、微展示平台），真正架起一条虚拟化、办实事的服务民生高速路；创新社区警务新模式，探索打造多个科技型、智能型、便民服务警务中心，推动实现城区“一街道一警两辅”和农村“一村一警”等网格化管理服务模式全覆盖。

1. “多维度”科技强警

整合警力资源，组建合成作战室，汇聚情报线索、治安卡口、WiFi热点等技术手段，为一线提供科技支撑。在特巡警大队、茨坪派出所、龙市派出所各建设一个视频监控分控中心，将全市视频监控资源全部接入指挥中心，实现“一中心、三分控”的视频监控网络；完成112路无线WiFi围栏系统建设、新增1100处“智慧云眼”系统，打造了“上有天网、下有地网、街面有警、出入有卡”的多维立体防控格局。

推动后知警务向先觉警务转变。抓住井冈山市建设“智慧城市”契机，推动“智慧公安”融入“智慧城市”。扎紧治安防控闭环，不断完善“四定三包，三点一线”巡逻防控查缉机制，加强治安卡口电子围栏、WiFi管控、智能视频分析等前端感知设备建设，推行“交治合一、交巡合一、交所合一”，编织一张全覆盖、无死角的治安防控网络，继续保持100%景区景点和95%居民小区“零发案”，保持八大类恶性案件“零发生”。目前在各小区、火车站等场所建成855个带有人脸识别功能的智慧云眼摄像头，同步完成“天网”一期84个监控点的数字化改造和“天网”五期593个摄像头上线，优化了112套公共场所电子围栏、WiFi特征采集点系统建设，在出入城主要路口建设相公庙等8个治安卡口，全市设3道防线，关键时刻能实现四门落锁、全市封闭，真正做到了“空中有眼、地上有点、街上有警、路过有痕”，实现了先知先觉的触角延伸至“吃住行消乐”最前沿。

推动单一警务向综合警务转变。高质量高标准推进“雪亮工程”建设，推动视频数据信息与人工智能技术深度融合，探索多维度整合部门和社会探头资源，统一接入数据平台，建立完善的“急诊科式”智能指挥中心，重点采取挂点帮扶的形式，推行政府购买服务，完善农村区域视频监控网络。按照信息化勤务（警务）要求，以打造“急诊科式”指挥中心为契机，逐一配齐配强六大核心岗位，并科学整合警力资源，将情报、网安、视频等力量进行整合，成立合成作战室，充分发挥合成作战优势，汇聚情报线索查询、治安卡口及视频数据查询、WiFi热点资源查询，技侦电子围栏数据查询等技术手段，为一线办案提供了强有力的科技支撑。近三年，公安局破获刑事案件八成以上受益于技术导侦。仅今年借助合成作战平台侦破案件118起，占破案总数的89%，抓获网逃11名，相关经验做法在吉安市公安机关信息化警务（勤务）

机制改革推进会上作介绍。同时，在特巡警大队、茨坪派出所、龙市派出所各建设一个视频监控分控中心，将全市视频监控资源全部接入整合进指挥中心（包括天网探头、智慧城市探头、智慧旅游探头、市政城管探头和重点防控单位探头），实现“一中心、三分控”的视频监控网络，让治安动态“尽收眼底”，最大限度地减少发案、震慑犯罪。

推动粗放警务向精细警务转变。我们积极适应科技强警战略，向科技要警力，迅速组建了图侦中队，并实行24小时视频巡视。以网格化“四定三包”（定民警、定巡防员、定任务、定奖惩，包片、包网格、包安全）巡逻防控机制为基础，建立“110”警情和视频巡逻、街面巡逻联动反应机制，切实做到“天网24小时巡察不眨眼”与“地面24小时巡逻不断人”互通互补，警力投放与防控需求“同频共振”，全市95%的小区和100%的景区景点刑事案件实现了连续10年“零”发案。因参考价值高、可操作性强、成效显著，网格化“四定三包”巡逻防控体系荣获全省公安机关改革创新大赛优秀奖。

探索创新“互联网+微警务”新模式，广泛搭建“指尖上的派出所”，创建“微警务”微信群，推行“一村一群，一群七员”微信工作模式，将派出所责任警员、户籍员、交通警员、巡防员、宣传员、乡镇驻村员、村（居、社区）委员会成员纳入其中，把每一位群众变成微信群里的一个个信息员、维稳员，实现“即时防控键对键”。全市共建立公安微信群206个，实现村村全覆盖，为群众提供“微服务”达3.6万余次。

探索整合职能部门资源要素，推行全科化网格管理，健全完善社会治理大数据平台，着力打造一个集事件受理、分析研判、分流处理、调度指挥、督办反馈为一体的市级社会治理综合指挥中心，把社情、警情、舆情、民情等数据汇聚起来，定期研判形势，超前谋划应对，推动社会治理决策科学化。重点打造厦坪镇综合指挥中心示范点，推进基层综治中心标准化、规范化建设。同时着力完善智慧景区功能，结合社会治理信息化、数字化建设，加快推进游客大数据分析系统项目建设，推动实现实时监测、游客画像、智慧服务，为旅游经济发展决策提供数据支撑和依据。

2. “互联网+政法服务”提高司法效率

井冈山市将信息化与法院工作深度融合，深入推进四大公开平台建设，重点推进一站式多元解纷机制、一站式诉讼服务中心“两个一站式”建设，着力构建开放、动态、透明、便民的阳光司法机制。利用6个高清科技法庭，对庭审进行录音录像，实现全程留痕。对符合公开条件的裁判文书全部上网。建成远程执行指挥中心，配备数字化执行单兵设备、执法记录仪和“掌上执行局”终端设备，提升执行效率。创建“收转发E中心”，有效减轻法官负担。运用好多元化解e平台、法官e助理等，推进多元化解质效提档升级。加强司法新闻宣传和舆论引导工作，推进法院微信公众号等新媒体建设，让宣传工作紧随群众、更接地气。

推进法庭标准化和规范化建设。加快信息化建设，法庭全部接入全市法院三级专网，建成高清科技法庭，实现网上办案、庭审直播。法庭设置专门的立案接待场所，实现合理的功能分区。设立法庭党支部，加强人员配备，强化教育管理。坚持多元化解矛盾，服务一方百姓。

依托12309检察服务中心，构建了“科室都是接待室、干警都是接待员”的“大控申”格局，构建线上线下一体的智能化政法公共服务平台。

司法局依托“数字法治·智慧司法”工程建设，以159个人民调解委会、568名调解员、756名网格员为核心的“市、乡、村、网格”四级人民调解体系，每天都在矛盾纠纷排查的最前沿，“纵到底、横到边、全覆盖、全时空”的矛盾纠纷大排查格局，使矛盾纠纷隐患全山无死角。同时，各级调解组织针对发现的影响社会稳定的因素采取“一矛盾一方案”方式，做到既排查纠纷也调处纠纷，稳妥将矛盾化解在萌芽状态。2020年至今，共排查矛盾纠纷线索320余条。

井冈山市通过推动网上信访助力信访法治化建设工作的开展，建成互联互通的信访系统。提高信访事项办理的质量和效率。一是明确在7个工作日内完成投诉事项的落地接收和转送交办，减少信访事项在信访部门的流转时间。二是建立网上信访受理办理、督查督办、考核评价等制度，加大信访事项的跟踪、督办、回访力度。三是采取动态提醒等方式，确保网上信访办理质量和效率。目前井冈山市已建成覆盖所有乡镇和市直部门的信访信息系统，共办理网上信访件4000余件，办结率在80%以上。网上信访件占比不断扩大，正逐步成为群众表达诉求的主渠道。

3. 社区信息化治理助推

实施三级网格管理，全体镇居干部全部是网格员，做到了“网中有格、格中有人”。把网格工作纳入了全年目标管理考核重要内容。网格员将矛盾层层分化，防微杜渐，形成了一套“网格管理采民意，绿色通道办民事”的长效服务机制。

针对每年上千万流量的来山游客和候鸟人群，通过天网工程、老旧小区改造雪亮工程，安装摄像头上千个，实现了主要交通路段、重点居民小区和公共区域监控全覆盖、无死角，最大限度挤压违法犯罪盲区。同时，投入资金百万余元，高标准建设镇综治中心，用好用活综治中心实体化运行工作，发动网格员、志愿者、群众线上上报民安和民生信息事件，镇综治中心即时调度，线下解决，并进行数据分析，为推动工作提供数据支撑。

为了确保最大限度挤压犯罪空间，保障当地平安，厦坪镇于2018年年底启动雪亮工程提升工作，全镇范围内共计铺设摄像头100余个，均已并网接入综治中心，通过打通“天网”“地网”“自建监控”技术壁垒，集成人脸识别系统，形成了一个全方位无死角的监控视频网络。利用大数据比对，对录入系统的犯罪人员、车辆，进行提前预警；对山场消防、河道采砂等重点区域、行业进行越界预警，不断挤压犯罪空间。同期铺设的视播一体系统，集成应急喊话系统，覆盖全镇46个村民小组，真正实现“眼睛”“嘴巴”全部覆盖到村小组，政策宣传、应急防控统筹调度。

一键报警，社区警情快速响应。积极拓展视频采集与监控功能，监控摄像头全覆盖，实现了对小区出入口、主要道路交叉口、停车场、人群聚集区域实时监控摄像。一旦发现小区业主在小区内意外受伤、歹徒非法闯入等特殊情况，迅速启动一键报警，将信息快速、准确地传递出来，迅速锁定求助人位置，有效解决突发事件，最大限度地避免和减少事故损失。下一步，我们还将开通求助热线，通过机顶盒或手机APP拨打求助热线，实现社区居民和综治中心的视频通话，实时了解求助者的现场情况，方便对现场情况的掌握，加快事件处理过程。

人脸识别，人车特征细致分辨。通过“互联网+”技术应用，充分发挥大数据作用，不断抽取叠加所抓获的人车特征，并根据这些特征形成结构化的信息数据，精确地标注某个人或物。在需要对这些人或物进行识别时，根据结构化信息的数据进行对比形成比对结果，大幅提升社区安全防范能力，将安全隐患排除在小区之外。

视播一体，应急管理全面覆盖。在小区内安装应急广播系统，包括音柱、IP对讲话筒、数字IP网络广播服务器、广播音响、报警柱，当遇到紧急情况时，综治中心可以通过IP对讲话筒发布紧急广播，起到通知、提示、震慑作用。日常可作为政策法规宣传教育、社区文化活动等使用。

（五）分级联合调处新模式探索

1.“345工作法”深入社区

井冈山市茨坪镇探索建立的社会治理“345工作法”，主要内容为：“3”即三个一线工作法。机关党员干部融入社区一线，各类资源倾斜社区一线，工作重心下沉社区一线；“4”即四大工作机制。网格化管理、共驻共建、金牌调解、信息化治理工作机制；“5”即五支队伍和五彩志愿服务的工作路径。

机关党员干部融入社区一线，搭建“点将台”。党委经过反复研究和探索，将镇党员干部全部下移到社区，做到机关党员干部融入社区一线，矛盾纠纷在社区一线摸排，社情民意在一线汇总。

各类资源倾斜社区一线，成为“催化剂”。党委每年有计划地针对居民游客反应强烈的问题，集中各类资源倾斜在社区一线，集中力量解决镇集体经济供血不足的问题。比如，茨坪镇针对居民反映西林小区和建筑公司常年环境卫生脏乱差、防盗网晾衣架私装严重、停车位紧张、居民矛盾纠纷较多等老大难问题，及时向市委市政府报告，市财政投入资金1200余万元，对两个小区的地面基础设施和外立面进行了综合的改造提升，新增了150个停车位，建好了一个600平方米篮球场、两个150平方米健身广场，绿化了2100平方米，改造排水排污管网1200米。

工作重心下沉社区一线，构建“连心桥”。工作重心的下沉，构建了服务群众“连心桥”。镇党委通过安排每年的重点工作、重大项目、中心工作，将全镇的工作重心有计划有选择地向某一社区下沉。比如2016年自筹200余万元打造了“全国扫黄打非进基层示范标兵”桐木岭路社区，2017年自筹300余万元打造了茨坪镇综治中心和行政服务中心，2018年自筹100余万元打造了红军路党群服务中心，2019年财政投入1200余万元进行了西林小区和建筑公司的综合改造提升，2020 年中央财政投入 3000 余万元进行老旧小区改造等重点项目建设。这些重大项目的实施，都让社区居民有切实的获得感和幸福感，也构建了服务群众的“连心桥”。

2. 分级联合调处社会治理模式

探索分级联合调处社会治理新模式。基层矛盾，往往矛盾原因历史久远、人居关系错综复杂，呈现出无从下手、法律支持不高的表象。

为确保矛盾尽量化解在基层，井冈山厦坪镇创新提出“五级联合调处”模式，把矛盾纠纷调处工作联动起来，健全党委政统一领导、综治部门组织协调、有关部门各负其责的矛盾纠纷排查调处联动机制，整合人民调解、行政调解、司法调解，树立正确的调解指导思想，按照组、村、镇、公安、司法（其他行业部门）等五级步骤，充分将群众诉求、矛盾调处、解决在一线。

充分利用厦坪镇提出的“第一村民小组长”模式，让镇村干部、党员、乡贤走近群众，搭建便民桥梁。完善了首问责任制，一方面入户宣传政策，当好宣传员，将党中央的方针政策、民事代办、人居环境督查、文明倡导等工作传达到一线；另一方面，也积极化解矛盾，把百姓反映较大的问题、诉求及时上传，能办理的现场进行办理，不能现场办理的，回来对接办理，办理不了的，做好解释工作。厦坪镇组建了一支由 167 人组成的平安志愿者队伍，主要由镇干部、村干部、村民组成，每月组织开展 1—2 个平安志愿者活动，志愿者们都能积极报名并完成活动，活动取得良好效果。同时，志愿者们可以随时随地发现身边的问题和事件一键上报，起到群众监督的作用。同时网格员每天在负责辖区内进行巡查，将发现的问题事件一键上报到镇综治中心，提升群防群治能力。900 多名“法律明白人”不定期进行“法律明白人”培训，进行普法教育，实现“法律明白人”遍布各村组，有效地提高了村民的法律意识。

（六）建设和谐人居环境

山上乡镇依托红色治理，建设更加和谐的人居环境。坚持全员参与、全域覆盖，把住宅区、乡村道路、红色圩场等重点区域划分为各个网格，层层压实“单元格”责任。聚焦“脏、乱、差”突出问题，建立健全“有制度、有标准、有队伍、有经费、有督查”的“五有”长效管护机制，针对性地开展“五清”活动，即全面清理镇村垃圾、全面清理河流湖面、全面清理残败绿化、全面清理废旧广告标语和全面清理杂房旱厕。

马源村打造人居环境示范点，创造性地建设了乡风文明积分银行，把红色培训、研学旅行、乡村旅游等产业及农村人居环境提升融入乡风文明建设中来，通过“遵规守约”开展积分兑换商品活动，达到“共治共享”，群众实现从“站着看”到“主动干”的转变，凝聚强大合力朝着产业兴旺、生态宜居、乡风文明、治理有效、生活富裕的乡村振兴方向共同迈进。

黄坳乡始终坚持“绿水青山就是金山银山”的发展理念，着力保护黄坳秀美的生态，打造环境优美乡村。“四拆三清”有序推进。围绕“一栋正房只能保留一个杂房”的原则，坚持政府主导，党员村组干部纷纷带头，广大群众积极参与，拆杂房、清杂物，全乡迅速掀起环境整治大热潮。共拆除危旧杂房、残垣断壁等5000余平方米，清运陈年垃圾90余吨，清理疏浚河道沟渠1000余米。“厕所革命”扎实推进，集镇公厕已完工并投入使用，年度农村改厕任务基本完成，旱厕拆除取得一定成绩。

“清河行动”成果持续巩固。深入贯彻落实“河长制”，对河道采砂联合水务部门开展了集中整治行动。严禁毒鱼、电鱼、向河道直排污水等，保持了水体清澈；农村保洁机制有序运营。完善了农村垃圾处理和对第三方保洁监督管理机制，农村保洁工作已形成长效机制；富民产业持续壮大。新增脆枣种植120亩，新增苗木基地300亩。目前，全乡共有茶叶800亩，花卉苗木900余亩，黄桃、百香果、脆枣、吊瓜等720余亩，中草药200亩。新增苗木基地300亩。

强化德治约束。围绕爱国守法、移风易俗、公共安全、新风正气、公共道德、文明建设等重要事务和热点问题，加强村规民约、居民公约、行业规章、团体章程建设，大力开展信用社区、诚信居民等活动，深入推进“切实解决执行难”，营造诚实守信社会风尚，弘扬规范公序良俗。同时，广泛组建红白理事会、乡贤议事会，有效治理大操大办婚丧喜庆、赌博、高价彩礼等不良习俗，大力推行婚嫁从简、绿色殡葬等移风易俗，用制度化的形式引导村民主动转变观念，改正陈规陋习。

激发德治能量。大力改进见义勇为英雄模范评选表彰，细化完善井冈山市见义勇为奖励标准和保障政策，及时发现选树一批见义勇为典型，鼓励发放奖励，弘扬传播正能量；大力推进乡风文明工程，常态化开展文明村镇、文明家庭、“井冈好人”“身边好人”“乡贤能人”等创建评选表彰推荐活动，引导群众崇德向善、见贤思齐；创新开发 VR 技术应用，推广数字博物馆，加快推进革命旧居旧址线上展览，传播红色文化，营造浓厚正面氛围。

四、对井冈山深化社会治理现代化的建议

近年来，井冈山市传承红色元素，助推当地社会治理现代化，成效显著。但是基于经济发展阶段与发展环境等客观因素，井冈山市的社会治理现代化与改革先进地区、经济发达地区还有很大差距，造成这方面的原因，一是与井冈山市经济总量较小、人口较少有关系；二是改革不到位，当前我国部分现行体制对基层改革形成体制束缚与困境。这就需要井冈山市在未来加强资源整合、综合施政，协同多方力量强化组织保障，提升社会治理的系统化水平。

（一）井冈山社会治理现代化成效显著

井冈山市以红色元素助推社会治理，助推平安建设取得了实实在在的成果，带来了党风、政风、民风和干群关系的新变化。

2019 年 5 月，在吉安市委改革办的精心指导下，深入挖掘提炼公众安全感连续四年排名全省第一位、连续三年获评全国信访“三无”县的成功经验做法，探索出了一条加强和创新基层社会治安综合治理的新路径——“红色治理法”。

2020 年 8 月 12 日，为从更高层次贯彻落实习近平总书记视察江西时重要讲话和省委刘奇书记调研井冈山的重要指示精神，市委四届八次全会提出要把井冈山打造成全省乃至全国的“社会综合治理示范区”，并出台《井冈山社会综合治理创全国改革品牌实施意见》，明确了“一个争创、两个保持、五个提升”的改革目标，即争创“全国社会治安综合治理先进县（市）”；继续保持公众安全感排名全省前列，继续保持全国信访“三无”县；提升扫黑除恶治乱的整体成效，提升治安防控体系建设，提升矛盾纠纷调处能力，提升基层平安创建水平，提升政法队伍建设。全山上下更进一步形成了红色治理的改革共识，凝聚了红色治理的改革力量。2020 年以来，井冈山红色治理改革初见成效，公众安全感和满意度继续保持全省前列，上半年位居全省第二，有望持续争创全国信访“三无”县；政法各部门先后荣获“全国公共法律服务工作先进集体”、

全国首批百家“枫桥式公安派出所”等多项荣誉，茅坪乡马源村、神山村入选“全国乡村治理示范村”；井冈山“红色治理法”被列入吉安市重点改革项目之一，推荐进入“2019 年中国改革年度案例入围名单”（见图 7、图 8）。

图 7　大力推进乡风文明建设

图 8　深入挖掘优良传统和红色文化，涵养提升干部群众道德修养和文明素质

一直以来，省委、吉安市委各级领导高度重视，省委常委、政法委尹建业书记在《井冈山杜鹃别样“红”——井冈山创新“红色治理法”工作汇报》上作出重要批示“传承红色基因，创新基层社会治理这是全省共同的命题，要认真总结宣传推广井冈山的做法，打响江西革命老区社会治理创新的品牌，不断提升老区人民的幸福感、获得感、安全感!”，吉安市委胡世忠书记更是多次强调要求，省委政法委、吉安市委政法委先后推送《井冈山探索“红色治理法”推进平安建设》政法动态，新华社、长安杂志、江西日报、法制日报、新法制报、井冈山报等主流媒体记者多次来山调研采访，目前已发布头版或专版报道5篇，新华社也即将推出专门报道。特别是中国经济体制改革杂志社潘志宏副社长专程来山调研，对红色治理中的改革方法论和改革成效给予充分肯定，并在2019年江西智库峰会宣传推介。

下一步井冈山将按照既定的改革目标，深入贯彻党的十九届四中全会精神，贯彻落实各级改革工作会议精神，以更务实的作风，更有力的举措，加快推进井冈山基层治理体系和治理能力现代化，努力打造全国社会综合治理示范区，为井冈山在革命老区高质量发展探索经验、作出示范。

(二) 井冈山社会治理现代化的困难与不足

近年来，井冈山市县合并、撤乡并镇的高速融合发展，加之新冠肺炎疫情席卷全球，将常驻和流动人员结构多元化、社会阶层多样化、利益诉求复杂化、社会风险综合化等新时代市域治理的难点摆在我们面前。集中体现在：

1. 经费保障存在短板

(1) 地方财力有限。由于行政执法经费保障实行的是“分级管理、分级负担”的管理体制，加上井冈山市行业发展不平衡，发展结构比较单一，财政收入有限，直接影响了行政执法经费的保障。(2) 治安形势严峻。目前经济和社会生活中的不稳定因素，不确定因素明显增多，诱发和滋生犯罪的消极因素大量存在，群体性治安事件、突发性案件、重大灾害事故增多，公安机关打击处置力度加大，投入增多。(3) 办案成本提高。犯罪的暴力化、专业化、智能化程度明显提高，流动性明显增强，案件的查处侦破难度越来越大，装备水平装备要求不断升级，使本来就紧张的办案经费更加困难。（4）警保卫任务重。由于井冈山政治地位突出，平均每年警保卫任务达200余批次，且重大活动较多，保卫压力和维稳压力巨大，导致公安经费紧张。

2. 人才素质有待提高

（1）尖兵骨干缺失。目前各警种各部门懂法律、懂办案、懂科技、会侦查、会宣传的能人不少，但由于井冈山治安好、案源少，基层民警流动性快，加上民警传帮带不及时，新民警培训机会少，直接导致尖兵骨干的缺失。（2）学习欲望不够。小部分民警没有意识到新时代公安工作的新要求和新挑战，缺乏对能力提升的紧迫感，对学习不重视、不自觉，出现不能适应发展变化的形式需要。（3）经验总结迟缓。对于办理各类案件，民警第一反应就是查清事实，迅速结案，而没有考虑对这些案件进行系统性经验总结，或者总结时没有提炼能使民警得到启动的闪光点。因此从一定程度上造成民警素质提升缓慢，典型经验成果很较少。

3. 信息化程度略显薄弱

（1）硬件设备不足。近两年，井冈山在基层基础建设方面有了很大的加强和改善，尤其是在硬件建设上取得了长足进步。但受制于地方经济等因素，与江苏、浙江等发达省份同行比，在资金投入、工作力度等方面的差距还非常大，尤其在高端应用、机制创新上还有很长的路要走。（2）人才短缺。由于招聘的渠道和方式的制约，信息化专业人才的更新和补充速度缓慢。虽然开展了信息化大培训，但大部分一线人员只停留在操作应用软件，缺乏能够掌握软件开发的专业人才。（3）融合不深。民警信息化素质参差不齐，在公安信息化业务的掌握上与信息化警务实战融合上存在差距和不适应。同时，各级公安机关信息化建设交流较少，信息化建设之间的相互协调和互助不足，存在各自为战的现象，影响信息化建设一体化的进程。

基层社会治理系统平台功能还不健全，缺乏指挥枢纽；“雪亮工程”科技含金量不够高，覆盖面不够广；基层综治中心实体实战实用还有一定差距。

井冈山市运用信息网络技术建设多元矛盾纠纷解决机制进行了积极的实践探索，但在运作过程中，仍然存在线上线下的融合贯通和有效衔接不到位、技术支持不够、在线平台建设的经费投入不足等问题。目前努力建设的“一站式”多元解纷机制，对各部门各环节之间的无缝对接和数据共享提出了更高要求，需要更强的信息技术支撑和辅助。但目前基层调解组织思想观念转变不到位，信息技术应用不强，导致部分基础信息输入需要重复操作问题，诉调对接环节存在信息共享延时问题，线上调解适用率不高等问题。因此，需要利用社会化资源、智能化手段为线上纠纷解决方式提供指导和规范，根据不同纠纷类型特点，给公众提供更加亲民便捷的解纷服务，为其自主选择作出有力支撑。

4. 风险防控不够有力

（1）改革冲击管理。在民宿、网约房、网约车等新业态管理上衔接不畅，依法管理缺乏合力和有效抓手；消防救援部门机构改革后，公安派出所如何继续做好消防安全宣传、火灾隐患整改等工作需要从法律层面进一步明确。（2）疫情促发变化。尽管我国疫情得到有效控制，但国际疫情快速扩散蔓延，世界经济下行风险加剧，全球生产和需求遭受全面冲击，政治安全风险、经济安全风险、意识形态和文化安全风险、社会安全风险、生态环境安全风险、涉外安全风险等各类不确定不稳定因素明显增多、错综复杂，“疫后综合症”正在逐渐显现。（3）治本缺乏耐心。对基础工作重视不够，没有处理好隐性和显性、治标与治本、近期和长远的关系，对需要久久为功、一时没有显性成效的基础工作缺乏足够耐心，时间和精力大多投入到立竿见影、易出成效的工作中，基层基础工作存在“上热下冷”的现象。（4）网格化服务管理不够精细。网格功能较为单一，网格员管理还较为粗放，制度机制不够健全，基层网格员工作主动性和积极性不强，发挥作用不够。基层职能部门各自为战，资源分散、信息不畅，工作效率不够高，为民服务能力和水平还有待提升。

5. 改革的整合效应有待加强

目前，井冈山市的纠纷解决系统由人民法院、司法局、检察院、仲裁机构和行政机构等共同构成，但矛盾纠纷多元化解工作在宏观上还缺乏地位较高的统一领导或协调机构，未能形成一个有机统一的整体，各纠纷解决主体的分工和责任不明晰，没有建立起体系化的流程运作。各部门之间较多地强调本部门利益，各自为战，缺乏整体合力的意识，导致相互之间衔接对接的运行不畅，作用发挥不充分；在具体制度设计上没有明确相应的法律定位与政策鼓励措施，加之社会资源的配置不合理，仍然存在纠纷解决方式单一、僵化的问题，致使许多纠纷得不到很好的解决，社会中仍存在不安定的因素。

6. 改革的宣传效应有待扩大

井冈山市多元矛盾纠纷解决机制的宣传推广渠道较少，形式单一，未能完整体现改革的可行性、先进性。同时，由于矛盾纠纷多元化解平台的建立作为一个新生事物，社会公众对其还缺乏认知和公信，致使在线平台的普及运用还不够。随着多元解纷模式的推广，人们开始考量司法成本、解纷效果及便捷性等因素。但在相关宣传工作上，精准度仍不够，普通群众对诉讼外渠道了解不多、对诉前非诉调解方式信任不够，尤其是线上解纷途径适用比例较低，有部分纠纷即使达成和解，仍需逐转诉讼程序出具司法文书，浪费了诉讼资源，增加了当事人解纷成本。故多元矛盾纠纷解决机制的宣传效应还有待进一步扩大，通过多元丰富的宣传方式及深入人心的仁政理念将矛盾纠纷化解于基层一线。

（三）对井冈山深化社会治理现代化的建议

1. 聚焦综合施策，提升治理系统化水平

积极争取各级党委、政府支持，统筹整合政府、社会、市场等各方力量，增强市域社会治理的系统性、整体性、协同性。一是明晰责任主体。明确各级党委政府、公安机关、基层组织的社会治理职能，着力构建权责明晰、高效联动、上下贯通、运转灵活的社会治理体系，切实形成信息联采、风险联排、人员联控、矛盾联调、安全联管的良好局面。同时，充分发挥人民群众主体作用，创新完善人民群众参与社会治理的组织形式和制度化渠道，开创专群结合、群防群治新局面。二是深化警网融合。坚持“大数据＋网格化＋铁脚板”工作机制，加强民警责任区与网格高度融合运转，推动警务事项纳入网格任务清单，做实人口管理、矛盾化解、治安防范、服务群众等社区工作，全力打造共治同心圆、善治指挥链，努力实现“小事一网解决、大事全网联动”，把各类矛盾纠纷、风险隐患化解在网格、控制在网格。三是抓好长效建设。坚持打、防、管、控、建并举，加快推进立体化社会治安防控体系建设，提升基础防范和源头管控水平。以扫黑除恶专项斗争为牵引，在有效防范化解当前突出风险的同时，把握“长效常治”，及时总结固化经验、补齐短板漏洞，不断完善打击新型违法犯罪、新技术新业态安全监管等工作机制，针对性加强力量、资源、手段建设，切实把握工作主动权。

2. 整合发展，协同化是应有之义

要发挥司法在矛盾纠纷多元化解机制中的引领、推动和保障作用，着力点在于准确把握法院在其中的功能和地位，一方面要内部挖潜，打造过硬本领；另一方面要“发挥组织协调与监督功能，为了私人的、公共的场所中所产生的交涉和秩序提供规范的和程序的背景”。应当充分挖掘司法程序潜力，发挥法院自身“一元”的表率作用，进一步完善督促程序适用机制、行政诉讼简易程序等，同时规范司法职能定位，发挥法院对其他“多元”的引领、保障作用，在业务指导、推动非诉讼纠纷解决机制发挥功能、为非诉讼纠纷解决机制提供司法保障上加大力度，充分发挥诉讼与非诉讼纠纷解决机制各自的优势，合理有效地分配和使用解决纠纷的资源。真正构建起由各级党委统一领导、各级政府大力支持、各类组织积极参与、以法院为主导，借助社会资源的社会矛盾纠纷预防、化解的层级联络机制，形成一个由当事人协商、和解、人民调解、行政调解、仲裁、诉讼等共同构成的相互补充、相互协调的多种纠纷解决机制，最大限度地满足社会主体对解决矛盾纠纷的迫切需求。

加强顶层设计，由省一级统筹规划社会治理数字化、智能化建设，搭建基层治理平台框架体系，着力构建“全省一盘棋”的大治理格局。省一级统一网格化管理规范，出台全科网格管理标准化指南，进一步明确网格功能和职能部门责任、权力清单，健全考核激励机制，推动实现“社会治理一张网”。资源要素整合，高位推动，整合优化资源要素，自上而下统筹协调社会治理有关职能部门资源整合、数据共享、业务协同，切实提升社会治理效能。

3. 聚焦机制创新，提升治理科学化水平

积极创新工作理念和思路，正确处理好主动作为与借势发力、事前预防与事后处置、立足当前与着眼长远的关系，用系统科学方法推动工作，解决问题。一是在深化公安机关改革上求实效。要围绕增强基层实力，进一步界定派出所与专业警种执法办案、基础工作等职责范围，完善人员保障、经费保障机制，并在立功受奖、津贴补贴等方面进一步向基层倾斜，切实做到突出重心下移、力量下沉、保障下倾，使改革红利真正惠及基层。二是在深化警务运行机制上求实效。固化完善深化合成作战室，按照“情研指评行”（情报、研判、指挥、评估、行动）五大职能要求，进一步做强以“急诊科式”指挥中心为牵引的“一中心和三分控室”，完善集指挥调度、警情研判、视频侦查、巡防指导、质态监管等工作于一体的全天候勤务运行机制，切实提升运行质态。同时，加强派出所基础设施和标准化警务室建设，固化完善“1 + 4 + N”力量架构运行模式，筑牢社区维稳的第一道防线。三是在深化队伍素质能力上求实效。加强顶层设计，加强对新警学才、警务人才、梯队优才、辅警专才“四支队伍”的管理培养，建立健全建设规划、培养方案和考核办法，为推动社会市域治理提供强有力的队伍保障。围绕实战需求成立信访维稳、安全监管等多个专题调研小组，定期组织考察学习、开展交流探讨，总结提炼经验做法，研究复杂问题解决方法，推动队伍自控力、领悟力、执行力、驾驭力提升。

4. 聚焦规范执法，法治化是必由之路

运用法治思维和法治方式保障权益、化解矛盾、维护稳定，推动社会治理在法治轨道上运行。一是严格执法监督。坚持严格规范公正文明执法，紧盯执法问题、执法环节、执法安全，围绕犯罪嫌疑人审查、办案、看管各个环节，逐项落实岗位职责、逐岗规范工作标准。在执法办案中心派驻侦审和法制民警，严格落实网上巡检、实地突检、视频抽检、重点频检监督措施，实现对执法办案的全流程、全要素掌控，努力让人民群众在每一个案件中感受到公平正义。二是突出能力培养。依托“工匠民警”计划，突出实战、实用、实效原则，分层分类开展常态化实战演练、比武竞赛、新法新规的学习培训，不断提升全体民警履职能力。紧抓执法常用点，编制“教科书式”执法案卷，细化完善常见案件证据收集、固定指引，不断提升全警执法素质。固化法律专家、公职律师等制度，充分发挥专业法律人才在法治公安建设中的智库作用。三是加强法治宣传。以“七五”普法宣传为契机，结合“百万警进千万家”“三同五大”走访活动，将安全防范、法律知识宣传教育作为入户调查走访的重要内容，让民法典等法律走到群众身边、走进群众心里，切实增强全民遵法学法守法用法意识。积极推行说理执法，把矛盾纠纷排查化解与法治宣传教育有机

结合起来，让群众在解决问题中学习法律知识。

目前井冈山市已有的有关多元矛盾纠纷解决机制的立法尚不能满足人民群众对公平正义的深切期盼，因此必须加紧制定、修补和完善多元化纠纷解决机制的相关法律法规。立法机关应当对矛盾多元化解机制构建的整体性予以考虑，整合现有零散的法律规范，形成一部综合性的法律。明确公民自治组织、行业协会等社会组织、基层组织、行政机关、仲裁机构以及公证机构在化解纠纷中的职能，合理配置相关主体的纠纷化解权力，对多元化解机制的功能定位、制度导向、层次架构以等进行明确，科学性、系统性地指导和推动矛盾多元化解机制的完善。一是制定权威系统的多元化纠纷解决机制法，应当从规范化、制度化、系统化的角度颁布专门的纠纷解决机制法。二是健全民事诉讼法。针对民事诉讼案件的繁简分流、诉前调解、简易程序适用等进行修改。三是完备民间调解的相关制度，充分发挥各类行政、行业和专业调解的作用，努力形成司法与调解的对接机制。四是完善仲裁法律制度的建设。逐步扩大仲裁案件的范围、提高仲裁效率。

5. 聚焦数据赋能，提升治理智能化水平

在数据化时代的背景下，应当积极探索现代科技手段在纠纷化解中的应用，利用互联网、大数据、远程视频、人工智能等技术，使纠纷化解机制更加符合时代要求和实践需要，提升数据化治理水平。最高人民法院发布的《关于人民法院进一步深化多元化纠纷解决机制改革的意见》第十五条明确规定，推广现代信息技术在多元化纠纷解决机制中的运用，重点在于建立在线调解、在线立案、在线司法确认、在线审判、电子督促程序、电子送达等为一体的信息平台，实现纠纷解决的案件预判、信息共享、资源整合、数据分析等功能，促进多元化纠纷解决机制的信息化发展。党的十九届五中全会通过的《中共中央关于制定国民经济和社会发展第十四个五年规划和二〇三五年远景目标的建议》特别强调要“加强数字社会、数字政府建设，提升公共服务、社会治理等数字化、智能化水平”“提升全民数字技能，实现信息服务全覆盖”“提升大数据等现代技术手段辅助治理能力”“构建网格化管理、精细化服务、信息化支撑、开放共享的基层管理服务平台”。在线纠纷解决方式的运用，有助于突破纠纷解决地域局限性的问题，提高解决纠纷的效率，降低当事人的诉累，提高纠纷解决服务市场份额，进而推动矛盾化解工作朝着数据化、民主化、体系化的方向不断发展。

严格落实信息化勤务机制，以搭建“急诊科”智慧中心为动力，突出手段建设，做强科技支撑，全面提升基层基础工作智能化水平。一是强化智能感知网建设。坚持以“雪亮工程”建设应用为重点，以深度整合社会资源为引领，深入开展“盲点补建”和数据联网攻坚行动，进一步看好“点”、守牢“穴”、防住“区”，实现“点、线、圈”三维智能防控。以智慧小区标准化建设为抓手，分批对辖区老旧小区、办公楼开展智能化改造，安装门禁系统、视频监控、楼宇对讲、入侵报警等智能安防感知前端，提升社区警务智能化水平和预测预警预防能力，创建更多“零发案小区”“零发案村居”“零发案单位”。二是强化智能大数据建设。把数据资源汇聚共享作为智能化建设的基础工程，以“智慧云眼”推广应用为抓手，坚持内联外通、融合共享，着力打通政府、行业、企业数据融合渠道，构建全方位获取、全网络汇聚、全维度整合的大数据资源体系。三是强化智能用户端建设。深化“放管服”改革，搭建线上线下相结合的立体服务网络，研发推广公安业务自助服务设备，实现“网上办、自助办、随时办”“异地办、就近办、一次办”。在有条件的派出所、警务室，开展滴灌式、互动式、体验式安全防范教育，提升群众安全防范意识和自防自救能力（见图9）。

图9　以“智慧城市”建设为契机，持续推进信息化、智能化社会治安防控体系建设

6. 加强法律服务意识

一是坚持精细化法律服务。健全完善15个乡镇（街道）公共法律服务站（中心）、145个社区（村）公共法律服务点。推进“法律服务热线平台”和法律服务微信塔群等方式，构建“一分钟法律服务圈”。结合村居法律顾问护航乡村发展，提供法律咨询，开展村务“法律体检”，参与农村矛盾纠纷调解。二是坚持精准化法治宣传。利用宗祠开展农村“法律明白人”法律法规培训会、通过“校地合作”开展“法律明白人”校所培养计划、组建“赣鄱红色娘子军”开办农村妇女“法律明白人”培训班。开展“五个一”达标创建活动，通过打造法治楼道、法治山水画长廊、“法律明白人”示范基地、法治景区宣传，汇聚成一批集休闲、娱乐、学习于一体的法治文化阵地。积极开展线上普法行动，与吉安智桥律师事务所合作以网络直播和录播的方式，宣传实时法律政策。三是坚持精良化治理能力。建立15个乡镇（街道）综合执法队，从源头上解决执法缺位、多层执法、多头执法问题。聚力三大攻坚战，开展“防范化解风险”“法律扶贫”“青山绿水法治护航”三个专项行动，设立民营企业法律维权服务中心、建立“一分钟法律扶贫援助圈”、开展“青山绿水、法治井冈”千里志愿行活动，推动精良化治理能力的提升。

7. 强化组织保障

一是强化组织领导。成立井冈山提升“红色治理法”推进市域社会治理现代化试点工作领导小组，抽调职能部门精干力量组建办公室，实体化运行，统筹调度推进，精心组织实施；市委各部门、市直各单位、乡镇（街道）党委要按照任务分工，组建工作专班，主要负责同志要牵头挂帅、靠前指挥，当好“施工队长”，不折不扣抓好落实；政法各部门要切实履行社会治安综合治理主体责任，加强指导，主动作为，服务大局，确保红色治理暨市域社会治理现代化试点工作走深走实。二是强化协作配合。社会治理工作是一项系统工程，需要多元主体共同参与、协同发力，才可能收到整体效果。各地各单位要切实提高政治站位，主动融入整体大局，在总体实施方案的基础上，对标对表任务分解表，结合职能实际，精心谋划、推进、部署落实；要按照职责分工和责任清单，协作配合、各负其责、齐抓共管，形成工作强大合力；要善于总结提炼，挖掘特色亮点，及时把成功经验做法形成有针对性的标准化建设指南、规范化操作手册等，以便在复制推广过程中取得更大实效。三是强化保障支撑。组织人事部门和市财政加大支持力度，落实人才、资金保障，予以政策倾斜；有关职能部门要积极配合“施工”单位协调人员调配、技术支持、资源整合等，形成工作联动，确保工作质效；各地各单位要认真梳理上报重点项目，领导小组办公室要统一汇总、统筹调度，坚持项目化推进，实施项目化管理，明确职责任务，限定完成时限，确保如期“竣工”。四是强化责任落实。提高执行力，强制性是关键。强制的本质就是有奖有罚，只有公平公正奖优罚劣才能推动激励效应最大化。领导小组办公室要进一步完善专项工作考核评价体系，作为重要内容纳入年终综治考评和科学发展综合考评，对表现优异的单位、集体采取以奖代补的方式奖励激励，对推进不力、落实不到位的单位、集体予以通报批评、掀起整改，到期仍未完成的要会同市纪委监委，加大监督执纪问责力度，依规依纪追责问责。

五、井冈山实践对革命老区与全国社会治理现代化的普遍推广意义

井冈山市是我国最具代表性的革命老区，总结、归纳、与推广井冈山红色传承助推社会治理的创新实践经验，对全国革命老区下一步的社会治理现代化改革指引了方向。

通过分析井冈山的实践成果表明，城乡基层治理要解决的大都是与城乡居民群众关系密切的琐碎事务，这些琐碎事务极大地影响城乡居民的生活质量，决定他们的获得感。从这个意义上，社会治理的主要目标就是为城乡基层群众提供高质量服务，基层组织要“一切为了群众”。井冈山的实践经验告诉我们，基层组织必须有服务群众的意愿和能力，这是井冈山市在社会治理中加入红色元素的根本所在。因此，红色传承提高了基层治理现代化的能力。基层治理能力提高了，为基层群众提供的高质量服务才可以持续。井冈山市以红色传承为保障，继承了革命精神，以党建为引领，积极联系群众，正确处理政府在社会治理中扮演的角色与所处的位置，持续提高基层治理能力，为群众提供服务落到实处，确实在新时代为革命老区深化社会治理现代化探索出了经验与路径，因而具有普遍推广的实践与理论意义。

（一）井冈山实践对革命老区社会治理现代化的借鉴意义

1. 加强经济基础建设

革命老区多处于边远贫困地区，纵向来看，近年由于国家扶持、老区人民自身努力等因素，老区经济发展水平有了一定提高，交通、医疗、教育等有所改善，但横向比较来说，老区的经济基础仍然远滞后于其他地区的发展脚步，依然存在农村基础设施落后、农民持续增收后劲不足、生活水平不高等问题。经济基础决定上层建筑，社会治理涉及社会关系、社会秩序和结构的调整和优化完善，作为上层建筑的基层体现形式，老区经济基础的落后在一定程度上也阻碍了基层社会治理的开展，限制了社会治理模式的创新和完善。要推动老区基层治理的有效实现，必须加强经济基础建设，提高经济发展水平，竭力解决明显存在的物质矛盾，主要包括以下几个方面：

完善扶贫机制，加快促成老区经济增长方式的转变和产业结构的调整，突出老区特色经济的发展。第一，各级党委、政府及老区基层组织需在乡村振兴战略大背景下，齐心协力积极贯彻落实相关政策文件，并针对老区本地实况建立和完善相应的扶贫机制，加大对革命老区的帮扶力度，严格落实帮扶责任，完善并贯彻落实当地老兵相关优抚保障制度体系；立足于提高老区人民生活水平，着眼老区交通、医疗、教育等基础设施的改善和优化。第二，合理利用国家扶持项目资金和其他商业资本，投入开发老区物产、人力等资源，从科技手段、劳动者素质和其他要素配置等基础环节入手，对产业结构进行调整优化，形成老区经济稳定快速的增长体系。第三，加大特色产业的投入开发力度，运用现代科学技术合理开采利用老区红色资源，打造特色产业，带动整体经济发展水平的提高。

2. 加强乡风文明建设

乡风建设作为推动乡村基层治理的重要环节，是老区基层实现效治理的必要因素，我们需要加强老区乡风文明建设，推动老区坚持社会主义核心价值观，弘扬老区精神，传承红色基因，重视家风培育，以家风促民风，以民风促乡风，以此推动老区基层有效治理的实现。

首先，要重视导向建设。革命老区有党在长期奋斗过程中铸就形成的优良传统和革命精神，需要我们进一步传承和发扬，使之转化为老区人民的精神力量，从而外化于行指导自身实践，为基层有效治理提供稳定动力。当前，要认真学习贯彻习近平新时代中国特色社会主义思想，以社会主义核心价值观为引领，积极挖掘利用革命老区红色资源，弘扬民族精神和时代精神；深化思想道德建设的宣传教育，发挥榜样示范作用，推进社会公德、个人品德、职业道德和家庭美德深入人心，不断增强老区群众的社会责任意识和集体意识。

其次，要抓紧基地建设。将乡风文明建设纳入乡村振兴战略总体规划，与产业振兴、人才振兴、文化振兴和生态振兴齐头并进，结合革命老区红色文化，在改善农村公共服务设施的基础上，发挥农村文化教育资源的作用，建立基层文化实施基地，打造乡和村两级公共文化服务体系。此外，也需要在老区加强法律宣传教育，实现法治与德治并重，提高农民群众法律意识，引导老区人民自觉守法用法，从而推动基层治理体系平稳运行。

最后，要注重家风培育。家庭是社会的基本细胞，家风则是社会风气的重要组成部分，家风建设是推动社会和谐的关键基点。推动革命老区基层农村有效治理的实现，需要从家风抓起，强调家风建设的重要性宣传教育力度，帮助村民树立良好家风，以家风促民风，以此优化老区乡风。

3. 强化基层党组织建设

中国共产党人的初心和使命，就是为中国人民谋幸福，为中华民族谋复兴，把人民对美好生活的向往作为奋斗目标。具体来讲，基层党组织作为坚强领导力量，是治理体系的核心，构建革命老区治理体系就需要结合当代发展实际和本地治理实况，加强基层党组织建设。

一方面，要加强基层党员干部的培养和管理，通过线上线下教育手段开展对老区基层党员干部的常态化培训，提升他们的政治素养和治理能力；利用老区特地优势，加强基层党员干部的红色文化教育引导，促进党员干部形成优良作风，勇于担当作为，求真务实把上级决策部署落到实处，在治理实践过程中，立足于为人民群众服务，统筹全局达成实现有效治理的目的。另一方面，要建立健全基层党组织治理体系。促进基层政府和基层干部依法行政，强化对其法律约束，完善基层监督体系，依法合理进行对村务治理工作的指导，打造廉洁服务、作为型组织和队伍；优化配备基层领导班子和工作人员，加强班子自身建设，发挥第一书记和驻村工作队的实效。发挥党组织统筹全局的作用，积极应对基层治理实践过程中的机遇和挑战，及时更新调整老区基层治理体系和方法，做好革命老区治理体系的部署和工作落实。

4. 建立健全村民自治体系

村民自治是中国特色社会主义制度的重要内容，是乡村治理体系的主体。当前我国正处于社会结构和农村经济政治结构的变革时期，构建乡村治理体系关键在于整合乡村治理资源，建立村民作用发挥平台，鼓励群众积极参与自治实践，不断提高群众自我管理和自我服务水平。因此，革命老区有效治理的实现必然也离不开当地村民自治体系的构建和完善。

发挥革命老区群众的自主能动性，提高其参与乡村治理的积极性。了解掌握群众的真实想法，立足于他们的主体性需求，及时发现并解决基层治理过程中的问题，建立国家、基层组织与群众之间的良性互动关系；重视“乡贤”“乡绅”作用的发挥，提高其对老区乡村自治的参与积极性，凝聚老区群众对家乡的归属感和认同感。

发挥社会组织和农村自治组织的辅助作用，进一步加快健全完善村民自治体系。要加大对社会组织的培育和管理体制改革力度，激活社会组织活力，发挥社会组织的群众动员优势，使之成为实现乡村有效治理的强力助推器。同时，也要结合对自治组织的引导和培养，深化自治组织在基层的调和、管理等辅助效果，加速保障革命老区基层有效治理的实现。

5. 宣传教育对路就有效果

井冈山是革命圣地，不管是党员干部，还是普通群众，在长期的革命传统教育熏陶中，红色基因已经沁入骨髓，维护全山改革发展稳定大局已成为普遍共识和自觉行动。事实证明，只要理想信念教育方法对路、长期坚持，就会收到意想不到的效果，这也是井冈山公众安全感和群众满意度能够多年稳居江西全省第一位的重要秘诀所在。正是依托传承红色基因，发掘先锋力量，推动各项工作，近年来井冈山市政法系统相继获得“全国人民调解工作先进集体”“全国法院先进集体”“全国优秀公安基层单位”等多项殊荣。

6. 服务是最好的治理

以社会服务为基，践行群众路线，创新社会治理，找准基层党建与社会治理创新融合发展的结合点，才能做到有效互动、相得益彰。井冈山地区人民群众广泛参与了矛盾纠纷化解、治安巡逻、志愿服务、线索搜集上报等社会治理的各领域，成为一支不可或缺的重要力量。特别是推广实施“五老”工作法，既发挥了退休人员的余热，又有效降低了平安的维护成本，可谓一举多得。实践证明，服务意识和群众观点是基层治理创新的逻辑起点，只有抓服务、重群众，让服务落实到基层，让服务不留死角，让服务深入人心，让服务产生效应，社会治理创新才能具有旺盛的生命力。

7. 平安建设需要精细功夫

基层治理创新深度融入社会生活的细节中，是一个积小胜为大胜、积跬步致千里的过程。井冈山市在布局平安建设、推进治理创新中，特别注重“微创新”“微改革”的撬动作用，比如推行“一村一群，一群七员”微信工作法，在每个行政村建立“群众说事室”等，通过这些“微创新”彰显以人为本的民生情怀，通过“微改革”达到基层治理质的提升，群众也喜闻乐见其效果。实践证明，只有从大处着眼、在小处着力，平安建设才能抓得精准细致扎实。

（二）井冈山实践对我国社会治理现代化的启示

1. 党建统领

2017 年，中共中央、国务院联合发布《关于加强和完善城乡社区治理的意见》，明确指出：“要充分发挥基层党组织的领导核心作用，把加强基层党的建设、巩固党的执政基础作为贯穿社会治理和基层建设的主线，以改革创新精神探索加强基层党的建设引领社会治理的路径。”井冈山一直坚持“把加强基层党的建设、巩固党的执政基础作为贯穿社会治理和基层建设的一条红线”，不断加强支部标准化、规范化建设，真正把“党建统领 + 基层治理”这篇大文章落地落细落小落实、做实做细做深做优。强化党员干部尤其是基层领导干部的理论学习，促使他们正确认识基层党建与社会治理的关系，准确把握引领的含义，在将党的领导落实到社会治理全过程中担负好引领的职责。

一是正确认识党建统领理念。统领不是包办，党员干部尤其是基层领导干部要正确认识党建与社会治理的关系，准确把握党建统领的含义，在将党的领导落实到社会治理全过程中担负好引领的职责，做到既不“包揽代办”也不“放任自流”。党建引领不是来越俎代庖的，而是来做“主心骨”的，是来发挥主力作用、示范作用的，目的是发动小区居民、住户、业主等方方面面共同参与。最终还是要落到尊重群众主体地位、激发群众主人翁意识、发挥群众主观能动性上来。

二是提升基层党组织标准化、规范化建设。党的力量来自组织，组织能使力量倍增。要通过全面开展党支部标准化、规范化建设，推进“软弱涣散”基层党组织整顿转化，确保党的基层组织有形有效覆盖。推进党员队伍质量整体提升，充分发挥党员先锋模范作用。同时，这些规范遵循相对统一的原则，目的在于务实，不搞机械教条，不形式主义，要求各地在“共性”的基础上，尊重基层、尊重实际，因地制宜、分类施策，真正发挥这套体系的实用实效。

三是着力实践创新，将党建统领落到实处。近年来，虽然很多地方都开始了基层党建引领社会治理创新的探索，但不少地方对“抓好党建就是最大政绩”理解不深，在潜意识中把党建看成“虚功”，不愿投入足够精力抓党建或者“就党建抓党建”。其根本原因就在于没有找到党建的现实抓手，不能将党建落到实处。井冈山市通过“红色”元素的调动，干部及时了解群众思想、生活状况，及时解决群众困难问题，密切党群干群关系，增进了鱼水感情。

四是强化制度建设，确保党建统领常态化。制度建设具有根本性、稳定性和长期性。井冈山市“党建+红色治理”实践表明只有强化制度建设，才能确保党建统领基层治理常态长效。第一，人才保障制度。基层最缺人才，推进基层治理创新，核心在人。建立专门的考核机制，实行绩效管理考核，为他们打开政治上升通道，给他们政治上的制度保障，给他们干事创业的平台，培养基层本土人才，把乡镇街道以上机关工作人员派下去，弥补村（社）本土人才不足的问题。第二，经费保障制度。把基层党建引领社会治理经费纳入年度财政预算，确保稳定的资金来源。政府为每个网格员、党小组的经费做好预算支出。第三，考核评价制度。建立健全基层党建统领社会治理考核评价体系，有效发挥考核评价的“指挥棒”作用。建立考评办法，强化考核结果运用，把考核结果作为领导干部选拔任用、培养教育、管理监督和激励约束的重要依据，激发各级党组织负责人引领社会治理创新的内生动力。第四，法治规章保障。推进《城乡网格化服务管理条例》研究制定，以网格服务管理条例将党建统领基层治理体系予以固化。全覆盖推进村规民约、居民公约的修订和执行，加强基层规则之治，培育居民契约精神。

2. 基层治理的重点是为人民服务

把“社会治理”与“改善民生”分开各作为一部分。社会治理与改善民生既有联系，又有区别，两者相辅相成，互相促进。在贯彻落实党的十九大精神的基础上，进一步增加了社会治理的内容和分量，凸显了社会治理在国家治理中的地位和作用。社会治理更加和谐有序、良性善治，改善民生才能更有保障。

改革开放后，随着市场化改革以及人口大量流入城市，城乡基层治理愈加复杂，面临着双重挑战。一方面城市的单位制解体，基层政府在承担了大量的社会管理事务的同时，却严重缺乏治理资源；另一方面农村“空心化”，更使乡村治理主体乏力，不能承担起乡村治理的重任。在这种形势下，基层治理逐步向压力型体制转型，群众路线逐渐放弃了群众运动，转而求助于官僚体系的动员，更多地依靠行政官员将任务层层往下分解，在缺乏居民（村民）广泛参与的情况下，国家只能依靠基层政府与一个个群众个体打交道。从某种意义上讲，基层治理的困境也是群众路线内部失衡的表现，解决这一问题的核心就是找回群众。

“时代是出卷人，我们是答卷人，人民是阅卷人”，这是强调以人民为中心，把人民群众对美好生活的向往作为执政党奋斗目标的精彩表达，也是基层治理“找回群众”的时代要求。基层社会治理水平高不高、治理能力强不强、治理效果好不好，应该由人民群众说了算。

3. 坚持和完善共建共治共享的社会治理制度

党的十九大提出，“打造新时代共建共治共享的社会治理格局”，为当前社会治理实践的发展指明方向。“共建共治共享”既是社会治理的格局，也是社会治理的整体逻辑框架。从“社会管理”到“社会治理”，尽管只有一字之差，但却是理念的升华、方式的转变；从社会治理理念到社会治理格局，反映了对新时代社会治理认识的深化和工作的到位；党的十九届四中全会进一步把“社会治理格局”提升到“社会治理制度”，更加重视社会治理的制度建设，这就需要我们深入研究社会治理的“中国之治”，为建立更加定型、更加成熟的社会治理制度作出贡献。

“共建”是基本要求，体现了治理主体的多元化。这是“弹性社会”有机运行的基本要求，也是实现有效治理的关键。党的十九大报告提出了“发挥社会组织作用，实现政府与社会调节、居民自治良性互动”的“共建”要求，“互动”一词对社会治理主体间相互关系进行了重新界定。

“共治”是重要手段，体现的是社会治理手段的多元化。一是“共治”手段的主体多元化，从过去政府主导、行政方式为主的刚性治理手段，转变为组织社会各种力量、利用多种资源、采取多种方式进行社会综合治理的弹性治理手段。二是治理手段因地因事制宜，根据城市乡村不同区域、不同社会问题采取不同的资源整合模式和方法，以求达到更好的治理效果。三是治理过程的全方位干预，过去，我们的社会治理强调事中和事后的干预，而现在多元主体共治条件下，我们能够对问题进行事前事中事后的全方面治理，通过前瞻性、预防性的工作，让不稳定、不安全事件少发生、不发生。

“共享”是最终目标，强调治理的过程协作与成果广惠。社会治理新格局不是为了某个阶层，而是让所有人享受社会治理带来的团结、和谐与安全。在治理过程中，不同治理主体之间的信息共享，减少信息获取成本；治理资源共享，提高治理资源的利用程度；治理手段共享，增加治理的组合模式；治理进度共享，增强主体间工作的协同效应。而成果的广惠，是“将改革成果惠及更广大的人民”，推动社会阶层结构分布的合理化，缓解贫富差距及其衍生的社会问题，增强民众的“获得感”，缓解“人民日益增长的美好生活需要和不平衡不充分的发展之间的矛盾”。

4. 进一步丰富和完善社会治理体系的内容

从原来的“完善党委领导、政府负责、社会协同、公众参与、法治保障的社会治理体系”，增加了“民主协商”和“科技支撑”的内容，变成了“完善党委领导、政府负责、民主协商、社会协同、公众参与、法治保障、科技支撑的社会治理体系”，强调了民主协商在社会治理中的重要作用，同时用科技支撑社会治理，有利于推进社会治理现代化、智能化。

在数据化时代的背景下，应当积极探索现代科技手段在纠纷化解中的应用，利用互联网、大数据、远程视频、人工智能等技术，使纠纷化解机制更加符合时代要求和实践需要，提升数据化治理水平。最高人民法院发布的《关于人民法院进一步深化多元化纠纷解决机制改革的意见》第十五条明确规定，推广现代信息技术在多元化纠纷解决机制中的运用，重点在于建立在线调解、在线立案、在线司法确认、在线审判、电子督促程序、电子送达等为一体的信息平台，实现纠纷解决的案件预判、信息共享、资源整合、数据分析等功能，促进多元化纠纷解决机制的信息化发展。党的十九届五中全会《中共中央关于制定国民经济和社会发展第十四个五年规划和二〇三五年远景目标的建议》特别强调要“加强数字社会、数字政府建设，提升公共服务、社会治理等数字化、智能化水平”“提升全民数字技能，实现信息服务全覆盖”“提升大数据等现代技术手段辅助治理能力”“构建网格化管理、精细化服务、信息化支撑、开放共享的基层管理服务平台”。在线纠纷解决方式的运用，有助于突破纠纷解决地域局限性的问题，提高解决纠纷的效率，降低当事人的诉累，提高纠纷解决服务市场份额，进而推动矛盾化解工作朝着数据化、民主化、体系化的方向不断发展。

5. 推动多元解纷机制的均衡发展

全国各地区应当重视人民调解在多元化纠纷解决体系中的独特作用，强化行业性和专业性人民调解机构的作用，构建起全覆盖的人民调解网络组织，使人民调解焕发出新的活力，同时，应当注重充分发挥行政机关在纠纷解决中的作用和功能，强化政府各个职能部门应肩负的调解相关纠纷的职责，并且行政机关应采取切实措施，积极引导民间调解组织的建设。此外，注重商会、行业协会、调解协会、商事仲裁机构、公证机构等社会团体和组织的作用，并对其进行制度化培育，使之逐步稳健发展和壮大。

（报告执笔：孙铮）

附录：

新时代地方改革典型案例典型经验研究

党的十八届三中全会以来，习近平总书记多次在中央全面深化改革会议强调要求加强改革落实，对地方全面深化改革的各个方面都作出了具体要求。近年来，全国各地按照中央顶层设计的要求，全面深化改革持续深入推进，呈现出良好的局面，涌现出许多典型改革创新案例，探索出许多典型改革创新经验，充分体现了以习近平同志为核心的党中央新时代全面深化改革决策部署的正确英明。

一、新时代地方改革典型案例典型经验研究背景

地方改革在新时代全面深化改革中有着突出的地位与作用。习近平总书记高度重视基层改革创新，指出“改革创新最大的活力蕴藏在基层和群众中间”，“全面深化改革任务越重，越要重视基层探索实践”“要坚持眼睛向下、脚步向下，鼓励引导支持基层探索更多原创性、差异化改革，及时总结和推广基层探索创新的好经验好做法”，“要及时总结经验，把基层改革创新中发现的问题、解决的方法、蕴含的规律及时形成理性认识，推动面上的制度创新”“要把鼓励基层改革创新、大胆探索作为抓改革落地的重要方法，坚持问题导向，着力解决好改革方案同实际相结合的问题、利益调整中的阻力问题、推动改革落实的责任担当问题，把改革落准落细落实，使改革更加精准地对接发展所需、基层所盼、民心所向，更好造福群众”。

改革开放 40 多年来，从“大包干”到“三来一补”，从乡镇企业异军突起到创新创业创造浪潮，人民群众的一次次探索、一次次开拓，无不带来改革

开放在认识和实践上的突破和发展。党的十八大以来，各地高举习近平新时代中国特色社会主义思想的伟大旗帜，响应和贯彻习近平总书记关于全面深化改革系列重要讲话精神，按照中央深改委会议精神，加快改革落实和创新，地方改革从解决实际问题的角度出发，坚持问题导向、目标导向、结果导向，紧紧围绕加快完善社会会主义市场经济体制，推进国家治理体系和治理能力现代化建设，进行了有益的探索实践，全面深化改革取得历史性成就，地方涌现出一批又一批改革开放的典型案例典型经验，这些改革经验为全面深化改革、全面扩大开放注入源源不竭的驱动力。

当前，世界正经历百年未有之大变局，我国正处在转变发展方式、优化经济结构、转换增长动力的攻关期，全面深化改革真正进入深水区。生产力方面，旧动能正在通过技术升级向新动能转换，以新技术、新兴产业为主要驱动力的新动能逐渐形成；传统产业在高质量发展背景下，在市场驱动下深度融入数字经济、互联网经济和智能化，新兴战略性产业正处在形成规模与核心竞争力的过程中；改革发展的阶梯状更加显著，浙江省、江苏省、广东省等省市，与全国其他地方不仅继续拉开改革的深度与广度，同时由于市场化改革全面深化带来的高质量发展也继续与其他省份拉开距离；全国层面的创新驱动内在活力以及对经济的推动作用显著加强。在生产关系调整方面，各地改革探索很不均衡。一些地区正在围绕全面深化改革的总体部署，围绕适应市场化改革的要求进行积极探索，成效显著。但是，也有一些地方对全面深化改革内涵理解不到位，难以将中央改革顶层设计与地方实际有机结合，未能发挥市场配置资源的决定性作用。如何总结好、应用好地方改革创新的鲜活经验，尤其是在更大范围推广复制重点解决制约改革发展的典型经验，对于指导地方改革创新、更大释放改革红利具有重要意义。

2020 年下半年，国家发改委体改司委托、指导国内唯一承担研究改革、宣传改革的国家级期刊社——中国经济体制改革杂志社（以下简称“杂志社”）开展“新时代地方改革典型案例典型经验”课题研究。杂志社自 2009 年开始，召开一年一度的中国改革年会，并从 2010 年开始进行“全面深化改革年度案例征集活动”，截至 2020 年，已召开十一届中国改革年会，从全国各地丰富的改革实践中征集、推出近 200 个典型案例。2019 年，杂志社编辑出版了《中国改革年鉴——地方全面深化改革典型案例》专卷。本书研究典型案例是从杂志社自 2012 年自 2020 年广泛征集的 2200 多个案例中初选出 1218

个案例，二次选出600个案例组成案例库，三次选出50个典型案例。

本书主要集中于经济体制改革的重点改革领域、重大改革任务，选择对全局性改革起到重大推进、带动作用的典型案例，研究突破进展，总结经验与方式方法，为新时代推进我国市场化改革再出发，为更好地服务于各级政府决策与指导地方全面深化改革提供借鉴。

二、新时代地方全面深化改革的阶段性突破

党的十八大以来，以习近平同志为核心的党中央高举改革开放旗帜，蹄疾步稳推进全面深化改革。目前，地方全面深化改革在诸多领域取得了突破性进展。一系列政策为地方全面深化改革提供动力支撑，各地更加注重发挥市场配置资源的决定性作用，地方全面深化改革取得丰硕成果，改革红利普遍释放，充分体现了“以人民为中心”原则。

本部分主要从国有企业改革、民营企业发展、完善产权保护制度、完善要素市场化配置、深化科技体制改革、深化供给侧结构性改革、创新政府管理和服务方式、完善民生保障制度、完善生态文明治理体制九个方面概述新时代地方全面深化改革的突破。

（一）国有企业改革重要领域和关键环节取得决定性成果

从1978年的“放权让利”，到1993年建立现代企业制度，再到2003年从宏观层面进行制度创新，推进国资监管体制改革。进入新时代后，国有企业改革进一步推进制度创新，在微观企业制度方面，逐步探索党对国有企业的领导这一重大政治原则和建立现代企业制度二者在企业治理层面的统一；在宏观监管体制方面，进一步强调政企分开、政资分开，公共管理部门不履行出资人职责，国资监管机构不行使公共管理职能，推进监管职能从以管企业为主向以管资本为主转变，形成更加符合我国基本经济制度和社会主义市场经济发展要求的国有资产管理体制、现代企业制度、市场化经营机制，使国有资本布局结构更趋合理。

新时代地方国有企业改革突破具体体现为：一是国有企业公司制改革基本完成。发展混合所有制经济取得积极进展，法人治理结构更加健全，优胜劣

汰、经营自主灵活、内部管理人员能上能下、员工能进能出、收入能增能减的市场化机制更加完善。二是国有资产监管制度更加成熟。相关法律法规更加健全，监管手段和方式不断优化，监管的科学性、针对性、有效性进一步提高，经营性国有资产实现集中统一监管，国有资产保值增值责任全面落实。三是国有资本配置效率显著提高。国有经济布局结构不断优化、主导作用有效发挥，国有企业在提升自主创新能力、保护资源环境、加快转型升级、履行社会责任中的引领和表率作用充分发挥。四是企业党的建设全面加强，国有企业党组织在公司治理中的法定地位更加巩固。

党的十九届五中全会提出，深化国资国企改革，做强做优做大国有资本和国有企业。2020 年，《国企改革三年行动方案（2020—2022 年）》出台，这是立足"两个大局"、满足新发展阶段新要求的国有企业改革系统深化的行动计划，对整体、系统和协同地实质推进国有企业改革深化、进一步完善社会主义基本经济制度具有重要意义。

当前，上海市、山东省、陕西省、山西省、江苏省等省、市、区聚力改革攻坚，围绕建立国资监管新体制、建立现代企业制度、推进混改与市场化运营等大力推动国有企业高质量发展。这方面的典型案例有江西省国资委无偿划转江铜集团 10% 股权给江西省行政事业资产；江苏省高科技投资集团运用"管理层持股"的混改模式；山西省深化国资国企改革，建立国资监管新体制；河北省国控资本管理有限公司全面推进市场化经营机制改革；陕西省安康市行政事业单位国有资产管理改革等。

（二）营造更好环境支持民营企业发展

党的十八大以来，中央高度重视民营经济发展。党的十八大、十八届三中全会多次提出平等保护非公有制经济，消除各种隐性壁垒。随后相继出台"鼓励社会投资 39 条""激发民间有效投资活力 10 条""促进民间投资 26 条"、《关于深化投融资体制改革的意见》等一系列促进民间投资和民营经济发展的政策措施，为民营经济发展营造了更加公平、开放、宽松的政策环境。

一是积极推进简政放权优化服务相关改革。党的十八大以来，围绕简政放权放管结合优化服务，深化商事制度改革，打破行政性垄断，防止市场垄断，加快要素价格市场化改革，放宽服务业准入限制，完善市场监管体制。通过注册资本登记制度改革、“先照后证”改革、“多证合一”登记制度改革、简易注销等一系列改革举措，努力提升企业注册便利化程度，激发市场活力，推动形成大众创业、万众创新新格局，夯实了经济发展的微观基础，促进了新产业新业态蓬勃发展，为经济转型升级提供了新动能。同时，持续改善营商环境，促进非公有制经济健康发展，国际营商环境排名大幅提升，在一定程度上提高了国际竞争力和影响力。

二是加快完善平等保护产权的体制机制。党的十八届三中全会明确提出，公有制经济财产权不可侵犯，非公有制经济财产权同样不可侵犯。

三是重视弘扬企业家精神发挥企业家作用。2017 年 9 月，中共中央、国务院印发《关于营造企业家健康成长环境弘扬优秀企业家精神更好发挥企业家作用的意见》，充分体现了中央对企业家群体、企业家精神、企业家作用的高度重视。党的十九大报告中再次强调激发和保护企业家精神，对于全社会正确认识和弘扬优秀企业家精神，营造尊重企业家、尊重纳税人、尊重创新创业者的良好环境，有效激发市场主体活力和民营经济创新能力，促进经济社会平稳健康可持续发展具有十分重要的意义。习近平同志在党的十九大报告中指出，构建亲清新型政商关系，促进非公有制经济健康发展和非公有制经济人士健康成长。“两个健康”重要论述为新时代民营经济高质量发展指明了前进方向、提供了根本遵循。

进入新时代，以浙江省为代表的全国很多省份，越来越认识到民营企业发展对改革发展的重大意义，全面支持民营企业发展。这方面的典型案例有：浙江省温州市创建新时代“两个健康”先行区国家试点；浙江省义乌市小商品市场改革实践；福建省晋江市优化营商环境争创民营经济发展示范区；湖南省长沙市推进民营经济创新升级争创全国民营经济示范城市；四川省眉山市破解民营企业融资难实践等。

（三）加强顶层设计完善产权保护制度

2016 年 11 月 27 日，《中共中央　国务院关于完善产权保护制度依法保护产权的意见》（以下简称《意见》）正式对外公布，这是我国首次以中央名义出台产权保护的顶层设计，对完善产权保护制度、推进产权保护法治化有关工作进行了全面部署，并从加强各种所有制经济产权保护、妥善处理历史形成的产权案件、完善财产征收征用制度等十个方面提出具体改革措施。

加强产权保护，根本之策是全面推进依法治国，推进产权保护法治化，在事关产权保护的立法、执法、司法、守法等各方面各环节体现法治理念。新时代及未来产权保护坚持以下原则：一是坚持平等保护。健全以公平为核心原则的产权保护制度，毫不动摇巩固和发展公有制经济，毫不动摇鼓励、支持、引导非公有制经济发展，公有制经济财产权不可侵犯，非公有制经济财产权同样不可侵犯。二是坚持全面保护。保护产权不仅包括保护物权、债权、股权，也包括保护知识产权及其他各种无形财产权。三是坚持依法保护。不断完善社会主义市场经济法律制度，强化法律实施，确保有法可依、有法必依。四是坚持共同参与。做到政府诚信和公众参与相结合，建设法治政府、责任政府、诚信政府，增强公民产权保护观念和契约意识，强化社会监督。五是坚持标本兼治。着眼长远，着力当下，解决产权保护方面存在的突出问题，提高产权保护精准度，加快建立产权保护长效机制，激发各类经济主体的活力和创造力。

目前，全国性的围绕国有企业产权、农村产权、自然资源产权、城乡居民财产性收入产权，以及历史遗留产权问题方面等积极推进完善产权保护制度，成效显著。这方面的典型案例有：四川省农村产权制度改革；重庆市农村产权制度改革；贵州省自然资源资产产权制度改革国家试点；云南省昆明市宜良县农村集体产权制度；湖南省岳阳市整治农村“空心房”探索土地集约改革；江苏省宿迁市探索公立医院产权制度改革；吉林省延边朝鲜族自治州通过改革破解“册外地”归属管理难题；新疆维吾尔自治区昌吉州开展集体产权改革、壮大集体经济的“三位一体”系统集成改革等。

（四）完善要素市场化改革加快推进

经过40多年改革开放，我国商品市场发育较为充分，商品和服务价格97%以上由市场定价。但是，生产要素市场在运行过程中依然不同程度地存在行政干预过多、市场化运作不畅、资源配置效率不高等问题。2020年4月9日，《中共中央　国务院关于构建更加完善的要素市场化配置体制机制的意见》（以下简称《意见》）正式发布，《意见》从九个方面、细分为32条，对构建更加完善的要素市场化配置体制机制做了全面系统的规定和部署。根据生产要素的重要性和时代性，《意见》首次明确生产要素的范畴为土地、劳动力、资本、技术、数据这五大要素，并对五大要素的市场化配置提出了各具特点的改革要求。《意见》首次将数据纳入生产要素范围，对于我们发挥数据对其他要素效率的倍增作用，培育发展数据要素市场，使大数据成为推动经济高质量发展的新动能，具有重要指导意义。

完善要素市场化配置是建设统一开放、竞争有序市场体系的内在要求，是坚持和完善社会主义基本经济制度、加快完善社会主义市场经济体制的重要内容。当前完善要素市场化配置体制机制，不仅是深化经济体制改革、建设高标准市场体系的客观要求，还是解决经济结构性矛盾、推动高质量发展、建设现代化经济体系的根本途径，具有深远历史意义。

目前，国内要素市场化改革加快推进，这方面的典型案例有：浙江省绍兴市深化工业“亩均论英雄”改革实践；浙江省海宁市探索要素市场化配置综合配套改革；浙江省温州市瓯海区“农民资产受托代管融资”改革；福建省三明市沙县“三票制”改革盘活农村闲置资源资产；江西省探索创新铁路投融资模式；安徽省亳州市涡阳县推进农地抵押贷款改革试点；湖南省长沙市宁乡县土地合作经营“鹊山模式”；四川省德阳市探索构建专利质押融资“三大体系”；广西壮族自治区田东县农村金融综合改革；山东省济南市着力培育人力资本产业新动能等。

（五）科技体制改革全面推进、多点突破、纵深发展

党的十八大以来，随着创新驱动发展战略深入实施和全面深化改革持续推进，科技体制改革全面深化。2015 年中办国办印发《深化科技体制改革实施方案》，2016 年中共中央、国务院印发《国家创新驱动发展战略纲要》，全国科技创新大会还提出建设世界科技强国的宏伟目标，持续推进科技体制改革。这一时期，科技体制改革密集发力，在一些重要领域和关键环节取得实质性进展，呈现出全面推进、多点突破、纵深发展的新局面。

新时代科技体制改革的主要经验概括为以下几个方面。一是围绕国家发展战略需求，促进科技与经济紧密结合。科技与经济“两张皮”是长期制约我国发展的痼疾。党的十八大以来，创新驱动发展战略深入实施，加速推动科技与经济的关系从“面向、依靠、服务”到“融合、支撑、引领”的历史性转变。二是聚焦关键环节和突出问题，着力突破影响创新发展的瓶颈制约。长期

以来，我国科技体制存在一些突出问题，如多头管理、条块分割；科技投入不足，市场作用发挥不够；以企业为主体的技术创新体系薄弱；创新评价激励机制不健全等。新时代以来，通过改革为科技创新打破束缚、扫清障碍、释放潜能、注入动力，迈向创新驱动发展。三是深化人才发展体制机制改革。从打破封闭僵化的体制束缚到建立开放流动、竞争合作的人才体系，从完善收入分配制度到改革科技奖励和分类评价制度，通过深化人才发展体制机制改革，努力形成天下英才聚神州的生动创新局面。四是健全国家创新体系。党的十八大以来，以习近平同志为核心的党中央把健全国家创新体系作为深化科技体制改革的主要目标和任务，在国家层面对创新体系进行统筹组织、管理和调控，为加快建设创新型国家和世界科技强国奠定坚实基础。五是把市场经济规律和科学技术发展规律有机结合起来。科技体制改革旨在按照社会主义市场经济规律配置资源、组织开展研究与创新，努力满足市场需求。同时，科技体制改革也必须遵循科学技术发展规律。设立国家自然科学基金，改革中央财政科技计划管理，实行研究所分类改革，推进科技领域“放管服”改革等。六是开放合作，在融入全球创新网络中深化改革。主动融入全球创新网络，积极学习借鉴发达国家的先进经验，是我国科技体制改革的重要战略路径。

目前，深化科技体制改革已成为全国各地促进经济转型、激发改革发展内生活力的全社会共识，积极探索实践，成效初现。这方面的典型案例有：北京市海淀区推进“双创”示范基地建设，打造“双创”升级版；上海市杨浦区建设“世界级创谷”，打造“双创”升级版；浙江省广发“英雄帖”，发布“揭榜挂帅”省级榜单；浙江杭州高新区（滨江）推进知识产权集成改革服务改革；广东省深圳市推进光明科学城综合改革；福建省宁德市时代新能源科技有限公司董事长曾毓群“揭榜挂帅”重大项目攻关；安徽省合肥市大力培育创新平台，助力产业发展；云南省昆明市“小微双创示范”形成可复制可推广经验；四川省成都市“创业天府”行动计划打造“双创”升级版等。

（六）供给侧结构性改革取得阶段性显著成效

自2015年供给侧结构性改革正式提出并大力推进以来，随着“去产能、去库存、去杠杆、降成本、补短板”关键领域的政策推进，在许多地区和行业供给侧结构性改革已经取得了显著的阶段性成效，完成了阶段性任务，实现了阶段性目标，积累了阶段性经验和政策工具。未来供给侧结构性改革，要更多运用市场化、法治化手段，发挥“市场在资源配置中的决定性作用”，更多发挥企业家作用，解决制约经济发展的体制机制障碍，激发经济发展的新动力和新活力。同时，要畅通国民经济循环，加快建设统一开放、竞争有序的现代市场体系，提高金融体系服务实体经济能力，形成国内市场和生产主体、经济增长和就业扩大、金融和实体经济良性循环。可见，供给侧结构性改革在新时代深入推进，不应仅着眼于供给侧，而是要着眼于国民经济大循环，加快发展新格局的构建。

新时代供给侧结构性改革的典型案例有：山东省煤炭“系统性去产能、结构性优产能”持续推进；山东省滨州市铝产业高质量发展促进新旧动能转换；山西省深化煤炭管理体制改革；河北省唐山市新旧动能转换助推高质量发展；甘肃省兰州市城投集团重组整合的“三去一降一补”效应；黑龙江省七台河市构建新型“碳”产业，推进资源枯竭型城市转型；福建省政银保合力破解融资贵；浙江省宁波市打造“制造业单项冠军之城”提升产业链供应链稳定性和竞争力；安徽省淮北市濉溪县推动高端金属新材料产业基地高质量发展等。

（七）创新政府管理和服务方式成效显著

政府有为、市场有效是社会主义市场经济的鲜明特色。党的十八届三中全会以来，我国在创新政府管理和服务方式方面出台了一系列举措：一是大力推进简政放权，最大限度减少行政审批，不断深化商事制度改革，着力推进收费清理工作，降低准入资质资格等；二是多措并举加强事中事后监管，加快转变监管理念，进一步改变“重审批轻监管”现象，上下联动推进监管体制机制改革，积极创新监管方式；三是不断优化政府服务，政务大厅服务加快升级，政务服务网内容日益丰富，基本公共服务不断加强。“放管服”改革的深入，使得政府效率不断提升，政府治理规范化程度进一步提高，营商环境逐步改善，企业税费负担明显降低，市场主体迅速增加。

从总体上看，我国新时代政府管理创新可归纳为五大方面：管理方式、管理体制、管理机构、管理理念、管理职能的创新。当前，全国性的推进创新政府管理和服务方式创新如火如荼展开。这方面的典型案例有：浙江省衢州市

“主”字形基层社会治理体系建设；浙江省温州市龙港市“镇改市”行政管理体制改革；江苏省南京市玄武区“社会稳定指数”打造全周期基层社会治理体系；广东省广州市黄埔区广州开发区政策兑现“一门式”服务改革；四川省稳妥有序推进乡镇行政区划和村级建制调整改革；上海市浦东新区“一网统管”推动城市治理精细化管理；河南省全面推行“三十五证合一”改革以“减证”推动“简政”；山东省淄博市淄川区推进多元矛盾纠纷解决机制；陕西省兴平市探索跨领域跨部门综合行政执法改革等。

（八）民生保障制度不断完善

从新中国成立之初的普遍贫穷到实现全面建成小康社会的历史表明，我国民生保障制度不断完善，取得了举世瞩目的成就。

一是党的十八大以来，随着相关教育政策的进一步完善实施，全国的文盲率降至目前的5%左右，高等教育正在从大众化走向普及化。

二是党的十八大以来，我国实施就业优先政策，在推进市场化就业的同时建立保障困难就业群体就业的政策体系，不仅使国民经济朝着有利于促进更充分更高质量就业的方向发展，亦使包括公共就业服务、职业技能培训、重点群体就业、创业带动就业、灵活就业、劳动关系协调、为困难就业群体提供相应保障等方面的制度体系得以全面建立，还使人民的就业权利得到更坚实的制度保障。

三是党的十八大以来，以按劳分配为主体、多种分配方式并存的制度体系得以确立，使城乡居民的收入普遍性地得以持续提升，生活富足的群体规模持续快速壮大。

四是党的十八大以来，为了适应市场经济改革与社会发展进步的要求，我国建立了惠及全民的新型社会保障体系，全民医保、全民养老保险、保障性住房等制度逐渐确立，养老服务、儿童福利、残疾人保障等其他社会保障制度覆盖面也逐步扩大，人民群众的后顾之忧持续大幅度减轻，新型社会保障制度成为全民共享国家发展成果的基本途径与有效的制度保障。

五是从计划经济时期创立的初级医疗卫生体系到党的十八大以来建立完整的基本医疗卫生制度，公共卫生服务网络覆盖全国城乡，充分向世界表明我国公共卫生事业的巨大进步。

六是党的十八大以来，我们发挥全国一盘棋、集中力量办大事的制度优势，在中央全方位加大投入力度和地区对口支援机制等的作用下，减贫脱贫成绩举世瞩目，贫困地区面貌迅速发生了翻天覆地变化。

民生保障改革领域的创新实践典型案例有：湖南省长沙市探索实践的房地产调控改革“长沙样本”；湖南省湘西土家族苗族自治州凤凰县坚持市场化推进产业扶贫创新实践；陕西省安康市“新社区工厂”脱贫新路径；四川省泸州市叙永县全民预防保健改革；江西省新余市探索“颐养之家”农村居家养老新路子；贵州省安顺市平坝区塘约村脱贫探索实践；河北省邢台市巨鹿县“医养结合”特色鲜明的医改新样本；陕西省西安市“1 + N”社会救助体系织牢织密兜底保障网；吉林省长春市小学生课后托管服务改革探索；天津市红桥区多措并举推进棚户区改造等。

（九）生态文明建设融入“五位一体”总体布局

党中央、国务院高度重视生态文明建设，对推进生态文明体制改革作出一系列重要部署。党的十六大提出了走生态良好的文明发展道路；十七大进一步将生态文明建设列为国家发展战略，写入党代会报告；十八大则更进一步把生态文明建设放在突出地位，融入经济建设、政治建设、文化建设、社会建设各方面和全过程，确立了社会主义现代化建设“五位一体”的总布局。十九大报告把“坚持人与自然和谐共生”纳入新时代坚持和发展中国特色社会主义的基本方略，并提出在 2035 年“生态环境根本好转，美丽中国目标基本实现”，将中国生态文明建设推上了决策、战略、实践和发展的新高度。

地方改革实践表明，我国生态文明体制改革理念不断完善。生态文明建设已经从环境保护的专业化管理，变成全社会所认识、所参与，所推动的热门话题。生态文明体制改革理念从形式到内容不断地完善和拓宽。从自然科学到政策研究，从自然科学到社会科学，再到政策研究，对生态文明的研究和认识发生了非常深刻的变化。无论是建设资源节约型、环境友好型社会还是绿色发展，包括节能减排、循环经济、生态建设、减灾防灾、应对气候变化、碳交易市场、生态环境方面法律完善等，生态文明的领域在逐步拓宽。新时代我国生态文明制度建设取得积极进展：第一，生态文明建设目标责任体系及问责机制逐步成型。第二，环境治理体系不断完善发展。第三，资源高效利用制度进一步完善。第四，生态保护和修复制度逐步完善。

新时代我国生态文明建设方面的典型案例有：上海市崇明世界级生态岛建设为我国绿色发展提供“上海样本”；安徽省创建全国林长制改革示范区；浙江省丽水市探索创建国家公园；江苏省苏州市吴江区全国首创“跨界联合河长制”推进生态治理区域一体化；江西省宜春市宜丰县首创生态警察中心，探索跨部门生态环境综合执法协调机制；湖北省宜昌市枝江市多措并举解决“化工围江”；福建省南平市推进“生态银行”建设，探索生态产品价值实现机制；四川省成都市天府新区打造“新时代公园城市典范”；云南省昆明市创新六大机制、实施六大工程、推进六大治理，滇池流域水环境综合治理实现新突破；陕西省安康市生态文明体制改革创新实践“安康样本”等。

三、新时代地方改革主要典型经验

党的十八大以来，全面深化改革呈现全面发力、多点突破、纵深推进的崭新局面，改革的广度、深度、力度前所未有。近年来，地方全面深化改革梯次铺开、有序推进，实践出了很多典型经验。

（一）整体性、系统性、协同性成为新时代地方改革的现实要求

改革步入攻坚期和深水区，为了满足人民群众日益增长的美好生活需求，解决发展中不平衡、不协调、不可持续等问题，必须推进综合改革。近年来，我国改革整体呈现出从条块向综合整体推进的显著趋势，整体性、系统性、协同性已成为新时代地方改革的现实需求、突出特征。2016 年 3 月，习近平总书记在参加人大代表团审议时强调，着力加强全面深化改革开放各项措施系统集成，更加关注各项改革的相互促进、良性互动，整体推进、重点突破，形成推进改革开放的强大合力。全面深化改革，不是“头疼医头，脚痛医脚”，不能孤立地、抽象地理解各项改革举措，每项举措往往都涉及处于对立统一关系中的主次矛盾和矛盾的主次方面。当前改革各领域各环节关联性强、协同面广、系统性突出，必须切实增强改革的内部互动、统筹协调，推动改革力量相互支撑、改革举措相互促进，形成整体、共同发展。比如，陕西省安康市作为秦巴生物多样性生态功能区、南水北调中线工程重要水源涵养区、国家秦巴山

集中连片特困地区和川陕革命老区，将政治、经济、文化、社会建设方方面面与生态文明体制改革相融合，并与生产力布局、空间格局、产业结构、生产方式、生活方式，以及价值理念、制度体制协同推进，全方位、系统性推进改革，走出了一条欠发达地区生态经济化、经济生态化的全面协调可持续发展新路子。再如，江阴市集成改革试点，是江苏省唯一的县级集成改革试点。中共江阴市委对七大领域改革方案进行了深入研究和论证，最终形成并出台了集成改革“7+2”方案，共涉及38个分领域、153个方面、356个改革事项，建立了便捷高效的政务服务新体系，沉底到边的基层治理新体系，温馨周到的生活服务新体系，精准有力的社会救助新体系，监管全覆盖的环保监测新体系，群团协同的党建引领新体系。

（二）问题导向、目标导向、结果导向协同统一成为新时代地方改革的重要方针

导向是行动的指引和方向。改革永远在路上，旧问题不断解决，新问题不断产生，改革方法要“识变、应变、求变”，随问题升级而与时俱进。只有坚持问题导向改革才有针对性和实效性。经过40多年的艰辛探索，我国探索建立了社会主义市场经济体制这一改革目标。改革成绩突出地区都善于通过发现制约、障碍经济社会发展的体制机制问题，进而倒逼改革。

改革初始，总体是问题倒逼机制推动的改革。随着改革深入，尤其是进入新时代以来，面对的矛盾和问题更加错综复杂，处理好改革的问题导向、目标导向、结果导向的关系，已成为地方全面深化改革的阶段性突出特征与方式方法。2019年中央经济工作会议提出，做好改革必须坚持这“三个导向”的协同统一。比如，江苏省徐州市采煤沉陷地治理源于居民居住安全、生态环境问题的解决，逐渐成为贯彻新发展理念、实现高质量发展的目标，贯穿了以人民群众满意、社会长治久安、经济持续发展的结果导向。

（三）加强制度建设成为地方改革推进到新时期、新境界的根本保障

改革开放40多年来，从最初摸着石头过河，到党的十八届三中全会首次提出“推进国家治理体系和治理能力现代化”，并把“坚持和完善中国特色社

会主义制度、推进国家治理体系和治理能力现代化”确定为全面深化改革的总目标，其间进行了艰苦卓绝的探索。

党的十八届三中全会以来，各地改革责任制、考核机制、容错机制、第三方评估机制等改革长效机制逐渐建立。近年来，各地普遍成立了深改领导委员会（小组），将全面深化改革列为“一把手”工程。在深改领导小组的统筹协调下，把改革事项细化为清单，落实到领导、部门头上，形成“责任链”，并且形成了成体系的改革考核新机制，把全面深化改革纳入领导班子和领导干部的绩效考核。在用人导向上，坚持“为担当者担当、让有为者有位”，选拔任用在改革中想为、敢为、勤为、善为的干部，引导干部争当改革的实干家和促进派。同时，改革容错机制也普遍实施，鼓励改革、允许试错、宽容失败等措施为改革者创造了宽松环境。

党的十九届四中全会明确清晰提出必须坚持的重大原则和根本制度、基本制度、重要制度以及面临的主要问题和重大任务，需要采取的重要举措等，标志着改革进入到一个以制度体系建设和制度保障为特征的全新境界、崭新时期。研究发现，新时代地方全面深化改革相较以前，更加注重通过制度建设为改革可持续推进提供保障。

（四）“一把手”“改革实干家”决定新时代地方改革的进度与成效

“一把手”作用发挥得好不好，直接影响改革推进的进度和实际成效。习近平总书记强调，“一把手”要亲力亲为抓改革；要自觉从全局高度谋划推进改革，做到实事求是、求真务实，善始善终、善作善成，把准方向、敢于担当，亲力亲为、抓实工作。

在目前体制下，改革千难万难，“一把手”肯抓肯干就不难。这形象说明作为“关键少数”的地方与部门“一把手”，对改革抓和不抓不一样，虚抓实抓不一样。改革越向纵深推进，越需要“一把手”敢于担当、敢于拍板，决不能当“甩手干部、挥手干部、背手干部”。

研究发现，越是改革系统向强，体制机制突破大，改革成绩突出地区，都具有在党的坚强领导下改革实干家持续推动、久久为功的特点，也就是常说的改革是“一把手”工程。比如，陕西省安康原市委书记郭青从 2011 年到 2021

年上半年，十年如一日通过推动生态文明体制改革撬动安康全面深化改革取得整体突破，促进经济社会协调发展，获得中央有关领导同志的充分肯定。

（五）督察机制建立与落实贯穿新时代地方改革全过程

督察工作是抓落实的重要环节，抓落实的具体路径，抓落实的重要手段。习近平总书记指出，改革推进到哪里、督察就跟进到哪里。近年来，地方全面深化改革实现了全方位督察、常态化督察，把督促检查贯穿于改革工作的全过程。比如，山东省淄博市在近年的改革实践中探索形成了“六个一”督察制度，即，一月一调度，实时跟进改革进展情况；一月一督察，全力打通梗阻环节；一月一排名，科学量化改革工作成效；一月一通报，全面公开改革工作进展；一月一宣传，积极推介改革典型经验；一月一会诊，准确查找改革落实短板，推动改革任务落地见效。再如，湖南省、四川、陕西等全国绝大省（市、自治区）普遍用信息化手段建立了信息化督查系统，有效避免了改革推进过程中的形式主义滋生与蔓延。

（六）信息化成为新时代推动地方改革的新动能、新方式、新标尺

信息化在新时代改革再出发中已经成为经济转型升级与推动全面深化改革的重要驱动力。习近平总书记曾作出“没有信息化就没有现代化”“要以信息化推进国家治理体系和治理能力现代化”等科学论断。随着全面深化改革进入施工高峰期，传统的推进模式、推进路径难以满足改革举措落地落实的要求，必须依靠信息化推进寻求突破。同时，全面深化改革是一项系统性工程，越往纵深推进，越要发挥信息化的基础保障作用。

实践证明，信息化手段的应用、信息化思维的实践，对地方全面深化改革的总体设计、协同推进、高效运行、系统集成以及任务调度、落实督察等具体工作环节往往具有事半功倍的效果，对于一些体制性障碍、机制性梗阻等痼疾可以起到“四两拨千斤”的“柔性”化解作用，已经从助推改革技术手段意义上升到了深化改革的方法论意义。信息化建设在推进改革、制度建设、改造流程、创新模式以及助推行政体制改革、脱贫攻坚等各个领域的工作发挥出越来越显著的作用。信息化已经成为新时代地方改革的新动能、新方式、新经

验。可以说，信息化应用的深度广度已经成为衡量或者决定一个地方改革成败的标尺。比如，浙江省丽水市推进部门间“最多跑一次”改革，将推进部门之间数据共享作为实现改革的关键，加强线上线下深度融合，实现所有部门业务的全流程“大协同”。要求推动证照、办事材料、数据资源共享互认，压缩办理环节、精简办事材料、缩短办理时限，实现各环节全流程在线办理。再如，山东省淄博市以信息化作为重要抓手推进全面深化改革，把信息化贯穿到行政服务、养老、医疗、教育等方方面面具体改革任务中。

（七）治理体系和治理能力现代化凸显新时代地方改革的“紧迫性”

党的十八大以来，以习近平同志为核心的党中央，站在全球治理和国家治理的新高度，立足现代化政党的新视野，擘画了国家治理所涵盖的经济治理、政治治理、文化治理、社会治理、生态治理和党的建设“六大体系”蓝图，提出了国家治理体系和治理能力现代化这一重大课题，为我们深化社会治理规律认识拓宽了新境界。尤其在社会治理上，进一步明确了“系统治理、依法治理、源头治理、综合施策”的原则，提出了“打造共建共治共享的社会治理格局”新要求，充分体现了以人民为中心的执政思路，为新时代社会治理实践提供了根本遵循。近年来，全国各地结合本地实际，积极开展社会治理创新实践，各种模式、各种样本、各种经验层出不穷。全国地方改革呈现突出现象，无论是全面深化总体推进，还是单项改革，都与“治理体系与治理能力现代化”关联起来。这充分反映了“治理体系和治理能力现代化建设”的紧迫性。

新时代以来，全国层面的地方治理体制和治理能力现代化改革实践成绩显著，以浙江省衢州市为代表的全国部分城市已经探索实践出成熟的市级治理现代化治理体系，以江苏省江阴市为代表的全国部分县市已探索实践出成熟的县级治理现代化治理体系。

（八）贯彻新发展理念推动高质量发展成为新时代地方改革的普遍遵循

党的十八届五中全会提出了创新、协调、绿色、开放、共享的新发展理念。2017年12月12日至13日，习近平总书记在江苏徐州市调研时指出，“我国经济由高速增长转向高质量发展，这是必须迈过的坎，每个产业、每个企业都要朝着这个方向坚定往前走”。新时代以来，以新发展理念为指引，推进高质量发展成为全国各地改革发展的普遍遵循。例如，作为老工业基地、资源枯竭型城市，江苏省徐州市的转型发展便是全方位贯彻新发展理念的典型案例。因而，深入研究、总结徐州的转型发展经验对推动全国的转型发展便意义重大。

（九）“放管服”改革成为新时代地方改革的主旋律

“放管服”改革是通过转变政府职能减少政府对市场进行干预，将市场的事推向市场来决定，减少对市场主体过多的行政审批等行为，降低市场主体的市场运行的行政成本，促进市场主体的活力和创新能力。涉及政府职能转变，要处理好“放”和“管”的关系，既要增强市场主体活力，又不能缺位，需要思想解放，又需要对市场经济有深刻理解，是一项复杂的、集成的改革。近年来，“放管服”成为全国全面深化改革的主旋律。东部地区，经济发达地区，尤其浙江省、广东省等改革发展发达地区放管服改革走在了全国前列。山西省探索企业投资项目承诺制改革、成都市深化“五项改革”聚力打造国际化营商环境先进城市、合肥市公共资源交易“在阳光下运行”探索、邢台市大力推进“两不见面”审批改革等成为创新典型探索。

（十）改革红利普遍释放成为新时代地方改革的根本目的

党的十九大报告指出，增进民生福祉是发展的根本目的。实现“幼有所育、学有所教、劳有所得、病有所医、老有所养、住有所居、弱有所扶”，不断满足人民日益增长的美好生活需要，促进社会公平正义，使人民群众获得感、幸福感、安全感成为新时代地方改革的阶段性共同纲领。近年来地方全面深化改革从改革政策顶层设计，到改革决策执行推动，改革红利的普遍释放，充分体现了“以人民为中心”的原则。陕西省安康市“新社区工厂”脱贫新路径、吉林省长春市小学生课后托管服务改革、江西省新余市探索“颐养之家”农村居家养老新路子、河北省巨鹿县公立医院改革等探索实践充分体现了社会民生领域改革的进展和成就。

四、新时代地方改革的改革方法论创新

全面深化改革是深刻的社会革命，是复杂的系统工程，必须坚持正确方法论。2013 年 11 月，党的十八届三中全会所作出的《中共中央关于全面深化改革若干问题的决定》，是以习近平同志为核心的党中央高举改革旗帜作出的重大战略部署，形成了改革开放以来最为丰富、全面、系统的改革方法论，为地方全面深化改革提供了科学指导和行动指南。

（一）解放思想、实事求是新时代地方改革的最重要方法论

40 多年恢弘的改革开放是思想解放的过程，新时代全面深化改革实践同样继续需要思想解放的引领。习近平总书记在 2019 年 4 月举行的博鳌论坛上指出，“没有思想的大解放，就没有新时代改革的大突破”。解放思想、实事求是不仅是我们党的思想路线的核心内容，而且是新时代及未来全面深化改革最重要的方法论。各地改革丰富的实践成果也充分证明了这一点。比如，江西省以科技制度创新努力实现“弯道超车”，河北省唐山市为高质量发展去产能调结构的举措，浙江省台州市助力民营企业发展等许多举措和案例都包含了针对解决新旧矛盾冲突的思想解放。

（二）改革稳定发展的辩证统一是新时代地方改革的“方法宗旨”

习近平总书记在庆祝改革开放 40 周年大会上指出，“通过改革我们彻底告别了过去的短缺经济、票证经济，忍饥挨饿、缺衣少食、生活困顿这样影响、困扰了中国几千年的问题”。这条经验证明解决一切问题的经验在于发展，而发展第一推动力在于改革和开放。

改革发展稳定的关系，始终贯穿 40 多年改革开放全过程。稳定是改革发展的前提，必须坚持改革发展稳定的统一。只有社会稳定，改革发展才能不断推进；只有改革发展不断推进，社会稳定才能具有坚实基础。坚持把改革的力度、发展的速度和社会可承受程度统一起来，在保持社会稳定中推进改革而发展，通过改革发展促进社会稳定。发展是解决经济社会一切问题的“总钥匙”，改革是经济社会发展的“发动机”，稳定是改革发展的“压舱石”，没有

三者有机统一，就难有社会的进步、人民的福祉。研究发现，改革取得突破的地区，经济发展的潜力与可持续性便显著提升，而经济高质量快速发展的地区必定改革成绩突出。

（三）渐进式道路依然是新时代地方改革方法论的基本原则

40多年来，我国改革采取了先行试点、总结推广的方式，既控制了风险，又使成功经验得以迅速普及。随着改革进入攻坚期和深水区，一些深层次矛盾和问题牵动面广、耦合性强，只有注重统筹谋划、协同推进，才能确保改革取得实效。特别是在当前阶段，面临的大多是触及深层利益关系、风险较大的改革，更加需要注重改革的系统性、整体性、协同性。因此，应灵活运用改革方法，既先行先试、先易后难，又统筹谋划、协同推进。全面深化改革，宜牢固树立改革全局观，顶层设计要立足全局，基层探索要关照全局，大胆探索，积极作为，发挥好试点对全局性改革的示范、突破、带动作用。实践表明，新时代推动地方改革，既要全面深化，综合推进，又要继续把试点作为推动全局改革的“试验田”，以点带面实现整体突破、为大范围改革实践投石问路，也是给局部先行先试、解决具体问题辟出空间。因此，不仅在新时代，而且在未来一定时期，渐进式道路依然是地方改革方法论的基本原则。比如，中国（上海）自贸试验区“证照分离”改革试点，通过改革审批方式，加强事中事后监管，完善市场准入，解决“先照后证”后市场主体办证难的问题，对于厘清政府与市场关系，创新政府管理方式，强化市场主体地位具有重要意义。

（四）市场化方向成为激发新时代地方改革内生活力的法宝

我国从计划经济体制发展到现在的社会主义市场经济体制，核心就是坚持社会主义市场经济改革方向。地方改革的实践证明，只有用市场化改革的思路和办法破解发展中的难题，坚持市场化改革的方向，使市场在资源配置中发挥决定性作用，经济增长质量和速度才能得到提高，人民群众福利才能得到更多，经济效率和社会公平正义才能更好地实现。另外，以市场化改革为核心的经济体制改革决定着其他各个领域改革的进展和成败。研究发现，新时代各地更加注重发挥市场配置资源的决定性作用，并且把市场化作为全面深化改革激发内生活力与取得突破的重要法宝。目前，全国各地都围绕着深化放管服改革，加快服务型政府建设进程，通过改革促进要素流通，发挥市场在资源配置中的决定性作用。

（五）以人民为中心成为检验新时代地方改革的重要标准

坚持以人民为中心，是习近平新时代中国特色社会主义思想的重要内容，贯穿于习近平新时代中国特色社会主义思想的各个方面，具有丰富而深刻的思想内涵。新时代的全面深化改革已进入攻坚期和深水区，改革的关键就是要精准对接人民群众所思所盼，回应群众强烈诉求和热切期待，把为民造福作为最重要的政绩，把为老百姓做了多少好事实事作为检验政绩的重要标准。同时，要把为人民谋幸福，让人民共享改革成果，不断实现人民对美好生活的向往当作改革的初心和改革人的使命。一切改革政策必须以人民拥护不拥护，赞成不赞成，满意不满意作为检验的标准。比如，河北巨鹿县“医养结合”为特色的医改新探索便是这方面的典型案例。

（六）坚持党的领导保证新时代地方改革的方向正确

新的历史时期，面对改革的“复杂性、敏感性、艰巨性”，必须按照习近平总书记在深改委第一次会议上强调的，“要加强和改善党对全面深化改革统筹领导”。以加强党的领导来保证改革的方向的正确性。研究发现，地方改革必须在党的坚强领导下才能顺利推进。例如，山东淄博全面深化改革推进落实体系、陕西渭南“十项工作机制”推动改革落地见效、辽宁省沈阳市以“红色驿站”统筹城市基层党建资源、河北省石家庄市灵寿县以基层党建带动乡村人才振兴、广东省佛山市禅城区“共享社区”党建项目改革实践等这些所有的试点，都是党的坚强领导的结果。

（七）“牛鼻子”“小切口”成为新时代地方改革的突破口

习近平总书记强调，面对改革的复杂形势和繁重任务，要牵住改革的“牛鼻子”，既抓重点领域、重点任务、重要试点，又抓关键主体、关键环节、关键节点，以重点带动全局。“牵牛要牵牛鼻子”，牵住“牛鼻子”就是抓重点、抓关键。通过几十年的探索，全国很多地方推进改革普遍呈现出抓住基础性、关键领域“牛鼻子”的现象。“牛鼻子”有两类：一种是关系全局的改革，特别是涉及重大制度创新的改革，一种是具体到各个领域各个方面，要坚持问题导向，哪里矛盾和问题最突出，哪个疙瘩最难解，就重点抓哪项改革。比如，发端于贵州省六盘水市的资源变资产、资金变股金、农民变股东的“三变”改革，就紧紧抓住农村改革的“牛鼻子”，找到了农业供给侧结构性改革的突破口。

另外，全面深化改革推进到新时代，呈现出“专业化小切口”的阶段性特征。解决任何现实的中“小问题”，推进任何改革领域的“小创新”都牵一发动全身，都会解决改革发展的大问题，实现改革发展的新突破。比如，针对困扰政府内部政务管理的部门间职责划分不清晰、协作效率不高、办事推诿扯皮等问题，浙江省丽水市通过统一标准、精简材料、优化流程、压缩时限、强化服务，以部门间“最多跑一次”改革加强机关效能建设为基层“减负”，打通政务管理与政务服务的“两条线”，增强了行政体制改革的系统性、整体性、协同性，为全面深化放管服改革提供了鲜活的改革样本。再如，针对农村土地细碎化问题，安徽省蒙城县率先在安徽全省深入推行农村土地互换并块，形成户均“一块田”新型经营模式，有效解放了生产力，调整了生产关系，盘活了闲置资源，改善了生产条件，促进了结构调整，提升了经营水平，增加了农民收入。蒙城实践为全国很多地方的乡村全面振兴提供了实践层面的突破口与具体实践经验。

（报告执笔：贾存斗 徐照林）